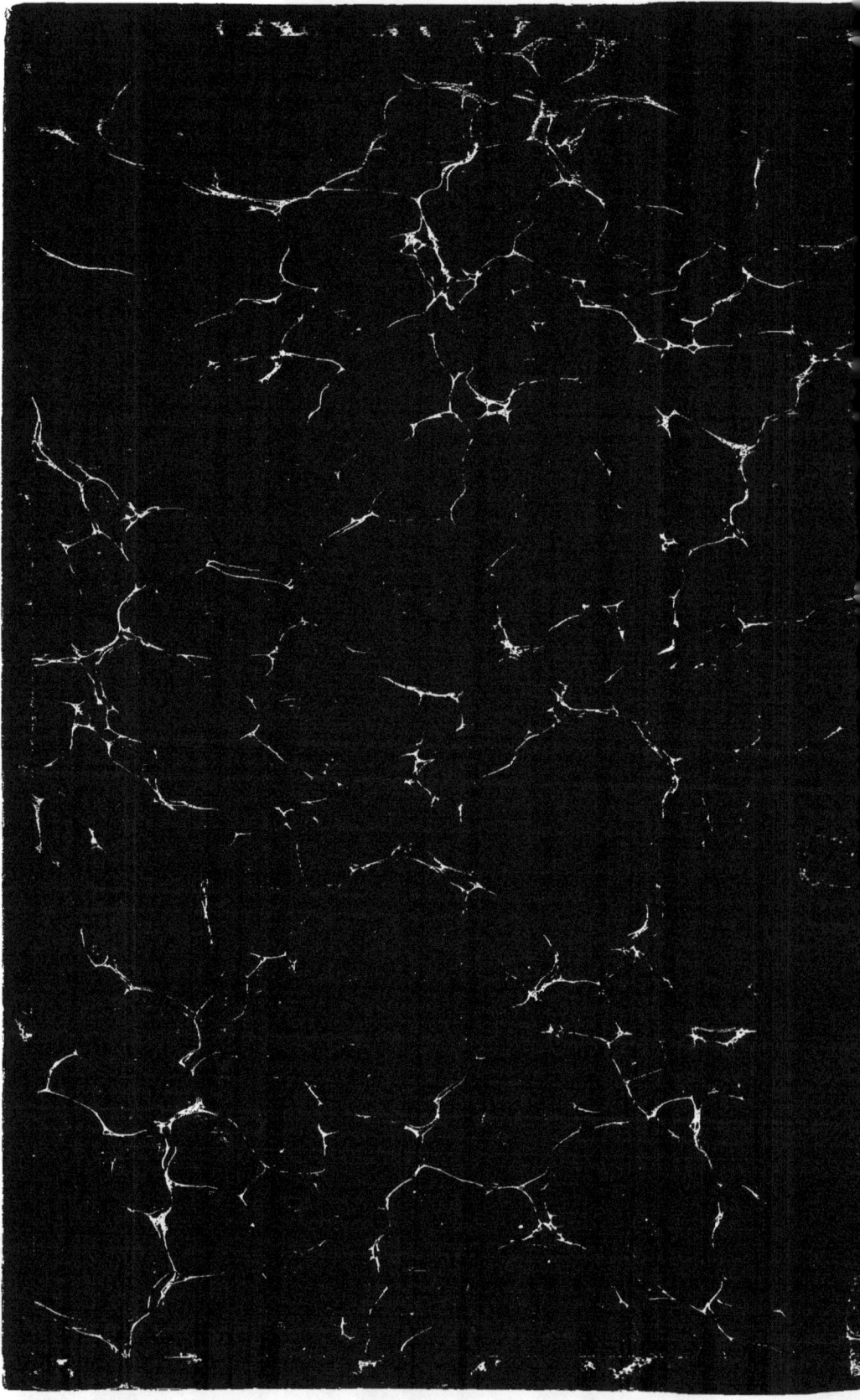

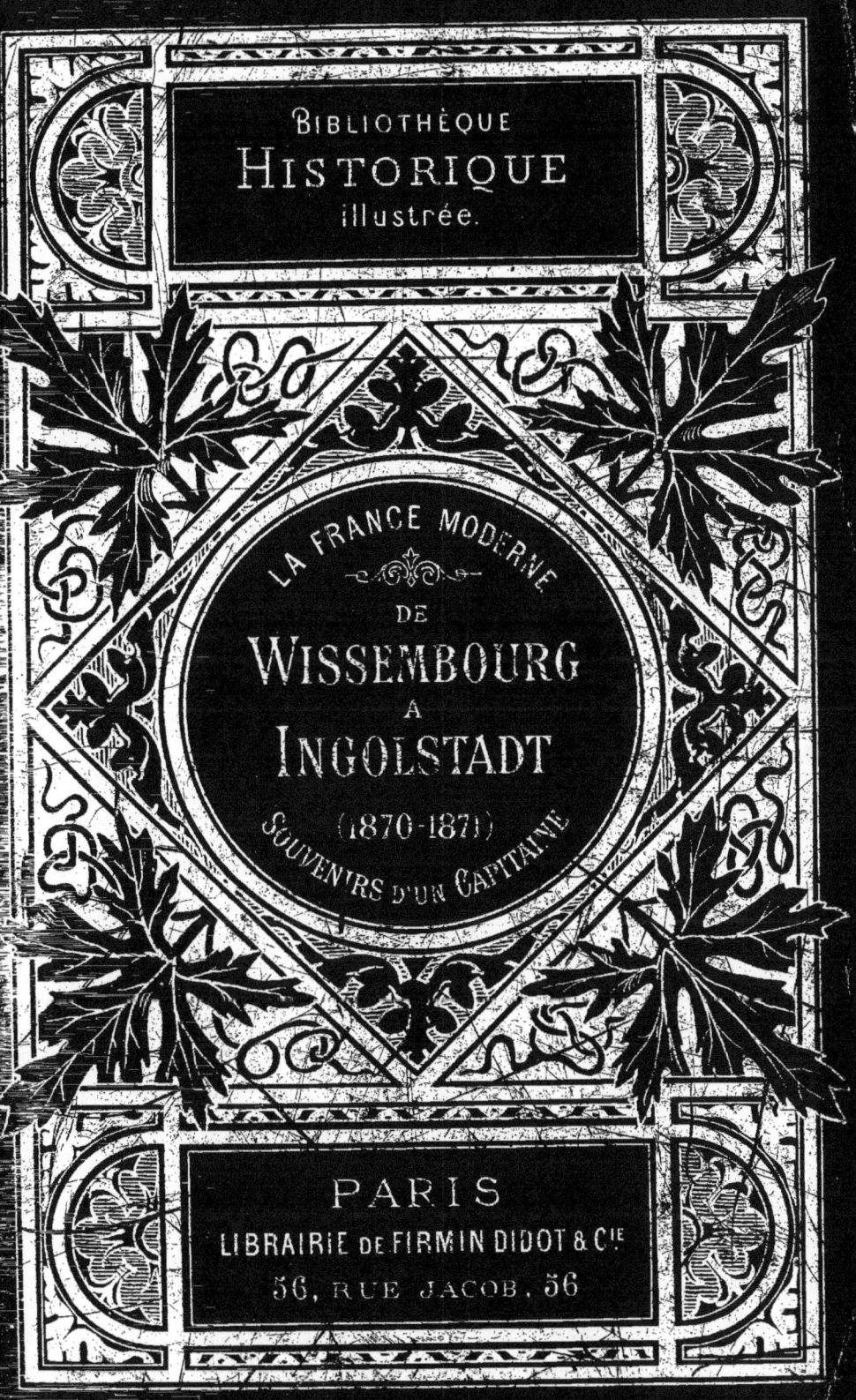

DE

WISSEMBOURG A INGOLSTADT

1870-1871

TYPOGRAPHIE FIRMIN-DIDOT. — MESNIL (EURE).

Les prisonniers dans l'église de Wissembourg. (Page 1.)

LA FRANCE MODERNE

DE WISSEMBOURG

A INGOLSTADT

(1870-1871)

SOUVENIRS D'UN CAPITAINE PRISONNIER DE GUERRE EN BAVIÈRE

PAR

ALFRED QUESNAY DE BEAUREPAIRE

OUVRAGE ILLUSTRÉ

DE 26 DESSINS HORS TEXTE, D'APRÈS NATURE

PAR L'AUTEUR

PARIS

LIBRAIRIE DE FIRMIN-DIDOT ET Cie

IMPRIMEURS DE L'INSTITUT, RUE JACOB, 56

1891

DE

WISSEMBOURG A INGOLSTADT

1870-1871

CHAPITRE PREMIER.

Dans Wissembourg après le combat. — Les soldats enfermés dans l'église. — Les officiers dans une auberge annexe de l'hôtel de l'Ange. — La signature du rescrit. — Souvenirs de la journée. — Les femmes de Wissembourg. — Le bataillon du 74ᵉ de ligne. — Les Turcos. — Pensées rétrospectives. — La cour de l'auberge. — Une sentinelle bavaroise.

..... Minuit sonne dans Wissembourg ;..... le temps inflexible marche toujours, quels que soient les événements accomplis !

Il y a déjà sept heures que nous avons quitté nos chers soldats dans l'église, où les Bavarois les ont parqués pour la nuit.

Je vois d'ici le prêtre emportant le Saint Ciboire, pour enlever une partie de son caractère sacré à cette prison improvisée, permettant ainsi à ces malheureux de rester couverts et de se reposer librement. Après les avoir exhortés à la résignation chrétienne, il leur a promis de veiller sur eux et de ne pas oublier leurs camarades tombés pendant le combat.

Le sous-préfet et le substitut nous ont assurés de même de leur concours, pour procurer aux prisonniers des aliments et quelques bottes de paille, s'il est possible. Nous pouvons avoir foi dans ces hommes de cœur que nous avons pu apprécier pendant cette terrible journée.

Nous les avons vus partout, affrontant les dangers pour enlever les blessés et combattre les incendies.

C'est à peine si nous avons pu, au dernier moment, échanger quelques mots avec eux, en leur serrant la main; le peloton bavarois qui nous escortait nous poussait rudement vers l'hôtel de l'Ange où les officiers devaient être enfermés jusqu'au lendemain.

Depuis longtemps, il est envahi par nos ennemis qui pillent les caves pendant qu'on prépare leur dîner.

Pour gagner la pièce qui nous est affectée, au-dessus des servitudes, nous devons traverser une cour, si encombrée de chevaux et de soldats allemands, qu'il nous est difficile d'atteindre les marches de l'escalier.

Nous y sommes pourtant dans cette salle d'auberge qui est la première étape de notre captivité. Hélas! je ne rêve pas! J'y vois mes chers camarades étendus sur la paille que les hôteliers nous ont fait monter en même temps que du bouillon; les pauvres gens s'excusaient de n'avoir pu mieux faire, en ajoutant que les Allemands ont tout pillé chez eux !... Nous le savions déjà.

J'aperçois, à la lueur d'une lampe fumeuse, tous les détails de cette longue salle qui doit servir ordinairement aux repas de noce.

A gauche de la porte d'entrée, une fenêtre ouvrant également sur la cour; au fond, à droite, une porte donnant accès dans l'hôtel; dans le coin opposé, un poêle de faïence étale de gros tuyaux coudés à angle droit, suivant l'usage en Alsace, et faisant de nombreux circuits avant d'aboutir à la cheminée. Celle-ci est condamnée et ne sert plus que de console ; parmi les objets divers qu'elle supporte, je distingue, sous un globe de pendule, une couronne d'oranger dont la poussière a singulièrement altéré la blancheur virginale.

Sur ses longues faces latérales sont accrochés quelques cadres en bois noirci abritant sous des verres poudreux et fendus, pour la plupart, des images de toute nature.

Parmi celles-ci je remarque une lithographie enluminée très répandue en France : « Napoléon visitant ses troupes la veille de la bataille d'Austerlitz. »

Je pense que le soleil d'Austerlitz éclairait à nos côtés les Bavarois entrés depuis peu dans notre alliance, et qu'ils n'ont pu oublier les grands avantages qu'ils ont retirés de cette victoire.

En face, une vieille gravure, éditée à Munich, représente la bataille de Wagram ; au bas, une longue légende allemande explique la part de gloire conquise par les Bavarois dans cette mémorable journée.

Ces alliés qui ont partagé nos succès sont les pères de nos vainqueurs actuels.

Ce contraste du passé avec le présent a dû frapper, comme moi, les officiers bavarois qui sont entrés dans cette salle, où ils ont sans doute remarqué ces dessins ; dans tous les cas, aucun d'eux n'en a parlé.

Quelques officiers allemands très avinés sont montés ici, portant encore avec eux leur chère bouteille. Je dois ajouter que nous n'avons pas eu la peine de refuser de trinquer avec eux. Leur unique préoccupation était de ne pas cesser de boire en se donnant la satisfaction de gêner les prisonniers par leur présence.

Cependant, l'un d'eux, officier du génie, nous a vanté l'intrépidité des turcos dont ses hommes ont eu beaucoup à souffrir.

Celui-ci me paraît avoir de bonnes raisons pour ne jamais les oublier.

Celui qui a stationné le plus de temps parmi nous est un officier d'état-major appelé par son service.

Il était très pressé de nous faire signer la terrible formule qui engage notre parole d'honneur de ne pas chercher à nous échapper. Il éprouvait également le besoin de poser en vainqueur et de nous dire des choses désagréables; quoique je l'aie mal vu ce soir, je ne l'oublierai jamais.

Quant au général, qui a cru devoir traverser notre salle pour gagner ses appartements, il a salué militairement et nous a dit en français qu'il nous ferait adresser un témoignage écrit de son estime. Il parlait assez purement notre langue, et sa tournure ne répondait pas à son grand âge. En effet, nous avons su depuis qu'il était officier dans l'armée bavaroise qui vint pour nous porter les derniers coups en 1815. C'est la dernière personne qui ait troublé un instant notre recueillement dont nous avions tant besoin.

Depuis longtemps le silence le plus absolu règne parmi tous ces officiers, étendus ou accroupis dans la paille : chacun de nous est absorbé par ses tristes pensées et ne songe pas à les communiquer à ses voisins.

Par instants un souffle irrégulier indique chez un des prisonniers un assoupissement chargé d'angoisses. Dans cet état fiévreux, qui n'est ni le sommeil ni la lucidité complète, mon esprit se retrace sans suite et en les effleurant tous les événements qui ont marqué pour nous dans cette campagne de dix jours ; des incidents et des images prennent une grande importance à côté des événements si graves qui semblent devoir les faire oublier : je vois notre régiment sortant de Neu-Brisach, en traversant une double haie d'habitants et de camarades accourus pour nous serrer une dernière fois la main. J'entends les airs que jouait notre musique, et mes yeux suivent cette bande d'enfants ne se décidant à quitter les soldats qu'au moment où cessent les fanfares.

Ils me faisaient plaisir à voir dans la poussière ensoleillée, ces blonds gamins d'Alsace qui ont tous dans les veines le sang guerrier dont leur pays a été inondé à toutes les époques.

C'était jour de fête, et un ciel radieux illuminait pour nous ce beau paysage des bords du Rhin. Les montagnes de la forêt Noire profilaient leur masse bleuâtre sur un ciel doré par le soleil du matin, quelques nuages estompaient de tons violets les croupes voisines, pendant que les crêtes lointaines se perdaient dans une vapeur grise et rosée. Un cordon de peupliers et de saules nous masquait le cours du Rhin, mais à travers les éclaircies, nous apercevions parfois des nappes d'eau scintillant au soleil comme les écailles d'un monstre gigantesque.

Hélas! que n'avons-nous franchi ce fleuve le même jour pour pénétrer, comme l'ont fait tant de fois nos pères, dans ces défilés de la forêt Noire qui nous ouvraient l'Allemagne du Sud.

Je revois Schlestadt, Strasbourg, Haguenau, toutes nos étapes marquées par le souvenir des bons amis que j'ai embrassés et quittés le même jour; où donc courions-nous si vite, sans vivres le plus souvent, et toujours sans munitions? C'est dans cet état que notre division de 8.000 hommes à peine a quitté pendant la nuit le camp d'Haguenau, pour empêcher 120.000 hommes massés dans le Palatinat de franchir les anciennes lignes de Wissembourg!

Pendant que notre division campait sur les hauteurs du Geissberg, mon bataillon se portait à 6 kilomètres en avant pour occuper la ville de Wissembourg; nous avions trouvé, comme toujours, ces braves enfants qui viennent au-devant des soldats afin de soulager les éclopés en portant leurs sacs et leurs fusils.

L'un d'eux marchait près de moi, et je fus bien frappé de ses observations pleines de bon sens. Il allait depuis plusieurs jours dans les bivouacs allemands, et avait vu construire sur les hauteurs qui dominent Wissembourg de nombreuses batteries de position : — « Les ennemis vont bien sûr bombarder la ville », me disait l'enfant, « et je ne comprends pas qu'on vous envoie défendre des remparts qui n'ont pas de canons et sont dominés par une artillerie à longue portée. »

Son renseignement m'engagea à faire camper mes hommes sur la banquette du rempart, au lieu de les abriter dans les casernes, et c'est à lui que beaucoup doivent la vie, car les premiers obus les ont effondrées dès la pointe du jour.

Qu'est devenu ce brave enfant si intelligent et si patriote? il a sans doute trouvé la mort, comme tant d'autres, en combattant dans nos rangs. S'il a été tué le fusil à la main, ce sort était plus digne de lui et bien préférable à celui de tous ces malheureux habitants qui ont été écrasés par les obus dans les maisons incendiées. Quel effroyable bombardement et combien est misérable le rôle qui nous a été donné dans cet inoubliable massacre. Notre devoir était de résister jusqu'au bout et d'attendre les ordres, nous l'avons fait; mais, dès le début de l'action, nous étions enveloppés et nous ne pouvions recevoir ni nouvelles ni secours de notre division aux prises avec un ennemi dix fois supérieur en nombre. Notre bataillon a brûlé toutes ses cartouches et n'a jamais capitulé ; il a été enlevé de vive force par une division bavaroise et 4 bataillons prussiens qu'il a tenus en échec depuis trois heures du matin jusqu'à quatre heures du soir, et qui n'ont osé pénétrer dans la ville qu'après la cessation de notre feu, faute de munitions!

Les Allemands croyaient trouver plusieurs régiments et de

nombreux gardes nationaux, nous ont-ils dit. Ils avaient été, cette fois, mal renseignés, et leur étonnement fut grand de nous voir si peu nombreux.

Nos pantalons rouges semblaient une tache de sang dans cette masse d'uniformes bleus qui nous enveloppait.

Qu'est devenue notre division? Quel a été le sort de nos camarades?

Nous venons de serrer la main de notre médecin major pris par erreur sur les hauteurs du Geissberg au milieu d'une ambulance qu'il va rejoindre conformément à la convention de Genève. — Il n'a pu nous donner que des renseignements très vagues sur notre désastre, mais il nous confirme la mort du général Douai dont les Allemands nous ont parlé. Quand aurons-nous des nouvelles plus précises? Que de préoccupations à la fois!

Dieu veuille que nos pauvres soldats enfermés dans l'église aient reçu les secours qui nous ont été promis pour eux. Nous comptons sur les efforts de nos amis, mais bien peu sur la pitié des vainqueurs.

Nos malheureux soldats ont marché hier toute la journée; beaucoup n'ont rien mangé, et ce matin à la pointe du jour la danse, comme ils le disent, a commencé, et on a dû renverser les marmites. Ils ont vingt ans; à cet âge la nature n'abandonne pas ses droits : les mères le savent bien, et celles de Wissembourg ont pensé à ces jeunes gens, en souvenir de leurs chers enfants qui se battront et souffriront demain quelque part. Nous les avons vues, ces bonnes mères de famille, portant à travers les balles et les obus des écuelles de bouillon à nos soldats, et cependant leurs maisons brûlaient, leurs propres enfants tombaient, et la mort les attendait elles-mêmes. Ces braves femmes ne pensaient qu'à ceux qui se battaient pour la patrie.

C'est qu'elles sont de grandes patriotes les femmes alsaciennes! Heureux celui qui n'a pas vécu dans leur pays, il connaît moins l'étendue de notre perte, mais tous ceux qui l'ont habité souhaitent ardemment de ne pas mourir avant d'avoir contribué à nous le rendre.

Je vois toujours des femmes mutilées, et tenant encore dans leurs mains crispées des cuillers, ou des gamelles de bouillon qu'elles distribuaient à nos soldats! Hélas! toutes les horreurs sont familières à ceux qui ont comme nous traversé les grandes guerres du second Empire; devant Sébastopol nous avons tout vu dans le genre le plus monstrueux. Cependant le guerrier tombé pour la patrie ne peut jamais causer le dégoût : il semble que le devoir accompli illumine ses traits si décomposés qu'ils soient; on le regarde comme une victime de ce grand et terrible jeu de hasard nommé la guerre; ce sera demain le tour du camarade qui passe; mais les femmes qui veillent et prient pour nous, les mères, ces anges de bonté et de dévouement ne sont pas de la chair à canon! Honte aux peuples qui érigent en système le bombardement des villes ouvertes!... Tant que mon cœur battra, je me souviendrai des horreurs de Wissembourg et du patriotisme de ses habitants.

On nous a dit que les Allemands font une enquête pour connaître ceux qui ont pris part à la lutte; ils désigneront sans doute de nouvelles victimes, mais ils en trouveront un grand nombre tombées sur les remparts et parmi celles-là, je n'oublierai jamais un jeune homme de seize ans qui a combattu depuis le matin à nos côtés.

Les cheveux au vent, la chemise ouverte, les manches retroussées jusqu'aux coudes, il tirait fiévreusement, et montait à chaque instant sur le talus pour mieux diriger ses coups; c'est là qu'il

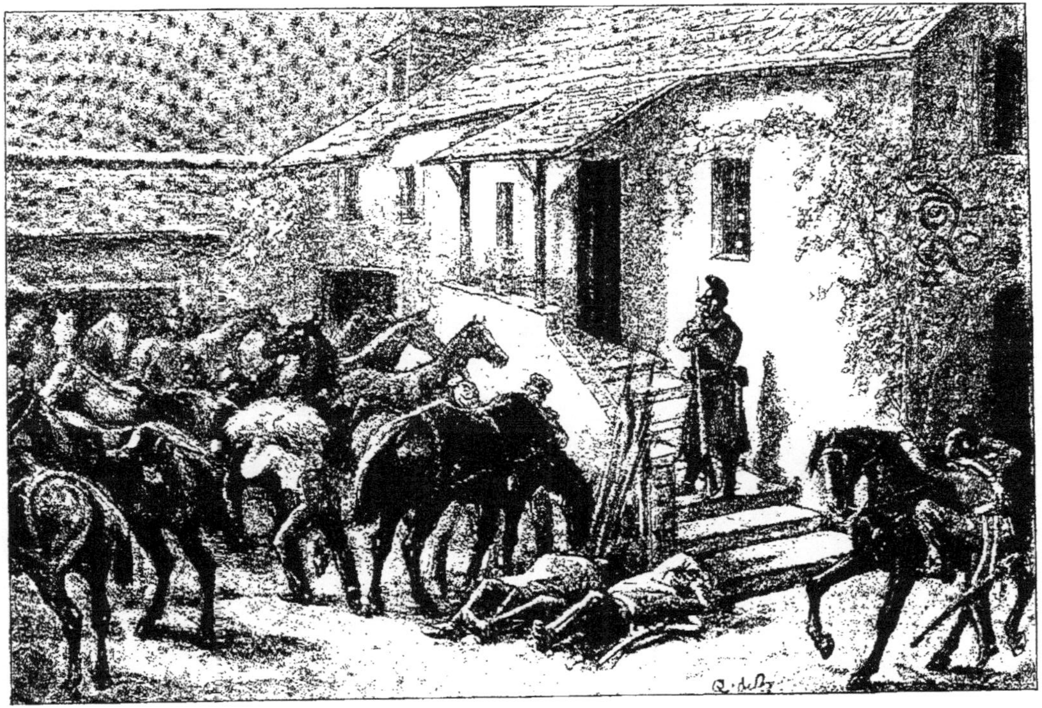

La cour de l'auberge, à Wissembourg. (Page 11.)

fut mortellement frappé, et je le vois toujours brandir une dernière fois son chassepot en criant « Vive la France! » — Ces souvenirs si douloureux finissent par me suffoquer, il me semble qu'il fait une chaleur accablante dans cette longue et étroite salle d'auberge; je vais ouvrir la porte et la fenêtre pour que l'air frais de la nuit puisse y pénétrer.

Les bruits du dehors arrivent en même temps jusqu'à nous. C'est le pas lourd et cadencé des troupes en marche, le battement d'un sabre sur un objet de métal, un bourdonnement indistinct d'une foule qui grouille dans une même rue. C'est la marée envahissante des Allemands qui traverse Wissembourg.

Par un coin de la fenêtre je plonge dans la cour de l'auberge, où je vois des chevaux rangés en longue file. Ils sont sellés et à demi bridés; de larges chabraques noires recouvrent le harnachement. On croirait voir des chevaux de corbillard préparés pour leur funèbre office.

Quelques uhlans veillent près d'eux; ils sont assis sur la margelle d'un puits; ce sont sans doute ceux qui nous gardent. Le casque en tête, la lance entre les genoux, ils sont toujours prêts à monter à cheval.

Une lanterne d'écurie accrochée au mur darde ses rayons sur certains objets, et noie les autres dans de grandes ombres indéfinies. La lumière accrochant çà et là un fourreau de sabre, ou une hampe de lance, dessine énergiquement quelques formes qui me font deviner les autres.

Le bruit des poussées de chevaux frappant du fer les pavés de la cour, et le cri guttural du cavalier qui les gourmande, montent parfois jusqu'à moi.

Dans le lointain, toujours le même bruissement d'une troupe armée qui passe.

J'entends, très distinctement par instants, un cri allemand dur et saccadé, c'est un commandement ou l'observation brutale d'un chef; cette voix domine d'autant plus facilement les autres, que les hommes parlent bas et très peu pendant les marches de nuit; c'est un instinct explicable par le besoin de sommeil, et aussi par la majesté de la nuit.

L'homme voyant moins autour de lui pense plus en regardant volontiers la voûte étoilée.

Je ne puis quitter cette fenêtre, où il me semble que je dois moins souffrir qu'ailleurs.

L'odeur âcre et pénétrante de la paille me suffoque, et sa poussière me sèche la gorge.

Je change de côté, comme un malade qui se tourne dans son lit en espérant mieux d'une autre position.

La lanterne me met cette fois en pleine lumière un fantassin bavarois planté, comme une statue, sur la première marche de l'escalier; c'est un chasseur, sa longue capote sombre descend sur ses bottes larges aux semelles épaisses. La chenille du casque et les parements sont verts. Je reconnais bien l'uniforme : j'ai eu ces soldats en tirailleurs devant moi pendant toute la journée. Celui-ci est un grand gaillard qui a bonne mine, sa tenue est correcte, et son immobilité si complète qu'on ne le croirait pas vivant. Cependant, il veille, car je distingue parfaitement un mouvement de l'œil sous la visière de son casque.

L'épaule gauche appuyée au mur, les mains réunies sur la douille de la baïonnette, la crosse à terre, à quoi pense cet homme? Peut-être à sa famille, certainement à l'inconnu de demain et au drame qu'il vient de traverser. Ce qu'il a vu de la bataille se résume à peu de chose : le soldat ne connaît guère que ce qui se passe devant lui.

Cependant, il a dû voir la charge des turcos s'élançant à la baïonnette sur les canons bavarois. Tous les soldats qui se battaient devant Wissembourg n'oublieront jamais ces arabes bondissant à travers les vignes comme les panthères dans les jungles.

Ce Bavarois peut penser que son lourd fusil à tabatière le défendrait mal dans ces luttes corps à corps où la valeur et l'agilité jouent le principal rôle... Heureusement pour lui le temps de ces combats héroïques est passé ; la victoire est du côté des armées nombreuses et bien conduites.

CHAPITRE II.

Une page d'histoire. — Visite d'un officier de l'état-major bavarois. — Notre départ de Wissembourg. — L'étape à pied de Wissembourg à Neustadt. — But des Bavarois en nous imposant ce défilé devant leurs troupes en marche.

Pendant que je regarde ce factionnaire bavarois, mon esprit fouille dans l'histoire de son pays si intimement liée à la nôtre à différentes époques.

Les Bavarois ont été nos ennemis acharnés pendant la guerre de Trente ans, et ne nous ont pas pardonné la mort de leurs plus grands capitaines; Louis XIV, qui tenait tant à l'alliance des petits princes allemands, a toujours échoué dans ses tentatives vis-à-vis de la Bavière, jusqu'au moment de la guerre pour la succession d'Espagne.

On sait combien l'électeur a été mal inspiré à cette époque en associant la fortune de la Bavière à celle de Louis XIV, et avec quelle cruauté l'empereur d'Autriche s'en est vengé sur ce malheureux pays, après avoir dépossédé Maximilien. Mais on ne doit pas oublier la grandeur d'âme avec laquelle Louis XIV, victorieux à Denain, s'est souvenu, au traité d'Utrecht, de son allié malheureux et a imposé à l'Autriche, par le traité de Rastadt, sa réintégration dans tous ses États.

Nous retrouvons les Bavarois le plus souvent contre nous, suivant l'inspiration de leurs électeurs, exclusivement préoccupés de sauver l'autonomie de la Bavière. En 1793, ils sont au siège de Mayence dans les rangs de l'armée autrichienne; mais les soldats de Jourdan et de Moreau leur font expier, à deux reprises, le concours qu'ils ont prêté aux armées alliées. — En 1800, Moreau assiège Ingolstadt, la ville bavaroise réputée imprenable, et en rase les fortifications; vainqueur à Engen, Mœskirck, Hœstœdt, il entre à Munich en 1801.

La paix de Lunéville, qui assure à la France la rive gauche du Rhin, enlève à la Bavière une partie de ses possessions.

A cette époque l'électeur de Bavière était Maximilien-Joseph II, duc des Deux-Ponts depuis 1795, qui succéda à son oncle Charles-Théodore en 1799. Ayant jugé sagement que l'intérêt de la Bavière lui conseillait d'associer sa fortune à celle de Napoléon, il oublia ses récents griefs et résolut, malgré ses conseillers, de rechercher notre alliance. Ancien colonel du régiment d'Alsace au service de la France, il avait été élevé à la grande école des traditions de Turenne qui excitait au plus haut point son admiration. Il s'enthousiasmait aussi pour le général dont les débuts marquaient par la campagne de 1796 en Italie. Ses sympathies se trouvant d'accord avec les intérêts de son pays, il n'hésita pas à se jeter dans les bras de Napoléon, lorsque éclata de nouveau la guerre entre la France et l'Autriche.

Les Bavarois eurent le grand honneur de partager notre gloire d'Austerlitz, et de plus ils obtinrent par le traité de Presbourg, qui la suivit de près (26 décembre 1805) des avantages de nature à cimenter pour toujours notre alliance.

Napoléon récompensa l'électeur en lui faisant rendre les canons et les drapeaux qui lui avaient été pris en 1746, et en donnant à son pays une augmentation de 500 milles carrés de territoire avec un million d'habitants. La Bavière fut érigée en royaume et, le 1ᵉʳ janvier 1806, Maximilien-Joseph II prit possession de sa nouvelle dignité.

Sur les débris de l'empire d'Allemagne s'éleva la Confédération du Rhin placée sous le protectorat de l'empereur des Français. La Bavière fut mise à la tête de ses membres (12 juillet 1806).

L'étroite union de la Bavière avec l'empereur Napoléon parut se resserrer encore par le mariage de la princesse Augusta, fille du nouveau roi, avec le prince Eugène, fils adoptif de Napoléon et vice-roi d'Italie.

Le nouveau royaume doit à l'empereur sa constitution de 1808, qui reconnaît une représentation nationale, un code civil basé sur l'égalité des citoyens devant la loi, et enfin la plus grande partie de ses institutions libérales.

En échange, nous retrouvons les Bavarois à nos côtés, dans les journées d'Abensberg, d'Eckmühl, de Neumark. Ils se couvrent de gloire à Wagram et en retirent une importante augmentation de territoire; nous les entraînons plus tard jusqu'en Russie, et les bulletins de notre Grande Armée les citent avec honneur dans les combats de Polotzk, Smolensk et Borodino. Ils sont encore nos alliés à Lutzen et Bautzen, mais l'heure des grandes trahisons a sonné. Après le défaite de Leipzig, l'empereur doit s'ouvrir un passage à travers ses anciens alliés et leur tuer dix mille hommes et six généraux à Hanau. Ils font aussi partie des grandes curées de 1814 et de 1815, et arrivent trop tard à Waterloo pour nous porter le dernier coup.

Vaincu par la fatigue, j'avais fini par m'assoupir, lorsque je fus brusquement éveillé par un bruit de sabre battant les marches de l'escalier.

Je ressentis une nouvelle et poignante douleur, comme il arrive lorsqu'on retrouve les chagrins de la vie réelle un instant oubliés dans le sommeil. Nous ne tardâmes pas à apercevoir le jeune officier bavarois qui était venu la veille; il avait encore dans la main droite cette courte cravache de chasse qui m'avait tant porté sur les nerfs, la veille, pendant la durée de sa mission auprès de nous. Ce qui m'avait particulièrement frappé chez cet homme, c'était son ton de politesse affectée et mêlée d'ironie, tandis qu'il battait négligemment du fouet sa botte éperonnée. Ce matin je l'ai mieux vu : court vêtu dans son uniforme bleu céleste, le casque en tête, il laissait traîner son sabre, ou le maintenait d'une main bien gantée; c'était le vrai type de l'officier d'état-major allemand, doublant d'insolence une élégance naturelle.

L'homme était jeune, blond fade et bien tourné; son arcade sourcilière droite enchâssait un monocle rond, pendant que l'œil d'un bleu vitreux regardait faux, ainsi que nous le disons vulgairement. Sous sa moustache rousse, très petite et hérissée, la bouche ébauchait un sourire assez narquois pour agacer, sans aller jusqu'à l'impertinence. Ils nous avait dit la veille, avec un léger accent germanique : « Nous sommes très nombreux, Messieurs, c'est là notre grande force. Votre Napoléon nous a déclaré la guerre, que nous ne désirions pas, mais en Allemagne nous sommes toujours en mesure de mettre beaucoup d'hommes en ligne.

« Vous n'étiez pas prêts pour marcher contre nous et vos chefs ont eu tort de vous envoyer ici, car nous attendions ce moment pour frapper le premier coup. Vous avez de bons soldats, d'excellents fusils dont la portée est de beaucoup supérieure à celle des nôtres.

Nos réserves ont même beaucoup souffert de votre feu à une distance où nous devions les croire parfaitement hors de tout danger. »

Il ajouta entre autres choses, avec un certain ton de persifflage :

« Nos soldats ne peuvent pas croire qu'ils sont en France, parce que tout le monde ici parle l'allemand, et qu'ils ont trouvé des brasseries comme dans leur pays. Cet étonnement n'est pas près de cesser, si la fortune des armes nous permet de continuer notre route, car ils auront l'occasion de faire la même observation dans toute l'Alsace, et dans une grande partie de la Lorraine. »

Il nous donnait ainsi le premier échantillon de ce manque de tact que nous avons pu constater chez tous les Allemands, quelque bien élevés qu'ils soient. Il nous confirma ensuite que son général nous ferait adresser un témoignage officiel de son admiration pour la belle conduite du bataillon, qui avait résisté jusqu'à la dernière extrémité à des forces très supérieures en nombre.

L'intention, qui fut réalisée plus tard dans des termes flatteurs, était certainement bonne, et répondait peut-être à un usage dans les armées bavaroises; mais on nous avait laissé nos sabres comme témoignage de respect, et c'était assurément suffisant.

L'officier nous prévint encore que nous irions à pied jusqu'à la station de Neustadt, où se raccorde avec le chemin direct de Mayence à Strasbourg le chemin de fer Ludwigs-Bahn, qui tourne vers l'est, entre dans la grande et fertile plaine qu'arrose le Rhin, et remonte par Worms jusqu'à Mayence. Nous pensions quitter cette ligne à Manheim. L'encombrement des voies ferrées était le prétexte de ce voyage à pied, mais nous ne tardâmes pas à comprendre qu'on voulait nous montrer. Nous devions jouer un rôle important dans une série de scènes habilement préparées pour frapper l'imagination des troupes en marche.

C'est certainement pour le même motif que l'ordre n'a pas été donné d'ensevelir les cadavres de la veille, devenus hideux sous l'action du soleil du jour et de l'humidité de la nuit.

Ce double spectacle des prisonniers et de leurs victimes était de nature à exciter les idées de vengeance, et à faire naître un peu d'enthousiasme; je ne doute pas aujourd'hui qu'il n'ait été donné dans ce but à la plus grande partie de l'armée bavaroise.

On fait grand bruit dans cette cour d'auberge : des pas de chevaux sur un pavé glissant, des cris, des appels, un cliquetis d'armes, tout indique un mouvement de soldats qui vont partir. Je distingue bien aussi que ce ne sont pas les nôtres, car j'entends un bruit lourd et méthodique accentué de voix rauques et nazillardes qui appartiennent bien à l'Allemand. Ce ne sont plus les joyeux lazzis de nos chers soldats en campagne ou en route, ces voix jeunes et sonores qui disent tout avec un éclat de rire, même dans les circonstances les plus sérieuses. Nous avons tous retenu les bons mots, les à propos si français qu'on entendait à chaque instant dans les tranchées de Sébastopol. Je me souviens qu'une bombe, effondrant un parapet, venait d'enfouir sous la terre une grande gamelle de soupe, en dispersant les affamés qui l'entouraient, et avaient à peine commencé leur repas; le silence de la résignation accueillait ce contre-temps, quand un loustic le changea en fou rire «... Tu disais qu'il n'y avait pas assez de poivre dans la soupe, tu vois maintenant que les Russes se chargent d'en mettre! »

A la même époque, un vieux voltigeur, maintenu sous les drapeaux après l'expiration de son temps, suivant les dures lois de la guerre, passe avec une blessure grave devant ses camarades :

Il gagne l'ambulance, d'où il ne reviendra probablement jamais et jette comme adieu une plaisanterie à ses amis : « Je crois que Totleben m'a signé mon congé. »

Je m'égare volontiers dans ces beaux souvenirs du temps passé, et je me demande si ce sont ces mêmes hommes qui vont défiler devant les lourds bataillons allemands.

Les voilà les pauvres gens, nous les apercevons au coin de la rue où ils nous attendent pour nous suivre. Ils ne rient plus cette fois, et leurs yeux sont gonflés de larmes qu'ils ne veulent pas verser devant leurs ennemis. Aujourd'hui ils ont conscience de leur situation, et ils ont pu compter les camarades qui manquent à l'appel.

Pendant toute la nuit ils ont entendu les Allemands qui passaient pour envahir la France, leur chère patrie qu'ils ne pourront pas défendre. Nous allons au-devant d'eux en traversant une haie de Bavarois qui nous observent curieusement. Marchons fièrement, camarades, mordons nos moustaches et étouffons nos sanglots qui nous serrent la gorge !

Nous partons,... je vois tout confusément, il me semble seulement qu'il y a beaucoup de monde autour de nous. Plusieurs fois je me jette inconsciemment de côté, venant d'être heurté par un cheval ou par la botte d'un cavalier. J'aperçois un des uhlans qui nous serrent de près le pistolet au poing et la lance en sautoir ; le petit pavillon noir et blanc de la hampe m'indique que ce sont des Prussiens, il y en a toute une longue file sur notre flanc gauche.

Nos hommes marchent dans le même ordre que nous, un peloton de Bavarois nous suit de près, et détache des flanqueurs sur les côtés de la route. Quel déploiement de force pour si peu de prisonniers ! Quelle mise en scène calculée pour impressionner les troupes que nous croisons sur la chaussée depuis notre sortie de la ville !

Quoique nous marchions depuis bien longtemps, nous voyons toujours sur la route ou dans les champs voisins des cadavres de soldats bavarois; quelques-uns sont entassés dans les fossés, ce sont ceux qui gênaient trop la circulation; hélas la guerre nous rend tous plus ou moins féroces, et, dois-je l'avouer? j'éprouve un certain soulagement à me dire que ce sont nos balles qui ont fauché tant d'ennemis.

Nous laissons à notre droite le chemin de fer qui conduit directement de Wissembourg à Mayence. Dans la gare, que nous voyons d'assez loin, nos regards sont attirés par des pantalons rouges, ce sont ceux des camarades tombés entre les mains des Prussiens. Nous avons eu la bonne fortune, hier, de saluer d'une fusillade efficace les soldats aux uniformes noirs et aux casques à pointes qui marchaient contre eux.

Hélas! nous apercevons en même temps des ambulances regorgeant de blessés, et les brancardiers de la convention de Genève s'occupant de leur triste besogne. Les turcos sont couchés en grand nombre, et leurs visages, tuméfiés par la mort, ont conservé une remarquable énergie. Leurs cadavres jouent leur rôle aussi : il faut bien que les Bavarois se familiarisent avec ces Africains dont les Autrichiens leur ont fait une si effroyable peinture dans leurs récits de la campagne de 1859.

Que de sang répandu encore sur ce coin de terre que les armées ont foulé à toutes les époques!

Dans ces lignes de Wissembourg sont enfouis des soldats du maréchal de Villars, qui les a construites au moment de la guerre de la succession d'Espagne, et une partie de l'armée d'Alsace amenée là par Custine après la capitulation de Mayence, en 1793.

Les Autrichiens y ont entassé leurs cadavres dans les terribles assauts donnés et soutenus par Wurmser jusqu'à ce que les troupes de Hoche les aient refoulés dans le Palatinat. Les hasards de notre misérable destinée nous jettent sur la route tant de fois suivie par nos pères et arrosée de leur sang; leur grand souvenir ne peut pas être effacé de notre pensée par nos propres malheurs, pas plus qu'il ne peut être diminué dans l'esprit de nos ennemis par l'aspect de notre infortune.

Toutes les troupes qui défilent parallèlement à nous marchent lentement, s'arrêtant souvent et observant un ordre parfait. Les visages des soldats nous témoignent plus d'étonnement que de haine, et beaucoup d'officiers nous saluent militairement. Par instants nous entendons un cri allemand auquel répond une voix française, c'est un pauvre prisonnier qui a voulu s'arrêter ou s'écarter pour boire à une source voisine : « Marche droit lui crie-t-on en allemand, sinon tu vas mourir. » Nous traduisons cette horrible formule que notre soldat n'a même pas comprise.

Cette ignorance de la langue a été funeste à beaucoup de nos hommes dans le cours de la captivité et aussi pendant ces marches de prisonniers si brutalement surveillés ; un grand nombre ont été fusillés pour n'avoir pas entendu les sinistres avertissements de leurs gardiens.

Dans le voisinage d'un petit cours d'eau, nous apercevons les traces d'un campement, c'est le seul que nous ayons trouvé, pendant notre trajet. Quelques fours de campagne fument encore sur le terre-plein verdoyant que bordent de petits saules dont les branches sont, par endroits, entièrement calcinées. De larges taches noires sur les herbes roussies marquent la trace des feux de bivouac ou des cuisines, et les charbons mal éteints dégagent une odeur pénétrante. Sur la gauche, de grands peupliers limitent un champ de blé, si on peut encore donner ce nom aux débris informes de chaume et d'épis qui ont servi de litière aux chevaux et aux hommes que nous apercevons.

Les cavaliers prêts à monter à cheval sont des hussards prussiens faisant sans doute partie d'une escorte ; ils portent le colback noir traversé de deux tibias placés en croix sous une tête de mort, et leurs dolmans rouges à brandebourgs jaunes font une note éclatante dans cet amas gris et poudreux des pailles brisées.

L'un d'eux s'approche de la route pour nous voir passer, c'est un gros homme à l'air bête et méchant, un vrai type de soudard ; soutenant la bride de son cheval dans l'avant-bras, il chasse les coudes en avant en plongeant ses pouces dans son ceinturon ; sa démarche dodelinante est scandée par le bruit du sabre qui bat ses bottes, enfin, le ricanement en même temps que l'attitude du Prussien indiquent l'intention évidente d'être aussi farceur qu'insolent, et de produire beaucoup d'effet sur les Bavarois. Ceux-ci m'ont pourtant paru très indifférents à la grossièreté qu'il nous a dite en allemand et qui n'est pas arrivée distinctement jusqu'à nous.

Au fond du champ, des domestiques en livrée très soignée attellent un landau pendant que d'autres chargent de grands fourgons.

Les Allemands ne campent pas comme nous sous des tentes, ils sont toujours cantonnés dans les lieux habités, ou bivouaquent en plein champ ; dans ce dernier cas, des généraux peuvent s'abriter pendant la nuit dans leurs voitures.

C'est probablement ce qui s'est passé dans cet endroit très éloigné de toute habitation, où nous trouvons les indices qu'un état-major a séjourné, et nous pouvons expliquer de même le nombre assez grand des coupés ou des calèches que nous rencontrons parmi les fourgons d'ambulance et les charrettes des convois.

Le service des transports ne paraît pas être organisé comme le nôtre ; les conducteurs sont des paysans, et la diversité des voitures indique qu'elles proviennent de réquisition. Les bagages sont peu considérables, relativement à la masse des troupes qui défilent devant nous depuis plusieurs heures, mais les chevaux de main sont nombreux, et c'est là un grave inconvénient pour les armées qui ont tant d'officiers montés.

Le convoi des voitures que nous venons de croiser est suivi presque sans interruption par de nouvelles troupes. Nous allons assister encore à ce grand défilé de l'armée bavaroise, que les sinuosités de la route nous montrent jusqu'à l'horizon, comme un long serpent noir et bleu.

Les canons de fusils, scintillant çà et là sous les rayons du soleil, dessinent par une longue traînée brillante le dos du monstre sans fin, dont la gueule, au delà de Wissembourg, dévore notre malheureux pays.

Tous ces soldats qui passent près de nous semblent nous regarder avec un étonnement mêlé de tristesse ; il est facile de lire sur leurs visages qu'ils vont à regret combattre les Français et se réjouissent peu du triomphe éphémère qui nous a livrés à leurs armées.

Beaucoup d'officiers et quelques soldats portent la médaille commémorative de la guerre de 1866 contre les Prussiens, leurs alliés du jour dans cette campagne contre nous ; ceux qui pensent et réfléchissent détestent la Prusse, et les autres ne peuvent comprendre pourquoi les ennemis d'hier sont les amis d'aujourd'hui ; si ignorants qu'ils soient de la politique, ils savent bien qu'un très grand nombre de leurs représentants au parlement de Bavière ont voté contre la guerre, et ce n'est pas sans appréhension qu'ils marchent contre un peuple ayant derrière lui le prestige de tant de victoires.

Celles du premier Empire sont trop intimement liées aux gloires de leur pays pour qu'ils les ignorent, et ils ont vu les médailles de Crimée et d'Italie sur la poitrine de leurs parents engagés dans notre légion étrangère.

Je voyais à travers ces flocons de fumée les guerriers de toutes les invasions... (Page 39.)

Enfin ceux qui connaissent bien l'histoire de leur pays tremblent pour cette autonomie dont la Bavière a toujours été si jalouse. Ils savent qu'à toutes les époques les électeurs ont cherché à n'être englobés dans aucune grande puissance, et que la solution de ce problème les a toujours bien ou mal guidés dans leurs alliances. En face des agissements de la Prusse, ils se demandent si cette grande unité allemande n'est pas pour eux un vasselage déguisé.

Ils le sauront plus tard; pour le moment il faut marcher, et les Prussiens les surveillent par derrière pour le cas où le spectacle des prisonniers et des cadavres ne donnerait pas le résultat qu'ils en attendent.

Nous venons de traverser la Queich, petit affluent du Rhin qui passe à Landau. Nous apercevons assez loin sur notre droite le clocher de l'église, de cette forteresse assiégée et prise sept fois pendant la guerre de Trente ans. Détachée en 1680 de l'empire germanique par Louis XIV et fortifiée six ans après par Vauban, elle fut française de la paix de Rastadt à 1814. Nous y trouverions encore sous le soleil de Louis XIV sa fière devise « *Nec pluribus impar* » que j'ai pu lire tant de fois au sommet d'une porte de Vieux Brisach sur la rive droite du Rhin.

Nos soldats de 1793 ont accroché, dit-on, sur le haut d'une de ses tours un vaste bonnet phrygien en fer rougi.

Je pense que tous les soldats bavarois que nous rencontrons viennent de cette ville dont la garnison est déjà si considérable en temps de paix.

La Quiech est l'ancienne frontière qui séparait l'Alsace du Palatinat; elle forme encore la limite entre le terrain des Vosges et les montagnes de la Haardt. Pendant les guerres du dix-septième et du dix-huitième siècle ce cours d'eau avait été fortifié par des retranchements appelés les lignes de Landau. Les coteaux qui s'échelonnent à notre gauche sont couverts de vignes, et sur les plus élevés nous apercevons des ruines de châteaux qui ont tous leurs pages dans l'histoire des guerres de toutes les époques.

Dans le pays qui s'étend de la Quiech à Neustadt nous ne rencontrons pas d'habitants et nous en faisons tous la remarque.

Dans ce malheureux Palatinat, toujours ravagé par la guerre et arrosé de sang et de larmes, les paysans se sont, peut-être, transmis de père en fils la consigne de fuir devant les troupes armées; leurs légendes doivent être bien curieuses, et elles disent sans doute mieux la vérité que nos histoires.

Les massacres et les incendies du Palatinat par les troupes de Turenne, d'après les ordres de Louvois, voilà l'histoire admise, dont nos ennemis se font une arme terrible contre les Français. Leurs auteurs ont fouillé dans tous les coins de ce malheureux pays pour frapper l'imagination des enfants et vouer notre nom à leur exécration.

Que les théoristes humains en tirent un argument contre la guerre, soit, mais que nous soyons exclusivement entachés de ces souvenirs je ne l'admets pas. A cette époque l'armée française était pleine de mercenaires allemands, sans compter les dix-huits régiments d'infanterie et de cavalerie régulièrement constitués, et commandée par de petits princes allemands alliés de Louis XIV. Turenne s'est souvent plaint de la cruauté de ces soldats, ces gens de sac et de corde comme il les appelait, braves mais toujours prêts à se vendre au chef qui payait le mieux, et promettait le plus de pillage. Ces mercenaires étaient toujours dans le Palatinat, tantôt avec Turenne, tantôt avec Montecucculi, et les barbares qui ont ravagé le pays en 1658 et en 1689 appartiennent aussi bien à l'Allemagne qu'à nous. N'oublions pas les horreurs commises, je le veux bien, mais pour les maudire et non pour les imiter. Si Louvois a ordonné qu'on brûlât Trèves et qu'on ravageât le Palatinat en 1689, les chefs allemands ont prescrit en 1870 de brûler toutes nos villes ouvertes qui se défendraient, et leurs soldats ont jeté à coups de crosses dans les caves incendiées de Bazeille et de Châteaudun les malheureux habitants qui demandaient merci !

CHAPITRE III.

Nous prenons le chemin de fer de Neustadt à Mayence. — Nouvelles du Geissberg. — En route pour Mayence — Une vision dans la fumée. — Souvenirs des sièges de Mayence. — Vue de la ville et de ses environs par un clair de lune.

Les sifflements aigüs des locomotives nous indiquaient que nous nous rapprochions de plus en plus du chemin de fer; nous ne tardons pas en effet à apercevoir à droite une gare distante d'un kilomètre environ de la route; nous sommes arrivés à Neustadt.

Nos soldats sont parqués dans les salles d'attente et un service de surveillance est organisé très militairement; sentinelles nombreuses, petits postes détachés dans toutes les directions, c'est une véritable grand'garde qui les enveloppe.

Les officiers liés par leur parole peuvent circuler librement dans la gare, et nous sommes même autorisés à communiquer avec nos hommes.

Nous apprenons avec grand plaisir que les promesses du curé et du sous-préfet, au moment de notre séparation, ont été exécutées le soir même; les prisonniers ont reçu du pain, de l'eau et de la paille, dans l'église de Wissembourg, où ils étaient enfermés, et une ambulance de Genève leur a distribué le matin des biscuits qu'ils se partagent encore en ce moment. Ils ont le moral bien abattu; notre devoir est de travailler à le relever par tous les moyens possibles, et de ne pas toujours répondre par la vérité aux questions embarrassantes qu'ils nous posent sur les réalités présentes et sur les probabilités de l'avenir.

Nous n'étions pas mieux renseignés qu'eux-mêmes sur le lieu de notre internement, et nous pouvions seulement les assurer que nous resterions en Bavière; et assez près de nos frontières pour être compris dans les premiers échanges des prisonniers. Quant aux nouvelles de notre régiment, nous les connaissions beaucoup moins qu'eux, car ils avaient pu le matin échanger quelques mots avec des camarades tombés la veille entre les mains des Prussiens.

Un sous-officier de ce petit détachement avait pu glisser à l'un des notres une lettre écrite après la bataille, et nous la lûmes avec le plus grand intérêt. Il raconte à grands traits ce qu'il a vu de la bataille, la lutte héroïque de notre division écrasée par le nombre dès la première heure, et sa retraite définitive après de nombreux et meurtriers retours offensifs. Il a pris part personnellement à la défense d'une ferme où étaient postées deux compagnies entièrement coupées de leur bataillon. Il donne une longue liste des morts et des blessés qu'il connaît, et nous y lisons douloureusement les noms de bien chers camarades; mais nous savons par expérience de la guerre que ces renseignements sont souvent exagérés, et nous espérons revoir encore quelques-uns de ceux qui sont désignés comme mortellement frappés.

D'autres soldats ont raconté d'une façon très émouvante l'histoire de notre drapeau qui, caché dans une maison pendant une période difficile du combat, ne pouvait plus être dégagé de vive force au moment de la retraite. Le jeune lieutenant Raoul de Cepoy, connaissant la cachette, s'est offert pour la mission presque impossible d'aller le chercher. Accompagné de deux hommes dévoués, il a pu ramper dans les sillons et se glisser derrière les vignes jusqu'à l'habitation que l'ennemi n'occupait pas encore, mais qu'il enveloppait de toutes parts. Ils ignorent les détails du drame, mais le jeune officier a réussi, car il a pu leur montrer en passant la hampe brisée, et le drapeau roulé en ceinture sous sa tunique.

Pendant notre conversation avec les prisonniers plusieurs trains se succèdent, ce sont des blessés qu'on évacue sur l'Allemagne. Nous lisons sur les képis de beaucoup de soldats français le numéro de notre malheureux régiment si cruellement décimé; les trains ne s'arrêtent pas à la station, mais ils vont assez lentement pour que nous puissions distinguer les visages amis; nous saluons du geste et de la voix nos blessés qui se soulèvent autant qu'ils le peuvent pour nous apercevoir.

Ce sont des Prussiens qui les escortent et poussent des hurrahs insolents en passant devant nous; si malheureux que nous soyons, nous trouvons nos camarades plus dignes de pitié d'être livrés à ces soudards féroces, qui les entraînent vers leurs forteresses si éloignées de Poméranie. Les lois de la guerre, qui livrent les victimes à leurs vainqueurs, nous ont fait un sort relativement moins misérable, et cette pensée devrait adoucir un peu l'amertume de notre douleur.

Le commandant de notre escorte vient nous prévenir que notre destination est Ingolstadt, mais qu'il a reçu l'ordre de nous conduire ce soir à Mayence où nous passerons la nuit. C'est dans cette ville que se trouve en ce moment l'état-major général de l'armée allemande avec le roi Guillaume. L'officier bavarois, doué du tact qui caractérise sa race, nous expose très nettement le motif de ce crochet inattendu. Le vieux monarque veut voir les premiers prisonniers français, et les montrer à ses troupes de réserve; ainsi nous allons continuer à Mayence le rôle que nous jouons depuis Wissembourg, servir de pâture à la curiosité, et chauffer l'enthousiasme de la victoire allemande.

Les Baravois vont promener devant les Prussiens, dans l'ancienne forteresse fédérale, les fils de ces Français qui ont soutenu le siège à jamais mémorable de 1793; il est vraiment malheureux que les Autrichiens ne soient pas de la fête! Mais, depuis 1866, les Prussiens se sont arrogé le droit d'occuper seuls cette place forte, quoique, par sa situation dans le grand-duché de Hesse, elle ne dût pas faire partie de l'Allemagne du Nord.

Nous allons voir notre ancien chef-lieu du département du Mont-Tonnerre où nos pères ont vécu de 1797 à 1814.

Leur souvenir ne peut être effacé dans cette population de Mayence qui contribua à l'entrée si facile de l'armée de Custine, pendant qu'elle envoyait à la Convention des commissaires pour demander d'être incorporée à la nation française.

Les pères des Mayençais actuels ont dû transmettre à leurs enfants les noms illustres des généraux Doyré, Dubayet, Meunier, qui se sont immortalisés dans la place.

Espérons que le monument de Meunier a été respecté dans la forteresse de Castel où ce général a été enterré après l'avoir si énergiquement défendue.

Ces grands noms français doivent nous couvrir du respect qu'ils inspirent, et nous recevrons probablement dans cette ville un accueil pouvant nous consoler un peu du rôle humiliant que nous impose le vieux monarque prussien.

Le train qui nous est destiné doit emmener aussi des blessés allemands. Il en arrive en assez grand nombre, mais ce sont généralement des éclopés très valides, quelques-uns ont pu marcher jusqu'à cette gare depuis Wissembourg, d'autres ont été transportés dans des fourgons d'ambulances.

Parmi eux sont des Prussiens. Ceux-ci attirent particulièrement l'attention de nos hommes qui se sont battus exclusivement contre des Bavarois, et n'ont vu les Prussiens qu'un instant à travers la fumée des derniers coups de feu. L'un de ces blessés, qui porte son bras en écharpe, s'est approché d'un groupe de nos sous-officiers et cause familièrement avec eux. C'est un Prussien du duché de Posen; il parle beaucoup de son origine polonaise et dit tout le mal possible de l'armée prussienne en très bon français. Il est enchanté, dit-il, d'être blessé à la main droite et d'avoir ainsi terminé sa campagne à si bon marché. Il raconte que tout soldat allemand qui reste en route pendant l'action, sans être blessé, est impitoyablement fusillé. Une division de gendarmerie, déployée à certaine distance en arrière des lignes, fouille toutes les cachettes et accomplit sa mission avec la dernière rigueur.

Ce personnage est peu intéressant, et, malgré ses grandes démonstrations amicales, nous engageons nos hommes à ne lui donner aucun renseignement sur quoi que ce soit. Nous l'avons revu depuis à Ingolstadt, où rien n'expliquait la présence d'un Prussien, si ce n'est sa mission d'espionnage que nous avions pressentie, et que lui facilitait sa parfaite connaissance de notre langue.

Une locomotive fait entendre son sifflet aigu, c'est notre train; il est bondé de blessés allemands et français. On nous entasse dans des wagons découverts qui transportent les marchandises ou les bestiaux.

Les voitures fermées sont affectées au transport des ambulances, c'est très naturel; mais nous constatons qu'on n'a même pas eu le soin de nous jeter quelques bottes de paille dans ces wagons absolument dépourvus de banquettes. Les officiers qui ont besoin de repos sont forcés de s'étendre sur un plancher sale et humide.

Nos hommes sont séparés de nous par un peloton de Bavarois, et plusieurs soldats de l'escorte sont placés dans le wagon même des prisonniers, pour les surveiller de plus près; ils ont leurs fusils chargés et armés de la baïonnette.

Il nous est facile de constater que le commandant de l'escorte ne nous a pas quittés.

L'attitude respectueuse et le salut militaire des employés nous indiquent qu'un officier allemand demande des renseignements ou donne des ordres.

Pendant mes voyages dans le duché de Bade et le Palatinat, antérieurement à la guerre, j'avais été très frappé du militarisme des employés dans les gares, et j'ai pu constater que cette discipline s'étend à toutes les administrations. J'avais pressenti là une grande force chez nos ennemis qui ont su imposer la hiérarchie militaire dans tous les services de l'État.

Le chemin de fer Ludwigs-Bahn que nous prenons, laisse Neustadt à gauche, tourne vers l'est et entre dans la grande et fertile plaine qu'arrose le Rhin. Sur une longue étendue on n'aperçoit que vignobles, champs de blé ou de tabac.

Nous partons; la lourde locomotive nous secoue rudement. Le gros monstre, arraché à son repos, souffle d'abord lentement comme s'il bougeait à regret, puis, sa respiration régulièrement saccadée nous indique qu'il a pris sa course et nous entraîne avec lui.

Le soleil a baissé et le ciel s'embrase, au couchant, de ces belles couleurs pourpre et or qui découpent les contreforts violacés de la montagne de la Haardt.

La vallée du Rhin se déroule au loin avec ses champs de vignes et de tabac, offrant une grande variété de tons dans les teintes ensoleillées du soir. Derrière le grand fleuve que nous devinons à travers les saules qui le masquent, nous découvrons à l'horizon les monts boisés de la Franconie.

Dans ce wagon découvert qui me permet de jouir du beau spectacle de la nature, j'éprouve un sentiment indéfinissable qui est une détente momentanée de ma douleur. Notre course rapide contre le vent de l'est me frappe le visage dans un air glacé qui m'étourdit et m'enivre ; je finis par ne plus voir les détails qui m'entourent et par m'isoler dans mes pensées.

Mes yeux s'attachent obstinément sur ces gros flocons de fumée s'échappant de la cheminée à gueule noire qui nous précède et nous domine. La respiration haletante et précipitée de la chaudière rejette une bave noirâtre et opaque qui semble écumer longtemps encore.

Ces déjections incessantes, roulant les unes dans les autres, se tordent et finissent par se confondre dans des masses moins colorées et moins distinctes. Une longue traînée brune coupe le ciel de l'est à l'ouest comme un immense voile de deuil, et se perd dans les feux du couchant qui semblent brûler notre France.

Les trains qui nous croisent se succèdent sans interruption, et avec une vitesse absolument inusitée en Allemagne. Ils portent des soldats, des canons, des chevaux, et tous les engins de destruction et de mort !

Les sifflements aigus de la vapeur se mêlent à des clameurs confuses et aux vociférations des soldats qui passent en nous insultant. Les chevaux hennissent en allongeant leurs têtes hors des wagons, les artilleurs hissés sur leurs canons couverts de guirlandes agitent des écouvillons en vociférant. Les drapeaux allemands flottent sur les locomotives qui nous croisent ; celles-ci vomissent

Dans la gare de Mayence! (Page 45.)

la même fumée noire qui finit par se confondre avec la nôtre, et grossit cette masse sombre que nous voyons rouler vers notre patrie. Tout converge sur notre malheureux pays, les éléments eux-mêmes semblent conjurés contre nous.

Mes yeux rivés à ces flocons de fumée finissent par y distinguer des formes, j'y vois les guerriers de toutes les invasions. Voici les barbares avec Attila, je distingue leurs catapultes et toutes les grandes machines de guerre qu'ils traînent avec eux. Leurs femmes chassent devant elles des troupeaux en désordre, et les grands chefs aux coiffures étranges sont assis sur des chars d'où ils dominent et commandent leurs guerriers.

Ici ce sont des lansquenets, armés de longues piques; là des reîtres allemands revêtus de leurs oripaux fanés, vieilles livrées du plus offrant et dernier enchérisseur. Là-bas se ruent tous les coalisés contre Louis XIV; plus loin les traîtres de 1813 qui, pour payer à Napoléon le prix de sa glorieuse et lucrative alliance, vont prendre part aux grandes curées des envahisseurs de 1814 et de 1815.

Je vois enfin s'élancer à leur suite les coalisés de 1870 que mon imagination confond avec ceux qui passent réellement près de nous.

Ces masses indistinctes de soldats, de canons et de chevaux, qui me semblent tourbillonner dans le ciel, prennent, comme par un mirage, l'empreinte des réalités qui nous entourent; mon esprit égaré finit par attribuer à mes visions les perceptions vraies de mes sens. Les vociférations que j'entends me semblent poussées par les êtres imaginaires que mes yeux suivent dans la fumée, de même que la trépidation sonore des trains en marche me représente le bruit de cette formidable artillerie que je crois voir rouler dans les nuages. Cependant le jour baisse, et la pénombre du soir, estompant les formes, dissipe bientôt les songes que les jeux de lumière ont enfantés dans mon cerveau malade.

Nous venons de franchir la frontière qui sépare la Bavière de la Hesse. Nous nous approchons de plus en plus du Rhin que nous allons toucher à Worms. Déjà nous en apercevons les lumières qui brillent çà et là dans une demi-teinte qui n'est pas encore l'obscurité de la nuit. Je doute que nous puissions arriver assez à temps près du cimetière pour y découvrir le monument commémoratif élevé en l'honneur des anciens soldats de Napoléon. Cette ville est une de celles qui ont le plus souffert de la guerre : le colonel Suédois Haubold fit démolir tous ses faubourgs en 1632; mais ce furent Mélas et le jeune duc de Créqui qui lui donnèrent le dernier coup. Elle fut incendiée et pillée le 31 mai 1689.

Une fraîcheur pénétrante, arrivant avec la nuit et le voisinage du grand fleuve, glace nos membres engourdis. Cette sensation nous rappelle que les pillards allemands nous ont volé jusqu'à nos manteaux. Nos cantines ont été de même vidées méthodiquement. Cependant, quelques officiers ont pu sauver leurs cabans qu'ils portaient en bandoulière pendant le combat. Ils les déroulent et nous nous blottissons tous sous ces couvertures improvisées. Ceux qui ne sommeillent pas échangent leurs pensées intimes sur les événements d'hier et sur ceux de l'avenir dans notre malheureux pays.

Nous parlons enfin du sort qui nous attend à Ingolstadt, et aussi de cette ville de Mayence où nous allons être offerts en pâture à la curiosité publique.

Les souvenirs historiques que nous nous communiquons, sont de nature à nous impressionner bien vivement, puisqu'ils nous touchent à la fois comme militaires et comme Français.

Mayence pourrait ajouter à tous ses titres celui de la ville des sièges. Tous les peuples, en commençant par les Huns, l'ont assiégée, occupée et défendue contre de nouveaux assiégeants.

Les Suédois l'ont ravagée en 1631. Les Français l'ont occupée en 1644 et prise de nouveau en 1688.

Le marquis d'Uxelles, qui la défendait en 1689 contre le prince Charles de Lorraine, fut forcé à une capitulation, mais il trompa si habilement son adversaire sur les ressources de la garnison qu'il obtint à peu près les clauses qu'il voulait. Louis XIV, qui n'était pas coutumier du fait, le félicita dans une lettre qui se termine ainsi : « Marquis, vous avez défendu la place en homme de cœur et capitulé en homme d'esprit. »

En 1792, Custine, à la tête de l'armée d'Alsace, arrive devant Mayence et fait sommer le général autrichien baron de Gimmnich de rendre la place.

La lettre que le général Houchard fut chargé de présenter au gouverneur mériterait d'être citée tout entière, tant elle est empreinte du caractère particulier des généraux de cette époque.

Custine lui dit, en résumé, qu'il n'a pas autre chose à faire que de capituler immédiatement et termine ainsi :

« Je dois à la gloire de ma république qui jouit de l'impuissance
« des despotes qui voulaient l'opprimer et qui les a fait fuir de-
« vant les enseignes de la liberté, de ne pas enchaîner l'ardeur de
« mes braves soldats, et je le voudrais en vain. »

Cette lettre reçut un accueil inespéré de la part du baron allemand; il est vrai d'ajouter que les révolutionnaires de Mayence lui causaient un grand souci et menaçaient de donner la main aux assiégeants. C'est par ces considérations politiques que cette facile occupation de Mayence par les Français en 1792 est expliquée par Gœthe, et son ami Forster, l'un des délégués chargés de porter les vœux des Mayençais à la Convention.

Le 6 janvier 1793, 60.000 Prussiens se présentent devant Castel qui couvre la tête de pont de Mayence, le 6 avril l'investissement est formé par le général comte de Kalkreut, et deux mois après le roi de Prusse vient prendre le commandement.

Nous nous souvenons de la cruauté avec laquelle ce monarque repoussa la demande du commandant de la place, Doyré, relativement aux femmes, aux vieillards, aux malades et aux enfants enfermés dans la citadelle. Le général français n'attendit même pas sa réponse qui ne pouvait pas être défavorable parce que beaucoup de femmes prussiennes et autrichiennes comptaient dans cette foule qu'il demandait à arracher à la mort; et le 24 juin tous ces misérables se présentèrent pour franchir la porte de Castel. C'est avec la plus odieuse brutalité qu'ils furent rejetés dans la place, excitant, même du côté des assiégeants, la plus vive commisération.

Gœthe, témoin oculaire dans l'armée allemande, a écrit la phrase suivante : « La détresse de ces personnes sans armes et sans appui foulées entre les assiégeants et les assiégés surpassait toute imagination. »

Ce serait l'occasion de faire à ce propos un rapprochement entre la conduite barbare du roi de Prusse et la grandeur d'âme de Louis XIV au siège de Namur, dans les mêmes circonstances.

Le 23 juillet 1793, fut signée la capitulation entre le général Doyré, commandant en chef à Mayence, et le lieutenant général comte de Kalkreut, commandant l'armée combinée devant Mayence.

L'un des articles stipulait :

« La garnison sortira avec tous les honneurs de la guerre, emportant ses armes, ses bagages et autres effets appartenant en propre aux individus de la garnison et des vivres pour la route. »

La garnison, qui s'était engagée par serment à ne pas porter les armes contre les puissances coalisées, fut envoyé dans la Vendée.

En 1794, une armée française sous les ordres du général Shaal bloqua Mayence sans succès. Kléber subit un échec analogue en 1795. Pichegru et Jourdan ne réussirent pas mieux en 1796, et nous ne pouvons citer de cette dernière campagne si malheureusement menée que la belle conduite de Marmont à Castel.

En 1797, le traité de Campo-Formio ouvrit de nouveau les portes de Mayence aux Français qui l'occupèrent sous les ordres du général Hartry et la conservèrent jusqu'en 1814.

La nuit est venue, mais un ciel pur où brillent les étoiles et un clair de lune resplendissant nous permettent de découvrir le magnifique panorama qui se déroule devant nous.

Dans le coude que fait le Rhin en remontant vers le nord nous pouvons voir, sur la rive gauche, Mayence et ses forts détachés, formant un grand arc de cercle dont le Rhin serait le diamètre. Des lumières scintillant par places jusqu'au grand foyer lumineux de la ville, nous servent de points de repère pour reconstituer le vaste réseau des forts détachés. C'est dans cette zone au centre de laquelle se trouve le village de Marienborn, quartier général du roi de Prusse, que les alliés se sont eux-mêmes retranchés en 1793 avant d'ouvrir leurs parallèles d'approche. Leur extrême droite touchait au village de Wissenau que nous allons traverser, et dont les fortifications improvisées par les Français pendant le siège sont devenues des ouvrages sérieux, englobés aujourd'hui dans la ligne la plus avancée des défenses de la place.

Les îles du Rhin, si énergiquement disputées, se profilent en taches grises sur le grand fleuve éclairé par les rayons de la lune. Nous devinons très bien aussi la position de celles du Mein dont nous apercevons l'embouchure sur la rive droite du fleuve. Au loin brillent les lumières de Castel et celles du grand pont de bateaux qui relie cette forteresse à Mayence.

C'est de ce côté que les Français ont chèrement acheté par des sorties multipliées le ravitaillement de la place.

L'une d'elle nous a coûté la vie du brave général Meunier, frappé par une balle au moment où il rejoignait Castel. C'est là qu'il a été enterré conformément à sa dernière volonté. Le roi de Prusse, pour rendre hommage à l'héroïque commandant de Castel, a donné l'ordre de suspendre le feu pendant ses funérailles.

C'est sans doute de l'une de ces îles du Mein qu'est partie cette singulière batterie flottante imaginée par les Autrichiens. Cette vaste machine, que Gœthe a appelée le nouveau cheval de Troie, était destinée à prendre à revers les ouvrages établis par les Français dans une île voisine de l'embouchure.

Promptement désemparée de son gouvernail par le feu des batteries françaises, elle s'en est allée à la dérive jusqu'à Castel, où l'on sortit de ses flancs deux gigantesques canons, trois officiers et soixante-quatre soldats.

Nous ne pouvons pas apercevoir au delà du pont de Castel les îles de Petersan et d'Ingelheim que les alliés voulaient occuper avant d'ouvrir le siège. C'est non loin de là que vint mouiller, pour concourir à cette entreprise, une flottille de seize chaloupes canonnières hollandaises portant vingt-deux pièces.

Nous venons de traverser le grand village de Weissenau et son camp retranché, nous longeons la Neue Anlage, la plus belle et la plus fréquentée des promenades de la ville, nous voici dans la gare de Mayence.

CHAPITRE IV.

Notre arrivée à Mayence. — Mauvais accueil des Mayençais. — Une triste nuit dans la forteresse. — Un rêve du siège de 1793. — Le réveil. — Départ pour la gare de Castel. — Nous traversons le Rhin. — Une rencontre.

Il est près de dix heures du soir, une foule nombreuse stationne sur le quai d'arrivée. Les curieux privilégiés n'attendent pas que nous soyons descendus du train, ils ouvrent les portières pour nous voir plus vite. Un monsieur qui porte un brassard blanc à la croix rouge de Genève cherche à se frayer un passage jusqu'à nous ; il y arrive à grand'peine et nous demande si nous avons besoin de manger ou de nous rafraîchir.

La question aurait pu paraître inutile, mais nous ne lui en savons pas moins bon gré, car personne ne nous l'a posée depuis hier ; nous n'avons pu prendre que du pain et quelques fruits à la gare de Neustadt. Nous le remercions en le priant de s'assurer que le gouvernement bavarois ne laisse pas mourir de faim nos malheureux soldats. Nous avons déjà formulé des craintes de ce genre au commandant de l'escorte, mais celui-ci nous a répondu que nos soldats ne nous appartenant plus, nous n'avions pas à prendre soin de ce qui les regardait.

L'attitude des gens qui nous entouraient dans cette gare, les drapeaux prussiens flottant partout en signe de fête nous préoccupaient trop pour que nous puissions manger en ce moment. Nous prîmes au buffet quelques pains garnis de jambon avec l'espoir de pouvoir souper en paix quand nous serions arrivés à destination.

Nous traversons pour sortir une double haie de gens de toutes les classes de la société. Je suppose que tous appartenaient à la colonie prussienne, car il était facile de lire sur leurs visages l'expression de la malveillance et de l'ironie. Les mieux mis, hommes ou femmes, ne nous insultaient pas par leurs paroles, mais c'est la seule restriction qui les distinguât des autres. Leur attitude dédaigneuse était presque aussi insolente.

Il nous tardait d'abréger cette station trop longue dans ce milieu hostile ; cependant il nous fallut attendre le débarquement de nos hommes et tous les compléments de la mise en scène préparée à dessein par nos vainqueurs.

Des trains étaient en formation sur les différentes voies ; des wagons chargés de chevaux, de canons et de soldats, attendaient le moment d'être accrochés aux locomotives. Les drapeaux allemands flottaient partout, aussi bien sur les wagons que sur les murs de la gare et des maisons voisines. Notre attention fut attirée par une inscription à la craie sur l'un des wagons qui se présentaient devant nous. — Un sinistre farceur avait écrit en français : « Train de plaisir pour Paris! » Tous les gens qui nous entouraient l'avaient lue aussi, et personne n'avait songé à protester avant nous contre cette insulte au malheur.

Nous finîmes par obtenir qu'on l'effaçât sous nos yeux.

Des femmes du peuple nous montraient le poing en nous insultant, mais les enfants qu'elles portaient ou traînaient à leur suite étaient leur excuse. Ces démonstrations hostiles prenaient parfois un caractère menaçant. Je me souviens qu'un grand gaillard dont le costume indiquait un ouvrier brasseur, bondit jusqu'à quelques pas de notre groupe. Il vociférait en allemand et nous menaçait de si près que nous eûmes tous l'idée de mettre la main sur la poignée de nos sabres. Heureusement pour lui les soldats prussiens l'arrêtèrent à temps.

On nous dit qu'il était ivre, mais peu nous importe.

Nous quittons la gare doublement escortés cette fois, les Prussiens ayant réclamé leur part dans cette marche triomphale, et nous remarquons même qu'ils précèdent notre peloton de Bavarois.

Cette double haie de soldats allemands nous défend à peine de la foule qui nous suit ou nous environne dans ce dédale infini de rues et de places qu'on nous fait traverser pour nous conduire à la citadelle.

Les maisons sont pavoisées, il y a des drapeaux partout, même sur la statue de Gutenberg que nous apercevons sur notre passage. Près du palais du gouverneur, des musiques militaires jouent les airs nationaux; là sans doute est le vieux monarque qui voulait nous voir. Son caprice est peut-être déjà satisfait, car beaucoup de silhouettes se profilent derrière les fenêtres éclairées. Nous pouvons nous vanter, à coup sûr, de lui avoir fait payer cher déjà la place qu'il s'offre au spectacle de notre infortune.

Je me souvenais, en ce moment, du bienveillant accueil fait en France aux nombreux prisonniers autrichiens que nous envoyions d'Italie pendant la guerre de 1859. De même je me rappelais que devant Sébastopol, nous partagions notre misérable linge avec les officiers russes, encore plus dépourvus que nous. C'étaient les époques de nos triomphes, et si nous parlons aujourd'hui de nos gloires passées, c'est pour affirmer que nous avons été des vainqueurs généreux.

Notre longue promenade à travers la ville aboutit à une vieille caserne adossée à l'un des bastions de la face est de la première enceinte. Elle n'est pas occupée par la troupe en ce moment, mais un matériel considérable d'artillerie est rangé dans la cour. Ce réduit nous paraît être une prison militaire momentanément abandonnée. Un poste prussien occupe le rez-de-chaussée de l'aile du bâtiment qui nous fait face et nous est destiné. Cette construction n'a pas d'autre étage que le premier, afin d'être entièrement défilée par le talus du bastion qui la couvre. Derrière, et dans la maçonnerie qui supporte le revêtement s'ouvrent des casemates où nos soldats vont être conduits.

Un sous-officier prussien nous indique que nous devons le suivre, et pénètre devant nous dans le poste du rez-de-chaussée. Cette pièce basse et peu aérée est une tabagie si opaque que nous distinguons à peine les soldats de garde. Nous constatons seulement que la moitié des hommes repose sur des lits de camp pendant que l'autre veille dans le voisinage des armes.

Après avoir monté quelques marches d'un escalier, nous pénétrons dans une série de petites cellules dont les plus favorisées ont une seule fenêtre très étroite traversée par des barres de fer défiant toute tentative d'évasion. C'est sans doute la prison des sous-officiers. Les plus grandes contiennent deux couchettes, les autres n'en ont qu'une seule. A la lueur du falot que porte le sous-officier prussien, nous pouvons constater que ce sont des cadres en bois scellés aux murs, ce qui ne laisse pas que de nous inquiéter, car nous serons dans des nids de punaises. Nous sommes édifiés aussi sur l'état de malpropreté des couvertures laissant apercevoir des paillasses éventrées d'où s'échappe une sorte de paille à peu près en poussière.

« Vous ne serez pas là comme à Paris ! » nous dit d'un ton goguenard, avec son fort accent tudesque, le loustic poméranien qui nous précédait ; sa lanterne éclairait ses yeux gris et durs qui

Place de l'Église à Ingolstadt, un lendemain de victoire. (Page 77.)

cherchaient, sans la trouver, une expression moqueuse. Je vois d'ici cette figure rougeaude coupée par de grosses lèvres bêtes et sensuelles; des cheveux roux collés en accroche-cœur sur les tempes débordaient de son casque à pointe.

Il se hâta, du reste, de rejoindre ses compagnons, nous laissant dans une obscurité qui ne nous permit pas d'étendre davantage nos investigations. Nous ne tardâmes pas à être renseignés sur le genre de parasites qui grouillaient dans cette soi-disant literie.

Que ces misères nous semblaient peu de chose à côté de nos souffrances morales! Nous n'y pensions guère sans doute, car personne de nous ne s'en est plaint. On a dit souvent que les grandes douleurs sont muettes, j'ai été à même de le constater, car c'est à peine si nous échangions quelques paroles pour nous communiquer nos impressions. Chacun se blottit sur sa couchette et s'abîma dans ses tristes pensées, avec l'espoir que la fatigue physique poussée à l'extrême amènera un peu de sommeil et l'oubli momentané de ses tristesses.

Dans cet état fiévreux où nous étions tous, les rêves prennent un caractère de réalité qui les rend inoubliables. J'assistais à l'effroyable bombardement de Wissembourg, je voyais autour de moi les femmes éventrées telles que je les avais vues la veille; en même temps ma cellule s'illuminait de ces traînées de feu des bombes et des fusées que nos yeux ont suivies tant de fois pendant les nuits passées devant Sébastopol. Je m'éveillai et me souvins, hélas! que j'étais à Mayence. Mes visions ne tardèrent pas à me transporter à travers les péripéties si émouvantes de ce siège qui ont tant frappé mon cerveau de jeune homme.

Tout à coup je vis très distinctement près de moi un homme qui portait l'uniforme des hussards de la république.

Sa barbe noire, ainsi que sa ceinture tricolore à franges d'or nouée sur ses hanches, lui enlevaient un peu de son aspect militaire; cependant, le timbre de sa voix indiquait l'habitude du commandement. « Je suis, me dit-il, Merlin, commissaire des guerres; lève-toi et suis-moi. Tes camarades sont prévenus que les prisonniers de Wissembourg sont compris dans la capitulation que vient de signer Doyré; je vous emmène. »

Nous descendons, et quelques minutes après nous étions sur l'une des places que nous avions traversées la veille. Elle était jonchée de débris de toutes sortes, parmi lesquels des canons mis hors de service, les uns par le tir de l'ennemi, les autres pour avoir été soumis à de trop grands efforts.

Dans la nef de la cathédrale mutilée par les projectiles ennemis, une foule déguenillée de femmes et d'enfants se disputaient quelques sacs de farine, dernières épaves des réserves de la garnison. Des soldats républicains, mêlés aux sans-culottes mayençais, reposaient près de leurs armes mises en faisceaux, pendant que des camarades cuisaient dans leurs fours de campagne des chats et des rats dont ils faisaient depuis longtemps leur nourriture habituelle.

D'autres dansaient la carmagnole en compagnie de jeunes filles, au son de musiques qui jouaient la *Marseillaise*. Des clubistes déguisés en militaires, mais reconnaissables au milieu des figures énergiques et respectables de nos grenadiers, achevaient de charger dans des voitures les objets pillés chez les émigrés mayençais. La plupart des caves chez les bourgeois absents étaient envahies par une multitude avinée, essayant de tromper par l'ivresse les angoisses de la faim.

Merlin nous montra le doyenné réputé comme une merveille d'architecture; le porche à colonnes était encore debout avec les pignons, mais on marchait sur les ruines des belles voûtes écroulées et dans les grilles qui avaient dû, jadis, protéger les hautes fenêtres.

Le palais Ostheim, l'académie, le château du gouverneur, tous les monuments qu'on nous nomme avaient subi de terribles désastres.

En arrivant à la citadelle, nous constatons que le monument de Drusus a été peu endommagé par les projectiles. Le terre-plein est occupé par une partie des troupes de la garnison passées en revue par le général Doyré, accompagné par le commissaire des guerres Rewbel.

Les hommes que nous voyons portent sur leurs fiers visages les traces des souffrances endurées pendant le siège, mais ils excitent l'admiration par leur tenue et leur fière attitude.

Nous trouvons rangés en bataille sur les glacis de la place, des chasseurs à cheval, quelques régiments d'infanterie, des artilleurs et la légion des Marseillais. Le général Dubayet galope sur le front de la ligne, exhortant ses soldats à défiler en bon ordre devant l'ennemi.

L'armée des alliés occupe nos postes avancés et ses travaux d'approche; les cuirassiers autrichiens et les hussards du roi de Prusse refoulent avec peine les curieux accourus pour assister à ce spectacle et les bourgeois émigrés pressés de rentrer dans la ville. Toute cette foule pousse des imprécations et des cris menaçants contre les clubistes de Mayence qui sont responsables de tous les malheurs. Plusieurs de leurs chefs ont été arrêtés dans la matinée, au moment où ils cherchaient à fuir, et menacés par les émigrés qui pressentent le pillage dont ils ont été victimes.

A l'heure prescrite le défilé commence, des cavaliers prussiens ouvrent la marche, derrière eux un escadron de chasseurs français dont la musique fait entendre la *Marseillaise* jouée dans une cadence lente et triste du plus saisissant effet; puis la légion des

Marseillais dont l'aspect provoque quelques démonstrations hostiles énergiquement arrêtées par la fière attitude du commissaire Merlin. « Ce n'est pas la dernière fois que vous me voyez », leur crie-t-il avec énergie, je vous recommande la modération.

Enfin les soldats de ligne s'avancent inspirant le respect par leur fierté et leur belle tenue; ils défilent sac au dos et l'arme sur l'épaule droite comme à la parade. Quelques jeunes filles les accompagnent bravant les sarcasmes et les injures de leurs connaissances. Les troupes ennemies portent les armes sur notre passage, et nous arrivons à Marienborn à travers une double haie de soldats et de curieux témoignant leur respect pour notre malheur.

Nous traversons le quartier général du roi de Prusse, qui a voulu montrer à ses hôtes ces terribles Français qui révolutionnent l'Europe. Nous trouvons là tout le luxe des cours. Les plus modestes maisons du village ont été transformées intérieurement, et laissent voir de riches tentures et des meubles magnifiques. De vastes tentes somptueusement capitonnées paraissent encore plus enviables. Nous voyons partout des chaises élégantes et des carrosses qui appartiennent sans doute aux jolies femmes que nous distinguons dans des groupes d'officiers. On nous désigne parmi les plus belles, les princesses de Mecklembourg qui ont couru les plus grands dangers pendant la grande sortie des Français sur Marienborn.

Nos musiques militaires jouent toujours la *Marseillaise* sur un rythme lent réglé sur notre marche; nos soldats chantent en même temps les paroles, qui doivent être peu goûtées du roi et de son entourage.

Nous marchons toujours accélérant de plus en plus notre allure; voici la frontière bavaroise franchie, nous serons bientôt en France, dans notre chère patrie; que va-t-on faire de nous?...

Tout à coup nous voyons des cavaliers s'avancer vers nous à bride abattue, l'un d'eux est un officier d'état-major précédant de quelques pas son escorte.

Il s'approche du général Doyré auquel il communique des ordres qui sont sans doute d'un grand intérêt pour nous. Ce qu'il a dit au commandant de la garnison de Mayence semble vivement impressionner ce chef qui nous inspire à tous une si vive sympathie. Nous voyons les commissaires et les officiers lui serrer la main avec effusion ; puis Merlin s'arrête pour nous attendre et nous dit : « Les vaincus ont toujours tort, Messieurs, tâchez de mieux réussir avec Custine dans les lignes de Wissembourg ! »

Wissembourg ! Je m'éveillai en criant ce dernier mot qui venait de dissiper mes songes et me rappeler à la triste réalité.

Le jour commençant à poindre à travers l'étroite fenêtre de ma cellule, me permettait de distinguer les objets qui m'environnaient. Hélas ! ce n'était pas dans les lignes de Wissembourg qu'on allait nous conduire, nous étions bien les vaincus sans espoir de revanche, et je répétais encore la dernière phrase que j'avais entendue dans mon rêve !

Je me sentais plus brisé, et encore plus angoissé que la veille : Mayence aura marqué dans mes plus mauvais souvenirs, quelles que puissent être les phases de ma captivité.

Mes camarades étaient tous levés quand je pénétrai dans leurs cellules qui se montraient à nous en ce moment sous leur véritable aspect. C'étaient de hideux nids à rats que leurs hôtes habituels avaient énergiquement défendus toute la nuit, en troublant le plus qu'ils pouvaient le repos des officiers.

Pendant que nous procédons à une toilette sommaire en échangeant nos impressions de la nuit, nous entendons le chant des oiseaux saluant l'apparition du jour !... Bientôt les crosses de fusils frappant les dalles du rez-de-chaussée, un bruit confus de pas et de conversations en allemand nous avertissent que l'heure du départ est venue, et nous ne tardons pas à revoir le sous-officier d'hier avec son même air goguenard et insolent. « Ces Messieurs sont servis ! » nous dit-il avec son rire idiot. Cette dernière inconvenance nous indique que nous avons affaire à un ancien domestique et ne saurait nous blesser.

Le peloton des Bavarois d'escorte et une compagnie prussienne étaient déjà rangés dans la cour : pendant qu'on en faisait l'appel, un officier prussien, botté et éperonné, vint au-devant de nous. Les saluts militaires échangés, il nous dit qu'il se souvenait du numéro de notre régiment qui était au camp de Châlons en 1869.

C'était parfaitement exact; il ajouta qu'il avait souvent dîné au mess du 39° régiment de notre brigade, et qu'il se rappelait surtout ses bonnes soirées passées en joyeuse compagnie au grand beuglant de Mourmelon.

Sa conversation et ses allures me rappelaient que nous avions dîné au camp de Sathonay, en 1867, avec un officier saxon qui lui ressemblait par plusieurs côtés. L'un de nos camarades, hospitalier comme le sont les officiers français, et sans méfiance aucune, comme nous l'étions tous à cette époque vis-à-vis des étrangers, avait répondu par une invitation à dîner aux avances et aux démonstrations amicales de cet Allemand se présentant à lui avec son titre de capitaine saxon.

C'était en 1867, à Lyon, qu'avait eu lieu la rencontre; à cette époque nous étions réunis au camp de Sathonay, sous le commandement du général Esterhazy, célèbre parmi nous pour sa sévérité et son horreur de la tenue bourgeoise. Du reste, il donnait l'exemple, et ce même jour il était en grande tenue dans un compartiment du train (dit de la Ficelle), qui montait au camp notre camarade et son hôte.

L'étranger, malgré son costume bourgeois, avait bien l'air d'un militaire et devait attirer l'attention du général qui ne tarda pas à l'apostropher dans les termes violents et habituels de son langage énergique.

Quoique l'officier allemand eût décliné ses noms et qualités, le général ne cessa pas sa diatribe contre la tenue bourgeoise et ajouta même qu'elle était d'autant plus inconvenante de la part d'un officier étranger, qui se permettait de pénétrer dans un camp français sans avoir fait une visite officielle justifiant de sa qualité d'officier auprès du général commandant. Il adressa du même coup un blâme sévère à notre camarade.

L'officier saxon n'a pas bronché pendant toute l'algarade, conservant l'attitude militaire, et n'a pas soufflé mot, pas même pour articuler une excuse. Nous l'avons vu faire le demi-tour avec le salut réglementaire quand le général eut cessé de parler. Il regagna silencieusement son wagon, où il dit simplement :

« Nous avons beaucoup de généraux comme celui-là. »

Les reproches d'Esterhazy ne l'avaient pas ému un instant.

J'ai pensé depuis que la sévérité du vieux général était motivée par une expérience plus grande que la nôtre, et qu'une idée très sérieuse et juste se cachait derrière un motif futile en apparence ; nous savons combien notre malheureux pays a été envahi, avant 1870, par des officiers ou des agents allemands chargés de rapporter des renseignements à leur gouvernement.

L'officier prussien nous informe qu'il nous conduit à la gare de Castel où nous prendrons le premier train pour Francfort-sur-le-Mein. Il ajoute que nous allons voir le tombeau du général Meunier, notre illustre compatriote. Fort heureusement l'heure et les nécessités de son service le forcent à abréger la conversation et ses aperçus historiques qui nous agacent depuis trop longtemps. Il ouvre la marche avec un peloton de Prussiens, pendant que notre escorte bavaroise la ferme, ce qui n'empêche pas une file de soldats de flanquer de chaque côté notre petite colonne.

Nous franchissons le Rhin sur le pont de bateaux qui relie Mayence à Castel, et nous pouvons voir de près cette fois le si admirable paysage entrevu la veille. Je n'ai plus à parler des curieux ni des démonstrations hostiles que nous avons subies, j'étais fixé, depuis hier, sur le sort qui nous était réservé jusqu'à notre sortie de Mayence. Cependant, notre attention fut particulièrement attirée par une agglomération extraordinaire de gens de toute espèce sur le terre-plein de la citadelle de Castel. On apercevait au milieu de cette populace bruyante, des casques prussiens et des baïonnettes indiquant que des soldats s'efforçaient de dégager le centre de ces cercles concentriques tendant sans cesse à se resserrer.

En approchant, nous vîmes huit ou dix malheureux turcos qui causaient ce grand mouvement populaire. Les pauvres diables étaient très occupés de leur café qu'ils essayaient de faire bouillir au plus vite afin de ne pas partir à jeun, car ils ont le souvenir des jours précédents, et savent comme nous qu'on ne mange pas souvent en temps de captivité.

Ces turcos regardent avec leur indifférence habituelle tous ces gens qui se poussent pour les étudier de plus près, mais à la vue de nos pantalons rouges ils prennent une attitude militaire et saluent respectueusement les officiers.

Nous remarquons que plusieurs sont blessés; des linges sanglants enveloppent leurs membres ou leurs têtes, et leurs pantalons de toile sont tachés de sang. Ces tirailleurs appartiennent au 1er régiment qui s'est tant distingué à Wissembourg; les Allemands les auront relevés sur le champ de bataille en enterrant leurs morts. Quelle primeur à offrir à la curiosité du roi et de ses sujets de Mayence! Aussi les ont-ils sans doute expédiés le soir même de la bataille; ce qui est certain, c'est que ces Arabes n'ont pu arriver après nous et qu'ils n'étaient pas hier dans notre train.

La présence de ces pauvres turcos dans la forteresse nous permet de passer presque inaperçus, le cortège énorme qui nous a accompagnés depuis la prison va grossir la foule qui entoure les tirailleurs.

Nous les avons revus à la gare de Castel, mais sans qu'il nous fût possible de les aborder, les Prussiens n'ayant pas même toléré, une seule fois, que nous approchions de nos malheureux soldats. Nous reconnaissons que l'officier bavarois a mieux agi à Neustadt, et que les Prussiens sont beaucoup plus inexorables dans leurs consignes.

CHAPITRE V.

DE CASTEL A FRANCFORT-SUR-LE-MEIN.

Hanau et son champ de bataille de 1813. — Comment les Allemands racontent le combat de Wissembourg. — A Wurtzbourg. — Une mère affolée. — Un retour dans l'histoire de la Bavière. — Notre arrivée à Ingolstadt.

Nous sommes cette fois dans des wagons de seconde classe qui nous emportent à Francfort-sur-le-Mein. Pendant le trajet, assez court, nous croisons à chaque instant des trains chargés de soldats, de chevaux et de canons; ces wagons se rendent, soit à Mayence, par une autre voie, soit à la gare de Castel qui en était déjà encombrée. Nous avons vu là de l'artillerie de campagne, des équipages de ponts, de l'artillerie de siège, tout un matériel d'engins de guerre déjà chargé et n'attendant que les locomotives pour partir.

Ces soldats qui passent nous adressent des injures avec les mêmes démonstrations hostiles que nous subissons depuis Wissembourg; ce sera toujours de même, et nous devons en prendre notre parti, si c'est possible.

Nous traversons un pays très pittoresque et rempli aussi des souvenirs de l'armée française en 1792. Custine a occupé Francfort en même temps que Mayence, et les troupes qu'il y a laissées

Ce côté d'Ingolstadt fut enlevé par les Français en 1800... (Page 114.)

ont été également assiégées. Nous apercevons, en approchant de la ville, un monument qui est celui des Hessois tués à l'assaut.

Il semblerait que les Bavarois ont choisi avec intention notre itinéraire, si nous ne savions pas qu'ils ont simplement exécuté les ordres du roi de Prusse; nous allons arriver à Hanau et apercevoir dans la vallée de la Kinzig le champ de bataille où Napoléon, après la défaite de Leipzig, tua 10.000 hommes à ses anciens alliés les Bavarois qui lui barraient la route. C'est là que reposent les traîtres de 1813, où les hasards de la guerre amènent 57 ans après des Français prisonniers de guerre des Bavarois.

Le comte de Wrède, qui les commandait, n'est pas couché dans ce champ des morts parmi lesquels on compte six généraux tombés ce même jour. Il s'est acharné depuis contre les Français qui l'ont trouvé, à l'heure des grandes invasions, devant Huningue, Belfort, Arcis-sur-Aube, où il commandait encore des troupes bavaroises; sa vengeance n'a pu être complète, puisqu'il a assisté sur les glacis de la place d'Huningue au défilé de l'héroïque garnison française. Il a vu sortir de la place, avec leurs armes et un sauf-conduit pour rejoindre l'armée de la Loire, trente-cinq hommes dont beaucoup de blessés, débris de la petite garnison de 125 soldats qui avait soutenu le siège régulier de toute une armée. Les Bavarois ont été forcés de rendre les honneurs à ces héros français, et l'archiduc Jean a embrassé devant eux le général Barbanègre, leur illustre chef.

Tous ces souvenirs des gloires passées nous reviennent en mémoire, en présence de ces champs de bataille arrosés du sang de nos pères : c'est pour nous un grand soulagement de nous les communiquer.

Nous avons besoin de les évoquer pour atténuer les humiliations qui nous sont imposées pendant les interminables arrêts dans les gares. Hanau est un point de bifurcation de plusieurs lignes, parmi lesquelles celles de Mayence à Berlin et de Francfort-sur-le-Mein à Munich. C'est cette dernière ligne que nous devons prendre.

Dans cet encombrement de transports de troupes et de matériel, nous sommes traités comme des colis d'un ordre très inférieur dont le tour arrive en dernier lieu. Nous assistons à l'embarquement et au débarquement des canons et des chevaux qui prennent des voies différentes, pendant que des trains lancés à toute vapeur brûlent la gare en emportant des soldats de différentes armes. Nous aurons vu défiler devant nous tous les uniformes de l'Allemagne.

En sortant de Hanau nous descendons vers la Bavière et nous trouvons, près de la frontière, Dettingen, où les Anglo-Autrichiens remportèrent en 1703, sur les Français, une victoire qui contribua à décider en faveur de l'Autriche la guerre de la succession d'Espagne.

Aschaffembourg, qui appartient à la Bavière depuis 1814.

De Laufach, nous apercevons devant nous la chaîne des monts du Spessart couverte d'énormes forêts qui comptent parmi les plus grandes de l'Allemagne; nous avions remarqué à Hanau les nombreuses branches de sapins accrochées sur les trains venant de la Bavière; nous savons donc que nous allons couper ou côtoyer de nombreuses montagnes très boisées.

Le train entre bientôt dans l'immense tunnel d'Heigenbrucken qui ressemble à l'entrée de l'enfer décrit par le Dante. On devrait y lire l'inscription rêvée par le poète : « *Lasciate ogni speranza; voi che 'ntrate!* » Nous y croisons un train rempli de soldats qui vocifèrent comme d'habitude, et ces cris humains se mêlant aux sifflements aigus des locomotives complètent l'illusion des voûtes infernales.

Hélas! c'est nous seuls qui avons laissé toute espérance en entrant sous ce tunnel interminable; les Baravois qui nous croisent rêvent la gloire et emportent du moins la certitude de servir leur pays.

Enfin nous arrivons à Wurtzbourg qui marque à peu près la moitié de notre route. Là nous devons faire encore une très longue station, car cette ville est un point convergent de voies ferrées. Nous avons aperçu de loin le clocher de sa cathédrale célèbre et ceux de ses nombreuses églises; le magnifique château que nous découvrons a été bâti par le roi de Bavière Louis Ier sur le modèle du château de Versailles.

Les curieux qui nous attendent sur le quai de cette gare témoignent à notre égard la même malveillance que nous avons rencontrée à Mayence. La foule se presse particulièrement du côté des tirailleurs algériens qui excitent au plus haut degré la curiosité, à cause des récits fantaisistes dont les journaux allemands sont remplis. Nous avons pu nous procurer en route quelques-unes de ces feuilles destinées à chauffer le patriotisme et les idées d'unité allemande; elles consacrent de nombreux articles aux turcos, dont l'héroïsme à Wissembourg a singulièrement frappé les Baravois. — Après avoir flétri la cruauté des Arabes, l'auteur croit devoir affirmer que ses soldats bavarois n'en ont eu aucune peur. — Je copie ce fragment d'article : (1) « Les turcos dont les noirs visages et les cris sauvages avaient, dit-on, produit un effet si puissant sur les nationalités mélangées de l'armée autrichienne en 1859, n'ont rien fait de remarquable à Wissembourg. Il paraît que les Bavarois

---

(1) Tous ces documents allemands, et ceux qui suivront, publiés par les journaux de l'époque, sont reproduits dans l'ouvrage de Rüstow, traduit par le colonel Savin de Larclause. L'auteur a le plus souvent donné littéralement la traduction si juste et si précise du colonel. (*Note de l'auteur.*)

n'ont pas assez d'imagination pour voir rien d'humain dans les qualités de ces Africains, et ils les considèrent plutôt comme des bêtes sauvages que l'on aurait le droit de mettre à la chaîne ou de tuer. »

Nous avions acheté les journaux particulièrement pour nous renseigner sur le combat de Wissembourg et le sort de notre division ; mais en lisant le récit inexact de ce qui s'est passé sous nos yeux, nous ne pouvons accorder qu'une confiance très limitée au reste de la relation. Je cite encore textuellement l'auteur qui affirme l'authenticité de ses renseignements fournis, dit-il, par l'état-major allemand.

« L'avant-garde de la division bavaroise Bothmer rencontra au sud de Schweigen la résistance de la garnison française de Wissembourg, laquelle était soutenue par 16 pièces de canon servies par la garde nationale; le général Douai envoya aussitôt sur le coteau de la rive droite de la Lauter deux bataillons et une batterie pour appuyer la garnison de Wissembourg.

« A midi la ville fut attaquée à la fois au nord par la division Bothmer et au sud par trois bataillons prussiens, et elle fut prise après que l'artillerie en eut ouvert les portes fortement barricadées. »

Nous ne pouvons nous empêcher de penser, en le déplorant, que de pareilles inexactitudes serviront à écrire des pages d'histoire, puisqu'elles reposent sur l'autorité de documents militaires. Nous, acteurs dans le drame de Wissembourg, nous affirmons qu'il n'y avait dans la ville, en fait de garnison, que notre petit bataillon ne comptant pas six cents hommes. Nous n'avions pas à côté de nous un seul canon, ni même le caisson réglementaire de munitions pour notre infanterie. Nos hommes portaient sur eux quatre-vingt-dix cartouches en entrant la veille dans Wissembourg, c'est tout ce qu'ils ont eu à brûler pendant le combat. Ils peuvent donc être très fiers d'avoir immobilisé toute une division bavaroise et trois bataillons prussiens pendant près de douze heures.

Je relève dans ce même récit de la bataille la phrase suivante : « La batterie de mitrailleuses de la division Douai ne tira que très peu de temps, parce qu'un obus prussien fit sauter son caisson de munitions. Un grand nombre de servants furent blessés par cette explosion et la batterie dut se retirer. »

Tout en déplorant ce grave accident que les Allemands signalent, j'apprends que la batterie de mitrailleuses avait son caisson de munitions. Nous nous souvenons tous que le capitaine qui nous a montré ces nouveaux canons à Haguenau, la veille de la bataille, se plaignait amèrement de n'avoir pas reçu ses munitions.

Les mitrailleuses dont les Allemands connaissaient l'existence, mais ignoraient le mécanisme et les effets, devaient causer une légitime appréhension dans leur armée. La phrase que je viens de lire arrivait à propos pour calmer un peu les inquiétudes.

J'y constate enfin que les Allemands accusent une perte de 800 hommes et de 76 officiers, dont 22 pour le régiment des grenadiers du roi; et qu'ils portent à 20 bataillons, c'est-à-dire 20,000 hommes, les troupes engagées, non compris la cavalerie qui opérait sur les ailes.

Nous avons eu largement le temps de traduire et de discuter les journaux pendant l'arrêt que nous avons subi dans la gare de Wurtzbourg, ou, plus exactement, dans un remisage hors des voies directes. Cette lecture nous a permis d'occuper notre esprit et notre attention en dehors des mouvements de troupes qui se passaient autour de nous. Nous avons dû attendre que notre ligne fût déblayée.

La nuit commence à arriver lorsque notre train est mis en mouvement pour reprendre son embranchement sur Munich. Le court séjour que nous faisons de nouveau dans la gare est marqué par un incident très désagréable.

Une dame bien mise et d'un certain âge se précipite tout à coup sur notre wagon et nous insulte grossièrement en français. « Vous! vous êtes à l'ombre, nous dit-elle, après avoir épuisé le vocabulaire des épithètes blessantes; vous reverrez vos familles, car vous retournerez dans votre patrie! Moi, j'ai des fils que je ne reverrai peut-être jamais; soyez maudits! misérables Français qui avez causé à toutes les époques les deuils dans nos familles! » Cette personne violente n'a été ni entravée ni gênée par qui que ce soit dans son monologue insultant, et nous étions partis quand nous entendions encore indistinctement ses imprécations.

Peut-être avions-nous affaire à une mère affolée par le départ de ses enfants qu'elle venait d'accompagner; nous trouvons son excuse dans cette explication admissible.

La nuit dérobe à nos yeux cette partie de la Bavière que nous traversons en sortant de Wurtzbourg; cependant nous pouvons assez distinctement apercevoir au sommet des crêtes de nombreux châteaux ruinés dont les silhouettes se profilent sur le ciel étoilé. Ces débris de forteresses attestent les dévastations du pays à toutes les époques et pourraient servir à reconstituer l'histoire de la Bavière.

Si elles ne datent pas toutes de la même époque, on peut attribuer à la plupart de ces ruines une origine commune qui est la réforme introduite par Luther en Allemagne en 1520. Ses doctrines n'ont pas seulement motivé la guerre de Trente ans si funeste à la Bavière, mais encore des guerres intestines dont la religion n'était le plus souvent que le prétexte.

Les bourgeois indépendants se sont rangés en grand nombre du côté du réformateur, à Nuremberg, Ratisbonne, Augsbourg, Ulm et autres villes. La noblesse et les ducs de Bavière défendent la cause catholique et commencent une lutte d'extermination qui pèse le plus lourdement sur les malheureux paysans.

Pressurés par leurs seigneurs, pillés par les gens de guerre, forcés d'entrer eux-mêmes dans des luttes fratricides que repousse leur bon sens, les paysans de la Souabe forment la *ligue des Pauvres Gens*. Cette confédération, qui commence sur les bords du Danube, prend rapidement un énorme développement, et la révolte est si particulièrement grave dans le pays de Salzbourg, qu'elle nécessite l'intervention du duc Louis avec 8.000 Bavarois.

Nous retrouvons cette *ligue des paysans* au cœur même de la Bavière sous Maximilien, élevé par l'empereur d'Allemagne à la dignité d'électeur palatin en 1623. Ce prince inaugura dans ses nouveaux États des bords du Rhin, une ère d'exactions et de cruautés qui surpassent de beaucoup celles reprochées aux Français avec Turenne. Son acharnement contre les protestants dont il veut purger la Bavière s'étend partout, excepté dans le pays de Sulzbach, où règne un rejeton de la maison de Neubourg, resté étranger à tous les troubles.

En 1631, les Suédois apparaissent en Bavière avec Gustave-Adolphe et ravagent le pays; forcés de se replier devant Jean de Werth, général de Maximilien, ils revenaient l'année suivante mettre de nouveau le siège devant les places qu'ils ont rendues aux Bavarois. Cette fois, ce sont les soldats de l'électeur qui pillent leurs villes et leurs pays avant de les quitter. — C'est alors que 15.000 paysans bavarois se rassemblent, s'enrégimentent et choisissent des chefs : « Mort aux soldats ! » est leur cri de guerre, « le paysan n'a pas d'amis », disaient-ils, « les soldats bavarois ne nous traitent pas mieux que les Suédois et les Impépériaux ». Il n'y eut plus, dès lors, ni amis ni ennemis pouvant traverser leur territoire sans s'exposer à être massacrés. Maximilien essaya de recourir aux armes, mais la lutte prit fin seulement après qu'il eut promis de leur verser une grosse somme d'argent et de les délivrer des soldats.

En 1641, les étendards suédois flottent de nouveau en Bavière, et nous sommes malheureusement avec eux dans cette campagne désastreuse pour nous. Ce pays revoit en 1648, avec Wrangel et Turenne, les Français qui continuent à le dévaster.

Pendant la guerre de la succession d'Espagne, l'électeur devient notre allié, 1703. Notre désastre commun, à Hochsteet, 10 août 1704, où Malborough enfonça et coupa en deux l'armée bavaroise, amène l'asservissement et le morcellement de la Bavière, consommé en 1711. L'armée austro-anglaise ravage le pays, où l'empereur commit l'iniquité d'ordonner une levée en masse de 12.000 hommes. Cette intolérable oppression des vainqueurs soulève encore une insurrection chez les paysans. 30.000 insurgés sous les ordres de Plingauser et de Meindel, étudiants de l'université d'Ingolstadt, tiennent la campagne et osent même attaquer l'ennemi dans ses places fortes. Ces bandes de désespérés n'ont abandonné la partie qu'en présence des trahisons avérées de plusieurs de leurs nobles.

Cependant Louis XIV, forcé par la coalition d'abandonner momentanément son allié, ne l'a pas oublié au moment de ses triomphes. Après que Villars eut sauvé la France à Denain et obtenu le traité d'Utrecht, le grand roi acquit une telle prépondérance sur l'Autriche que cette puissance s'engage, à la paix de Rastadt (6 mars 1714), à rétablir Maximilien dans ses États ainsi que son frère.

Une brasserie bavaroise. (Page 122.)

P. 71.

Nous retrouvons les Français en Bavière, sous Charles-Théodore en 1795 et 1796, avec Jourdan et Moreau; les historiens allemands écrivent que leur pays a beaucoup souffert pendant cette guerre, c'est probable, mais ils pourraient insister davantage sur les pillages commis chez eux par les Autrichiens qui y conservèrent une armée d'occupation plus d'une année après la paix.

Maximilien Joseph II, qui succéda à son oncle en 1799, vit revenir Moreau qui, poussant Kray devant lui, le vainquit à Engen, Mœskirck, Hoestœdt, entra à Munich et à Ingolstadt dont il rasa les fortifications (1800).

La paix de Lunéville (1801), qui donna à la France la rive gauche du Rhin, fit perdre à l'électeur ses possessions de ce côté.

Ses malheurs, et sa foi dans l'étoile de Napoléon le jetèrent dans les bras de la France quand la guerre éclata, quatre ans plus tard. Nous avons dit déjà quelle fut sa part dans nos gloires et quels avantages il en a retirés.

En poursuivant mes souvenirs à travers l'histoire, j'ai oublié notre voyage et stationné dans beaucoup de gares sans m'inquiéter de leurs noms; j'ai peut-être sommeillé, mais je suis certain, cette fois, de n'avoir pas rêvé; et il se dégage de ces faits précis que la Bavière a été ravagée par tout le monde, par ses paysans à trois époques différentes et par ses propres soldats. Certains de ses électeurs, et ses généraux dont elle nous reproche la mort pendant la guerre de Trente ans, ont été des monstres de cruauté. Aucun n'a égalé dans n'importe quel pays la férocité de Tilly au siège de Magdebourg. Ce général leur appartient bien malgré son origine hollandaise; on peut en dire autant de Mercy, et de bien d'autres. Quant aux soldats qui pillaient et brûlaient les villes bavaroises et saccageaient leur propre pays au point de soulever partout des ligues de paysans, ils sont les dignes pères de ceux que nous connaissons.

Quel sort nous est réservé à Ingolstadt; que vont-ils faire de nos malheureux soldats?

Ces questions et bien d'autres se pressent en foule dans notre esprit, car nous n'allons pas tarder à voir la dernière étape de ce triste voyage.

Depuis longtemps déjà le jour naissant baigne dans le brouillard du matin les sites charmants que nous traversons. Nous y retrouvons toujours des ruines de châteaux-forts qu'on n'a jamais eu le temps de reconstruire pendant les époques où ils auraient encore pu servir.

Nous apercevons au-dessus d'Erschstœdt, à quelques kilomètres de la gare où nous venons d'entrer, les débris imposants du beau château de Wilbaldsbourg.

Nous ne sommes plus éloignés que de 27 kil. d'Ingolstadt, d'après ce que nous disent les gens de la gare. Ils ajoutent, en nous montrant le château ruiné, que ce sont les Français qui l'ont mis dans cet état. Je ne pourrais nier qu'ils ont pu y contribuer, mais cette vieille forteresse féodale a dû subir avant les nôtres de terribles assauts. Il est d'usage en Allemagne de nous rendre responsables de toutes les ruines.

Un brouillard très intense nous indique que nous nous rapprochons du Danube; bientôt les remparts d'Ingolstadt laissent apercevoir dans ce voile bleu la silhouette de leurs crêtes ensoleillées. Ce spectacle nous cause à tous une grande et légitime émotion, et les larmes sont prêtes à mouiller bien des paupières. Notre devoir est de réagir, pour nous présenter fiers et dignes devant nos soldats et la population que nous trouverons dans la place.

Un officier supérieur bavarois, délégué par le gouverneur, nous attend dans la gare; nous lui demandons l'autorisation de communiquer à nos soldats nos ordres et nos instructions. Les pauvres gens nous semblent bien fatigués et très abattus. Déjà l'officier de l'escorte, qui n'abandonne pas son rôle de commandant, les a rangés en ordre sur le quai de la gare.

Nos sous-officiers rectifient d'après nos ordres les irrégularités de tenue; nous constatons, du reste, avec plaisir qu'elles ne sont pas nombreuses.

Nous leur recommandons de marcher en bon ordre et en silence, scandant le pas, comme ils ont l'habitude de le faire à la parade. C'est une consolation pour nous de constater chez eux l'attitude d'hommes qui, ayant la conscience d'avoir fait leur devoir, ne peuvent être humiliés.

CHAPITRE VI.

Notre entrée dans Ingolstadt. — Les casemates. — Nos souvenirs des martyrs de Caprera et des pontons anglais. — Une visite à nos soldats. — Nous leur donnons quelques renseignements sur Ingolstadt. — Le voisinage du monument de la Tour d'Auvergne.

C'est ainsi que nous franchissons un pont-levis de la forteresse et la porte qui donne accès dans la partie sud de la ville. L'officier allemand nous précède, et le peloton d'escorte a repris sa formation de bataille habituelle.

Ils doivent être bien fiers, nos vainqueurs de Wissembourg, d'avoir le grand honneur de conduire à travers cette foule les petits-fils de ces Français qui ont laissé dans toute l'Allemagne l'empreinte de leur gloire. Parmi tous ces gens qui nous environnent se trouvent peut-être des vieillards qui ont vu défiler nos pères en triomphateurs dans cette même ville où nous sommes amenés prisonniers de guerre.

La rue que nous suivons trace une longue ligne droite qui nous semble interminable. Mes yeux sont tellement remplis de larmes que je distingue mal ce qui se présente devant moi; la foule multicolore, dans la rue et aux fenêtres, se confond pour la perception de ma vue avec les bannières, les drapeaux et les banderolles qui flottent le long des murailles.

Je regardais devant moi machinalement et sans rien distinguer;

il me serait donc impossible de préciser si cette foule nous montrait des visages hostiles. Ce dont je me souviens bien, c'est de n'avoir entendu ni les cris ni les menaces auxquels nous étions habitués depuis notre sortie de Wissembourg. Tous ces gens en habits de fête, au milieu des drapeaux qui attestaient la joie de leur triomphe, me parurent relativement silencieux, et je ne me trompais pas, car je percevais distinctement le pas cadencé de nos soldats qui composaient ce funèbre cortège.

Nous avons trouvé dans cette longue rue et sur notre droite une haute cathédrale flanquée de deux tours ; sa partie inférieure était masquée par les arbres d'une petite place formant un long rectangle parallèle à la face droite de l'église. De longues banderolles aux couleurs bavaroises descendaient des fenêtres ogivales et flottaient aussi au sommet du clocher.

A l'extrémité de la rue, nous franchîmes un porche voûté aboutissant à un pont-levis posé sur l'ancien fossé de la citadelle; de ce point nous pouvions apercevoir la nouvelle enceinte dont les courtines et les bastions sont armés de pièces à longue portée.

Le terre-plein qui nous séparait des casemates était couvert de caissons, de prolonges et de matériel d'artillerie.

Des clôtures en fortes palissades cachaient à notre gauche la partie ouest de l'enceinte, c'est là qu'on nous conduisait; nous y pénétrâmes avec nos soldats et notre peloton d'escorte, mais la casemate qui nous était assignée était à l'extrémité de celle où nous vîmes nos hommes se diriger.

L'officier qui nous précédait pénétra devant nous dans une casemate sur la cour d'où la lumière lui parvenait par deux étroites fenêtres ogivales solidement bardées de fer. Ces casemates, communiquant entre elles, ont des voûtes basses formant avec leurs piliers des cintres tels qu'on les voit souvent dans les cloîtres, et représentent en partie les salles basses d'un vieux couvent.

Les lits dressés dans ces différentes pièces nous parurent plus acceptables que ceux de Mayence. Nous y voyions des draps et des couvertures, ce qui constituait pour nous un luxe énorme comparativement aux cadres que nous n'avions pas oubliés... De l'autre côté de la porte d'entrée, s'ouvraient des cellules symétriquement placées et séparées des premières par un couloir qui disparaissait assez promptement dans les ténèbres. C'est là que se trouvait le robinet d'un puits qui nous permettait d'avoir de l'eau à volonté, ce que nous apprîmes avec plaisir.

C'est ici, nous dit l'officier, que vous pouvez vous reposer aujourd'hui, en attendant les ordres du gouverneur. Je sais qu'il doit recevoir un télégramme du ministre de la guerre lui dictant à lui-même ses instructions à votre égard.

Aux questions que nous lui adressâmes au sujet de nos soldats, il répondit laconiquement qu'il ne pouvait rien nous dire, et que d'ailleurs le gouvernement ne nous reconnaissait aucun droit de nous occuper de ce qui les concerne. « Vos hommes nous appartiennent, Messieurs : nous ne saurions admettre aucune intervention de votre part ; c'est tout ce que je suis autorisé à vous dire.

Si vous désirez manger, je vais vous envoyer un cantinier qui prendra vos ordres. » Comme nous lui faisions remarquer que nous étions absolument dénués de linge, il nous répondit que ces questions ainsi que celle de notre solde de captivité seraient réglées par le gouverneur.

Sur une table, que nous n'avions pas aperçue dans le fond de l'une des casemates, et qui constituait avec les lits tout notre mobilier, était un registre que l'officier nous ouvrit à une page convenue, en nous indiquant la plume et l'encre dissimulées dans l'ombre.

Nous dûmes écrire nos noms et nos grades en regard de la formule que nous avions déjà signée dans l'auberge de Wissembourg. Il nous semblait que cet engagement renouvelé était bien inutile, en raison, surtout, des précautions matérielles qu'ils semblaient prendre à notre égard en nous enfermant dans les casemates d'une forteresse.

Nous en fîmes l'observation, que l'officier accueillit par sa réponse habituelle : « J'exécute les ordres que j'ai reçus, sans les expliquer ni les discuter. » Il nous quitta en nous disant de nouveau qu'il allait s'occuper de notre déjeuner; il tint parole, mais nous n'avons pas fait beaucoup d'honneur à la maigre pitance apportée par le cantinier. Cet homme put nous donner quelques renseignements sur l'installation de nos soldats et nous assura qu'ils avaient reçu du café et du biscuit le matin en arrivant et qu'ils souperaient ce soir.

Nous étions plus fatigués par la série des émotions que nous avions ressenties, que nous ne pouvions l'être par les souffrances physiques; aussi chacun de nous prit-il le parti de s'étendre sur ces lits qui n'offraient pas du moins un aspect repoussant.

— Prisonnier de guerre! jamais je n'avais pensé à cette position particulière de l'officier en campagne. Chacun de nous avait songé souvent à la mort possible puisque le sacrifice de la vie entre dans notre programme militaire; beaucoup d'entre nous ayant été blessés dans le cours des expéditions qui se sont multipliées pendant le second Empire, savent ce que sont les blessures, et ont pu penser qu'ils finiraient ou guériraient dans une ambulance; mais assurément aucun de nous n'avait supposé qu'il viendrait s'échouer dans une forteresse de l'Allemagne du Nord ou du

Sud pendant que l'ennemi se ruant sur notre patrie y porte la dévastation et la mort. Nous n'avons eu en Crimée que de rares camarades enlevés dans les ouvrages où ils étaient tombés sans qu'on ait eu le temps de les arracher aux mains de l'ennemi. Ces faits isolés n'ont jamais beaucoup marqué dans nos souvenirs, et pendant la guerre d'Italie, en 1859, je n'ai jamais entendu parler de Français faits prisonniers, à l'exception d'un commandant de chasseurs d'Afrique dont les journaux autrichiens ont tant vanté la bravoure chevaleresque.

Ce commandant, qui porte un de nos plus grands noms français, avait pénétré presque seul de son escadron dans un carré autrichien où son cheval est venu mourir. Ses soldats ou leurs chevaux sont tombés sous les feux de l'infanterie avant d'atteindre le carré, il est lui-même blessé à l'épaule gauche et n'a plus dans la main droite que la poignée de son sabre coupé par une balle. Cet homme, doué d'une force herculéenne et d'une rare énergie, se sert de ce tronçon d'épée pour abattre les serre-files du carré autrichien. Il allait être massacré quand le commandant autrichien se jeta entre ses soldats et lui pour mettre fin à une lutte inégale et sauver la vie d'un brave officier. C'est le seul prisonnier dont j'aie entendu parler.

Nous aurions peut-être dû penser quelquefois à ces revers qui livrent à l'ennemi pendant la guerre de nombreux prisonniers, et nous souvenir que les Autrichiens, en 1859, sont venus en grand nombre dans nos villes de France, dont ils ont dû conserver un bon souvenir. Notre caractère français nous empêche d'envisager la possibilité des grands échecs qui amènent de pareils malheurs. Cette outrecuidance qui nous est tant reprochée à l'étranger est, sans doute, un travers de notre nature. Mais si nous croyons toujours au succès, et si c'est une faute, nous pouvons l'expliquer

Un cuirassier de Reischoffen. (Page 123.)

par les récits dont nous avons été bercés pendant notre jeunesse, et aussi par la part de gloire que nous avons prise dans les guerres de notre génération. Il faut être déjà mûr pour avoir osé fouiller dans la triste capitulation de Baylen et suivi les héroïques martyrs de l'armée impériale sur les pontons espagnols ou les rochers de Capréra. La jeunesse, avide des récits de gloire qui l'enivrent, repousse volontiers les peintures désolantes de cette triste époque ; et, quoique la honte de cette capitulation n'atteigne qu'un homme, nous avons tous, au début de la vie, détourné avec horreur nos yeux de ces plaies hideuses qui ont été la conséquence du crime de Dupont, préférant les attacher sur les pages si émouvantes de la glorieuse retraite du 116ᵉ régiment qui refusa d'accepter sa part de honte! « Le brave colonel Rouelle, malgré les sommations appuyées par un ordre de son général de division, repousse la capitulation et réunit les officiers. « On veut nous forcer à nous rendre, nous qui n'étions pas à cette « malheureuse affaire, nous dont on n'a pu disposer que par un « abus de pouvoir et un excès de lâcheté, nous enfin qui avons des « armes ! Le souffrirons-nous, mes amis ?.. » C'est alors que le sous-lieutenant Bugeaud prend la parole au nom de tous pour demander l'accomplissement de la retraite et pour solliciter l'honneur de faire l'arrière-garde avec sa compagnie. De l'aveu de tous, le jeune officier fut le héros de cette retraite, et les soldats lui prédirent, dès ce moment, les hautes destinées qu'il a depuis accomplies. Ses voltigeurs lui dirent à cette époque qu'il serait un jour maréchal de France (1). »

Plus tard quand les années sont venues et que nous lisons les drames si émouvants qu'ont traversés nos pères et leurs lentes

---

(1) Lorédan-Larcher. (*Les suites d'une capitulation.*)

agonies sur les pontons des Espagnols ou des Anglais, nous en sommes, certes, très émus, mais notre cerveau ne s'en empreint pas comme il l'eût fait dans la jeunesse. Il m'a fallu venir dans ces casemates pour m'en souvenir, mais elles me reviennent à l'instant avec toutes leurs horreurs. Que nous sommes petits! à côté de ces géants qui ont fait de si grandes choses, payées par des souffrances qui surpassent tout ce que pourrait enfanter l'imagination.

Je vois d'ici les pauvres officiers envoyés sur les pontons espagnols sous la surveillance des Anglais, leurs plus cruels ennemis (1). « Ils n'étaient pas même pourvus des objets de première nécessité, hamacs, couvertures, tout manquait; lorsqu'il pleuvait, l'eau filtrait dans l'entre-pont, ils étaient alors réduits à coucher sur des planches : une livre de pain, une demi-livre de viande et une bouteille de vin pour trois, et le plus souvent pas d'eau ou une eau saumâtre. Les Espagnols apportaient pour plusieurs jours les approvisionnements, et souvent d'une façon irrégulière ; mais ils ne venaient pas davantage pour chercher les malades ou enlever les morts qu'on était obligé de jeter à la mer.

Et ces misères des officiers n'étaient pas comparables à celles des soldats; des fèves pourries, de mauvais pain moisi et un peu d'huile étaient jetés en pâture pour plusieurs jours à ces misérables. »

Quant à ceux qui étaient dans l'île de Capréra, ils mouraient littéralement de faim, car l'oubli systématique ou non des Espagnols, joint au mauvais temps, laissait ces pauvres martyrs sans aucune nourriture. Quelques-uns des rares survivants ont écrit des mémoires qui font frémir d'horreur. L'un d'eux raconte la

---

(1) Lorédan-Larcher. (*Les suites d'une capitulation.*)

situation des prisonniers de Capréra d'une façon à la fois si sincère et si poignante, que je puis la citer presque textuellement.

« Au commencement d'avril, nous avons été neuf jours sans recevoir de vivres; ce n'est que le neuvième jour, à minuit, que la barque aux vivres attérit à Capréra. Mais notre provision générale n'était suffisante que pour un jour, et le pain qu'on nous avait apporté était tellement moisi, « qu'il avait de la barbe « longue comme le doigt ». Nous étions presque nus n'ayant même pas le vêtement nécessaire pour conserver les dehors de la stricte pudeur. Beaucoup d'entre nous *se traînaient à quatre pattes* pour chercher les orties sauvages ou d'autres racines, faibles ressources pour apaiser les fureurs de la faim. Nous assurons que pendant ces neuf jours plus de huit cents individus sont morts, les uns d'inanition, et les autres empoisonnés par les végétaux. »

Quels hommes et quels temps! ces casemates leur auraient paru des palais, notre mauvais déjeuner un repas de Lucullus, et quant à la situation de nos hommes, si mauvaise qu'elle soit, elle leur eût semblé la délivrance de leurs maux. Ici se pose une question que je ne me charge pas de résondre : si poignantes et si atroces que soient les douleurs physiques, ne sont-elles pas, par le fait même de leur acuité, un dérivatif pour les souffrances morales? Ces gens-là, si misérables et si martyrisés, ne devaient pas avoir l'esprit aussi libre pour ressentir leurs douleurs morales.

Quoi qu'il en soit, je répète que notre situation de prisonniers de guerre est bien peu digne de pitié par rapport à celle que les Anglais et les Espagnols ont faite à nos pères après Baylen.

Nous devisions depuis longtemps déjà sur ce sujet si émouvant et si palpitant d'actualité pour nous, lorsque l'arrivée du major bavarois vint, à notre grand regret, interrompre le récit d'un capitaine qui a personnellement connu un échappé de Capréra. L'officier allemand nous trouva groupés autour de notre camarade, circonstance qui lui permit de nous donner à tous en même temps communication des ordres qu'il apportait.

Le gouverneur nous informait qu'il nous recevrait le lendemain à dix heures chez lui, et qu'aucun officier ne pourrait être dispensé de cette visite à moins de maladie grave et dûment constatée. Le major nous prévint qu'il viendrait lui-même nous chercher un peu avant l'heure prescrite, et ajouta que, suivant toute probabilité, nous jouirions à l'avenir de plus de liberté.

Les ordres du gouverneur nous laissaient aujourd'hui toute latitude pour nous promener ainsi que nos soldats sur le préau et de causer avec eux, avec cette restriction de ne pas pénétrer dans leurs casemates. Il est presque inutile d'ajouter que nous nous empressâmes de profiter de cette permission d'aller causer avec nos sous-officiers et nos soldats, dont nous avions été si durement séparés.

L'espace qui s'étend des casemates aux palissades que nous avions franchies en entrant offrait une promenade suffisante pour notre petit nombre de prisonniers. En sortant des casemates que nous occupions on aperçoit, en face, le parc d'artillerie et, à droite, le commencement des vieux remparts qui ne tardent pas à être masqués par les grands arbres d'une promenade longeant les anciens fossés de la place. En avançant un peu, nous pouvons voir la porte flanquée de deux tourelles à toits en briques extrêmement longs et pointus. Ce coin de paysage est assez pittoresque et les oiseaux chantent dans les acacias et les platanes sans aucun souci des choses de ce monde.

Des factionnaires bavarois vont et viennent d'un pas lourd et cadencé dans la partie qui avoisine les palissades ; ce sont nos gardiens, qui semblent être chargés non seulement de nous surveiller, mais encore de nous rappeler toujours la triste réalité de notre position. Pourtant nous éprouvons un certain soulagement en respirant l'air pendant que nous causons avec nos chers soldats, malheureux compagnons d'infortune.

Ils nous entourent et nous interrogent comme ils l'ont fait à Neustadt; leurs questions se succèdent sans cesse; la préoccupation qui domine chez eux est de savoir ce que sont devenus les camarades campés sur le Geissberg la veille de la bataille. Un de

nos jeunes camarades qui lit couramment l'allemand est prié par eux de leur traduire, dans le journal allemand, la relation de la bataille de Wissembourg. Leur étonnement est aussi grand que le nôtre le fut, en entendant le récit fait par les Allemands du combat auquel notre bataillon a pris part dans Wissembourg. Afin de leur donner entière satisfaction, le lecteur continue la relation des opérations sur le Geissberg :

«... Lorsque l'artillerie eut canonné pendant un certain temps la position ennemie, la 18ᵉ et la 41ᵉ brigade d'infanterie attaquèrent le Geissberg à midi passé.

« Le général Douai, qui faisait d'abord front au nord, se voyant menacé d'être tourné par l'arrivée de la 41ᵉ brigade, fut forcé de changer de front et de replier son aile droite.

« La 18ᵉ brigade prussienne, le 7ᵉ régiment (grenadiers du roi en avant) escalada, du Gublenthof, les hauteurs du Geissberg, sous le feu violent des Français. A une heure il s'empara du château du Geissberg, situé près du sommet. Comme la 41ᵉ brigade attaquait en même temps l'ennemi sur son flanc droit, la position des Français n'était plus tenable : ils se mirent donc en retraite, après avoir tenté, sans succès, à une heure et demie, un dernier retour offensif. L'artillerie et l'infanterie prussiennes établies sur le Geissberg repoussèrent cette attaque ; mais ce retour offensif servit du moins à couvrir la retraite qui ne s'exécuta pas, du reste, dans le plus grand ordre, parce que le général Douai avait été tué pendant le combat. — On ne pourrait rien conclure de ce combat, cependant il montre que les Allemands pourront engager presque chaque fois des forces très supérieures. »

Nous leur donnâmes également connaissance de tout ce qui nous avait frapppé dans ce journal, et ils sourirent comme nous de l'appréciation du journaliste sur les turcos « dont les noirs visages n'impressionnent pas les Bavarois ». Ses dédains et son silence sur leur charge héroïque à Wissembourg n'atténuent pas la gloire de ces incomparables soldats qui ont excité l'admiration dans les deux armées.

Les tirailleurs que nous avions vus à Castel avaient été amenés ici avec nous ; ils étaient groupés près des nôtres et écoutaient cette lecture avec l'indifférence apparente qui leur est habituelle.

Les opérations de la guerre les touchent peu, et les appréciations formulées sur leur compte ne semblent pas les émouvoir.

Rien n'est curieux comme la naïveté et la simplicité des récits de ces Arabes qui tutoient leurs chefs en leur racontant dans un langage imagé des actes dont ils ne soupçonnent pas l'héroïsme.

Ceux que nous avions devant nous étaient tous des blessés tombés pendant la charge et envoyés à Mayence après un premier pansement. Beaucoup de leurs camarades étaient morts à l'ambulance ou pendant la route, mais tous ceux qui pouvaient se traîner ont refusé les soins des Prussiens. « Macach! ambulance des Prussiens! » disent-ils, « pourquoi faire puisqu'ils vont nous tuer. » Nous prenons toutes les peines du monde pour leur expliquer leur situation de prisonniers, ils n'y croient pas et s'attendent à mourir d'un moment à l'autre.

Ils accueillent, du reste, avec le plus profond dédain, le témoignage d'admiration exprimé devant moi à leur égard par un officier bavarois.

L'un d'eux s'est contenté de répondre, en ébauchant un sourire sur ses grosses lèvres : « Tu savais bien, mon capitaine, avant le Prussien, que les turcos n'ont pas peur! »

Nous recommandons à nos sous-officiers d'avoir un souci particulier de ces malheureux et de les amener par la douceur et la persuasion à se laisser soigner par les Allemands.

Nous comptons bien appeler nous-mêmes l'attention des docteurs chargés du service sur certains blessés qui nous paraissent gravement atteints.

Nous voudrions cacher nos propres inquiétudes à nos soldats qui se préoccupent des événements futurs destinés à abréger ou prolonger leur internement. Le succès de nos armes amènera certainement un prompt échange de prisonniers, et c'est notre espoir, mais en revanche, quelle douleur pour nous si la France éprouvait de nouvelles défaites !

Nous ne leur parlons que de succès ou d'espoir, mais notre cœur est gros d'appréhensions de l'avenir que nous devons leur cacher.

Enfin, ils nous demandent des renseignements sur Ingolstadt dont beaucoup entendent parler pour la première fois ; nous devons satisfaire cette curiosité bien légitime et leur dire ce que nous en savons.

Ingolstadt est une place forte sur la rive gauche du Danube, avec une tête de pont et des forts détachés sur la rive droite.

Située au centre du cercle de la Regen, cette ville a joué un rôle important dans la plupart des événements de Bavière.

C'est à Ingolstadt que les ducs de Bavière convoquèrent les états pour subvenir aux frais de leur guerre contre les Turcs. C'était au moment où Soliman, venant de tailler en pièces l'armée hongroise, menaçait de s'étendre sur les bords du Danube.

Pendant les guerres de religion qui ensanglantèrent la Bavière depuis 1520, époque à laquelle les doctrines de Luther se répandirent en Allemagne, Ingolstadt fut un des plus solides remparts du catholicisme, et sa célèbre université fondée par Louis, duc d'Ingolstadt, en 1472, fournit un grand nombre de savants et de docteurs qui entrèrent en lutte contre les idées de la Réforme.

Le plus célèbre de tous fut Léonard Eckius, connu comme l'antagoniste le plus acharné de Luther.

Lorsque les terribles et sanglantes guerres religieuses eurent provoqué dans la Souabe la *Lignes des Pauvres Gens,* cette confédération effroyable des paysans s'étendit rapidement et menaça de gagner toute l'Allemagne. C'est un moine sorti d'Ingolstadt qui, se présentant en médiateur, apaisa l'insurrection, mieux que ne l'eût fait sans doute Louis de Bavière avec ses 8.000 soldats campés sur les bords du Lech.

En 1705, après l'écrasement de la Bavière par l'Autriche, à la suite de notre désastre commun qui termina la guerre de la succession d'Espagne, les paysans se soulevèrent encore et formèrent une nouvelle *ligne des pauvres gens* qui comptait au moins 30.000 hommes. C'est d'Ingolstadt que leur arrivèrent deux chefs célèbres, jeunes étudiants de l'université. Ils se nommaient Plingauser et Meindel. Tous deux firent des prodiges à la tête des bandes; ils attaquèrent les Autrichiens jusque dans leurs places fortes, et soutinrent eux-mêmes des sièges.

La trahison des nobles bavarois contribua beaucoup à leur écrasement, suivi des représailles les plus horribles.

Le plus célèbre des deux chefs, Sébastien Plingauser, étudiant de l'université d'Ingolstadt et devenu historien célèbre, s'exila et ne rentra en Bavière qu'après le départ des Autrichiens.

Comme place forte, Ingolstadt a joué un rôle important pendant la guerre de Trente ans; elle fut assiégée sans succès par les Suédois, commandés par Gustave-Adolphe en 1632.

C'est à cette époque que fut tué, sur les bords du Lech, leur célèbre général Tilly, qui fut un des plus grands capitaines de l'armée bavaroise pendant la guerre de Trente ans.

Quoiqu'il fût d'origine hollandaise, ils peuvent le revendiquer à plusieurs titres pour un des leurs. Les atrocités commises sous ses yeux, au siège de Magdebourg, dépassent tout ce que peut enfanter l'imagination.

Ils l'ont apporté à Ingolstadt, et nous verrons peut-être un jour son tombeau dans la cathédrale à côté de celui du général Mercy, également fameux par ses services et ses cruautés pendant la guerre de Trente ans.

C'est un des plus célèbres, parmi tous les généraux, que nous leur avons tués.

En 1796, Moreau n'avait pas le temps de s'arrêter devant Ingolstadt, et poussant l'épée dans les reins de Kray, il entra directement dans Munich.

Forcé par la retraite de Jourdan de se retirer lui-même, il reparut en 1800, sous les murs de la place forte d'Ingolstadt.

Cette fois il s'en rendit maître après un siège de trois mois et rasa ses fortifications. Ce sont celles que nour apercevons d'ici. La ville a été fortifiée de nouveau et particulièrement sous Maximilien-Joseph II et ses successeurs.

Nous avons, non loin d'ici, à moins de 30 kilomètres, un souvenir bien cher à nos cœurs français.

Sur la hauteur d'Uberhausen est le monument de La Tour-d'Auvergne, le premier grenadier de France, tué d'un coup de lance le 27 juin 1800 et enseveli sur ce point même dans des branches de lauriers et de fleurs.

Son cœur a été enfermé dans une boîte d'argent recouverte de velours noir et confié à sa compagnie.

On ne peut lire sans attendrissement l'ordre du jour par lequel le général Dessoles instruisit l'armée de la perte qu'elle venait de faire.

En voici quelques passages :

« Son nom restera sur les contrôles; et, dans tous les appels, le plus ancien grenadier répondra : « Mort au champ d'honneur! »

« Les tambours des compagnies de grenadiers de toute l'armée seront pendant trois jours voilés d'une crêpe noir.... il sera élevé un monument sur la hauteur et en arrière d'Uberhausen, au lieu même où il a été tué. » Ce monument, consacré aux vertus et au courage, est mis sous la sauvegarde de tous les pays. »

Coin de table d'hôte. (Page 125.)

Je dois ajouter que le roi Louis de Bavière, le poète, père du roi actuel, a fait, dit-on, réparer son tombeau.

On ne saurait s'étendre trop longuement devant des soldats sur la mémoire d'un homme qui fut non seulement un héros, ce que tout le monde sait, mais un savant et surtout un honnête homme. Je suis persuadé que nous dormirons tous mieux en pensant que nous avons à quelques pas de nous ce grand mort pour nous couvrir de sa gloire immortelle. Des prisonniers de guerre qui ont de pareils aïeux ne peuvent pas rougir des hasards qui les ont mis aux mains des Bavarois.

La Tour-d'Auvergne est né en Bretagne en 1743. Dire qu'il était de la famille de Turenne, c'est affirmer qu'il naquit dans une famille illustre.

Après avoir servi avec distinction comme officier et fait la guerre sous les ordres de Crillon, il accepta sans se plaindre la position de réforme qui lui fut signifiée par l'injustice de la révolution en 1795. Plus tard on lui offre des pensions qu'il refuse, des dignités qu'il repousse et il vit dans la Bretagne avec 800 livres de rente. C'est assez pour ses goûts de lettré et son désintéressement de soldat.

Cependant il apprend que le fils d'un de ses amis est enlevé par la conscription; il demande comme faveur de le remplacer et court combattre à Zurich. Rentré dans ses foyers, il reçoit du premier consul, et sur le rapport de Carnot, un sabre d'honneur et le titre de *prenier grenadier de France*.

Pendant la campagne de 1800, il choisit son rang dans les grenadiers de la 46ᵉ demi-brigade et meurt six jours après frappé d'un coup de lance (27 juin).

La consigne qui nous interdisait d'entrer dans les casemates de nos soldats nous laissait supposer qu'ils devaient y être très mal, cependant les pauvres gens ne s'en plaignaient pas; ils ont été si misérables depuis les débuts de leur courte et funeste campagne, et envisagent si justement leur triste situation, qu'ils se contentent de peu.

Ils ont de la paille pour se coucher, des vivres en quantité presque suffisante pour la journée et surtout la jeunesse, qui est la meilleure compagnie dans les mauvais jours. Notre présence au milieu d'eux leur a fait du bien, ils nous le disent et nous quittent avec l'espoir que nous leur apporterons prochainement de bonnes nouvelles de la France!...

CHAPITRE VII.

Notre appréciation sur les musiques militaires des Bavarois. — Leurs sortes de marches funèbres à l'occasion des départs. — Comment nous n'avons appris que le matin du 8, notre défaite à Wœrth. — Convocation chez le gouverneur. — Un croquis du colonel bavarois chargé des prisonniers. — Les ordres du ministre de la guerre.

Au moment où nous rentrons nous-mêmes, le jour a baissé et l'Angelus sonne à toute volée à la cathédrale. Les carillons dominent les bruits confus de cette ville en fête, accompagnant les chants qui arrivent jusqu'à nous. Nous voyons d'ici la foule qui se presse sur la promenade des remparts, et y stationne avec l'intention, sans doute, d'apercevoir les pantalons rouges. Les uniformes bleus des Bavarois dominent dans cette cohue endimanchée, on devine que cette place est un vaste magasin de soldats destinés à combler les vides qui se sont produits déjà dans leur armée.

Le cantinier nous a servi un souper composé de bière et de saucisson; la bière est excellente et, dit-on, très nourrissante, ce qui console ceux d'entre nous qui n'ont pu manger la charcuterie si en faveur en Bavière. Pendant ce moment de réunion, nous échangeons nos pensées sur les graves événements qui se passent certainement au delà de nos frontières; un choc nouveau est inévitable, et nous sommes même étonnés qu'il ne se soit pas encore produit. Les optimistes augurent bien de cette absence de nouvelles, car nous les connaîtrions déjà si les Allemands avaient eu un nouveau succès; ceux-là ramenaient dans nos esprits un peu d'espoir pendant cette fin de journée du 7 août!

Pendant la soirée, nous avons entendu pour la première fois la retraite militaire des Bavarois; son rythme triste et lourd me semble en parfaite harmonie avec la tournure et la marche des soldats que nous connaissons; les notes graves et traînantes frappent désagréablement nos oreilles, habituées à l'entrain des airs français.

Qui de nous a oublié ces retraites aux flambeaux entraînant à la suite de nos soldats toute une foule enivrée par nos musiques militaires; les femmes et les enfants avaient peine à suivre, tant la cadence est accélérée; il suffisait même de nos tambours accompagnés de quelques clairons pour déterminer ce courant magnétique. Je doute que les fanfares bavaroises puissent produire le même effet.

Nous étions destinés à les entendre encore pendant la nuit, et cette fois elles conduisaient au chemin de fer des troupes qui partaient pour la France.

Le roulement des caissons et des canons, les appels du clairon que nous avons entendus pendant la soirée, nous faisaient pressentir un mouvement de la garnison; nous ne fûmes donc pas surpris d'entendre jouer une marche que nous pourrions qualifier à bon droit de funèbre.

Quelques notes criardes et discordantes éclatent parfois dans cette tonalité générale si endormante; on dirait le sifflement aigu d'un coup de fouet destiné à réveiller les ardeurs guerrières. La tradition exige que les troupes partent avec des accents joyeux, et les Bavarois, pour s'y conformer, n'ont rien inventé de mieux que es airs l désolants que nous entendons. Cette marche me fait l'effet d'un rire forcé dissimulant la tristesse des visages de ceux qui partent. Ces hommes doivent connaître déjà les noms des nombreux camarades tombés devant Wissembourg et savent que la gloire coûte cher chez les Français.

Dès la pointe du jour, nos casemates sont en grand émoi par la nouvelle des défaites de notre armée pendant la journée du 6 août!!

Ainsi nous avons passé toute la journée du 7 dans les casemates d'Ingolstadt sans avoir appris les terribles événements connus certainement partout pendant la nuit du 6 au 7. Ce fait est aussi inexplicable pour nous que la défaite inouïe donc il est question; et c'est par hasard que nous apprenons dans cette casemate les nouveaux et immenses malheurs de notre armée.

Un officier, en jetant les yeux sur un fragment de journal qui a servi à envelopper les saucissons de notre souper, a lu le télégramme expédié dans la nuit du 6 et commenté par le journaliste.

Nous l'avons tous lu; le doute n'est plus possible.

« 6 août : Grandes victoires des armées allemandes à Wœrth, Freschwiler et Forbach, 4.000 prisonniers sont entre nos mains, 36 bouches à feu dont 6 mitrailleuses et 2 aigles. »

Certainement, cette nouvelle était connue depuis la veille à Ingolstadt, et notre défilé dans cette ville en fête était une partie du programme des réjouissances publiques!

L'un de nous se souvint alors que des soldats, toujours mieux renseignés, lui ont adressé des questions au sujet d'une nouvelle victoire dont les Bavarois se vantaient devant eux; cet officier n'a pu que leur affirmer que cette nouvelle ne nous était pas parvenue, ce qui en démontrait certainement l'inexactitude, et les a engagés à ne rien croire des propos qu'ils pourraient entendre de la part de ces vantards, enchantés de les alarmer.

Nous ne pouvions comprendre comment l'officier allemand, que nous avons vu deux fois dans la journée, ne nous avait pas soufflé mot de ce grand événement.

Il nous paraissait impossible d'attribuer son silence à un sentiment de délicatesse ni à un tact qui ne nous semble pas être une des qualités de nos vainqueurs, d'après l'expérience que nous avons faite pendant notre route.

Nous ne tardâmes pas à être renseignés, quand le major vint nous chercher, suivant les conventions, pour nous conduire chez le gouverneur.

Si atterrés que nous fussions par ce nouveau coup de massue, notre volonté était de ne rien lui laisser voir de notre abattement ni de notre douleur. Nous en étions convenus, et nous tînmes parole.

Il nous apportait une pièce officielle parvenue la veille au gouverneur pendant la soirée. « Si j'avais été moins occupé, ajouta-t-il, je vous l'aurais apportée aussitôt, car elle est intéressante. » Cet officier était convaincu que nous avions eu connaissance du télégramme pendant notre route, et son silence, qui eût pu provenir d'un sentiment délicat, n'avait pas d'autre cause que l'absence de renseignements complémentaires. Son empressement à nous les fournir le démontrait assez. L'indifférence avec laquelle nous reçûmes sa proposition de lecture l'engagea à la retirer, et nous partîmes dans le plus grand silence, sans lui avoir donné la satisfaction de nous humilier.

Nous prenons le même chemin que la veille, mais en sens inverse, au milieu d'une foule plus compacte et plus bruyante.

Les mêmes banderolles, les drapeaux et les bannières flottent partout, et masquent l'entrée des nombreuses brasseries inondées de soldats et de paysans. Enfin nous arrivons en bon ordre devant le prétendu palais du gouverneur; ce palais est en réalité une vieille maison à deux étages, d'apparence très modeste, peu en rapport avec le titre pompeux qu'on lui donne.

Derrière les fenêtres du premier étage nous apercevons beaucoup de dames, privilégiées sans doute, puisqu'elles ont des places d'honneur au spectacle de notre infortune.

La station de quelques minutes qui nous est imposée sur cette place est peut-être dans le programme offert à ses amies par Mme la générale, femme du gouverneur.

Enfin, nous sommes rangés en bon ordre dans un grand salon peu meublé et mal éclairé par deux fenêtres ouvrant sur un grand mur qui intercepte la lumière. L'officier qui préside à cette mise en scène des comparses, en attendant l'entrée du personnage principal, n'est pas insignifiant comme notre première connaissance le major peu loquace, et très antipathique. Il porte le signe distinctif du grade de colonel; son souvenir est resté dans ma mémoire, surtout à cause de l'impression qu'il m'a faite ce premier jour de visite chez le gouverneur.

Gros et court, la face très colorée, les cheveux rares et drus sur un crâne étroit au sommet, moins blancs que la moustache enchâssée entre un gros nez rouge et une lèvre saillante; le menton carré tombant en cascade sur un cou de taureau, l'abdomen proéminent mal soutenu par un ceinturon bouclé sous une tunique trop courte; imaginez aussi de larges épaules surmontées de deux contre-épaulettes d'argent masquant si bien le col de chaque côté, qu'elles semblent rivées aux oreilles; ces appendices charnus dont la nature l'a doué si largement sont d'un rouge sang indiquant l'imminence d'une apoplexie foudroyante.

Tel est physiquement le personnage rappelant assez les militaires grotesques de la *Grande-Duchesse*.

Pour tout dire, sa physionomie ouverte et joviale, animée par la vivacité du regard, contrastait avec la raideur automatique de beaucoup d'officiers bavarois.

Il parlait facilement notre langue, et ses locutions choisies indiquaient qu'il l'avait beaucoup étudiée. Enfin, tout en lui aurait pu nous faire pressentir la confidence qu'il ne tarda pas à nous faire.

« Je suis bon Allemand, nous dit-il, et je dois me réjouir de nos succès, mais je ne puis oublier et ne veux pas vous cacher que je suis d'origine française. Je compte beaucoup de parents dans votre armée qui m'inspire la plus grande sympathie ; je serai heureux de pouvoir vous la témoigner, dans les limites que m'imposent ma nationalité et les exigences de mon service. »

Il portait un titre de comte et joignait à son nom allemand celui d'une des plus anciennes et des plus illustres familles de France.

Ce colonel se souvenait du moins de son origine, lorsque tant d'autres l'ont oubliée ou s'enorgueillissent de leur nationalité allemande transmise par des ancêtres français.

La révocation de l'édit de Nantes a commencé dans les électorats de Brandebourg et de Bavière cette infusion de sang français que les émigrés de 1792 ont si funestement continuée dans les deux royaumes.

La Prusse a systématiquement attiré chez elle les mécontents ou les proscrits de toutes les nations, aux époques des grands troubles qui chassaient de leur pays souvent les meilleurs ou les plus illustres citoyens.

Des Français, des Polonais, des protestants de Salzbourg ont fait souche de Prussiens, et la catholique Bavière, qui a exterminé ou chassé de chez elle les Luthériens, n'a pas repoussé les réfugiés protestants de France et a tout fait, plus tard, pour attirer et conserver chez elle les émigrés de la Révolution.

Le sang français n'a pas seulement inondé les champs de bataille de l'Allemagne, il a coulé dans les veines de nos ennemis, et ce mélange des deux races est un des grands éléments de leur force.

Le gouverneur fit son entrée avec une grande solennité; il portait plusieurs décorations, parmi lesquelles nous distinguâmes la médaille commémorative de 1866. Je ne saurais pas dire si cet homme était jeune encore ou très vieux, je pencherais pour la dernière qualification, sans pouvoir l'affirmer.

Les généraux bavarois, en particulier, se livrent à un maquillage si habile, qu'on ne sait jamais exactement s'ils sont jeunes ou vieux, surtout dans un jour peu éclatant qu'ils semblent affectionner.

Ce général passa assez silencieusement devant nos rangs; il s'arrêta cependant devant quelques officiers, pour leur demander où ils avaient obtenu la croix qu'il remarquait sur leur poitrine.

Il entendit souvent prononcer les mots de Crimée et d'Italie qui provoquèrent chaque fois un certain mouvement de tête qu'on pouvait interpréter comme un salut. Sa tournée finie, il se plaça au centre de la salle et amorça assez timidement une petite allocution qui nous prouva qu'il ne parlait pas notre langue très facilement.

Il était beaucoup question de la discipline allemande, de l'observation des règlements militaires, de leur application inflexible; tel était le fond de son élucubration, sans doute très préparée, mais un peu oubliée.

Il paraissait, du reste, très pressé d'abréger cette séance et d'aller, sans doute, rejoindre ces dames.

Je laisse à M. le colonel, dit-il, en finissant, le soin de vous communiquer les instructions du ministre et les miennes.

Le gros militaire à tête joviale était chargé du service concernant les prisonniers ; nous accueillîmes cette nouvelle avec une certaine satisfaction, car il nous inspirait une sympathie relative.

Les ordres du ministre prescrivaient que les officiers vivraient et circuleraient librement dans la place, sans pouvoir jamais être autorisés à franchir la première enceinte.

Un poste de Bavarois gardera la limite des promenades permises aux officiers français sur les bords du Danube.

Elles sont d'ailleurs de peu d'étendue, et ils en prendront connaissance sur le plan qui leur sera présenté.

Les officiers seront informés que les ordres les plus sévères sont donnés pour l'exécution rigoureuse des consignes, et que la grande liberté qui leur est accordée repose sur notre confiance absolue dans leur parole jurée de ne tenter aucune évasion et d'obéir à nos règlements.

Ils sont autorisés à pénétrer librement dans les casemates et les préaux qui en dépendent dans toute l'enceinte de la forteresse, et à communiquer avec les prisonniers de guerre qui y sont internés. Nous leur interdisons toute intervention directe dans les dispositions prises par le gouvernement bavarois en ce qui concerne les soldats français; ceux-ci étant placés directement sous notre commandement dont nous assumons toute la responsabilité.

Chaque officier pourra disposer, pendant deux heures de la journée, d'un soldat prisonnier choisi par lui dans le corps auquel il appartient. Il sera délivré à chacun de ces hommes, dits ordonnances, une carte de libre circulation dans la ville pendant les heures prescrites.

Les sous-officiers sergents-majors, jouiront du même privilège et du même permis de circulation pour communiquer avec leurs capitaines et leur transmettre les réclamations de leurs subordonnés.

Promenade dans les casemates. (Page 141.)

Celles-ci devront être soumises par ces officiers au colonel chargé du service des prisonniers, pour nous être transmises, s'il y a lieu, et ne seront jamais dans aucun cas adressées directement au gouverneur.

Les officiers prisonniers de guerre donneront leur adresse et ne pourront quitter sans autorisation le domicile qu'ils auront choisi et désigné.

Ils devront se présenter le mardi de chaque semaine, à dix heures, dans ce même lieu de réunion chez le gouverneur, et chaque fois qu'il conviendra à cet officier général de les réunir.

La tenue bourgeoise leur est rigoureusement interdite ainsi que le port des armes qui ont pu être laissées à quelques-uns.

Les officiers sont engagés à ne se présenter que dans les hôtels et brasseries que leur désignera le colonel de la place, et qu'ils ne pourront fréquenter, du reste, qu'à leurs risques et périls.

Toute correspondance avec la France et même l'étranger est en principe défendue aux prisonniers; cependant, les lettres qui leur seraient adressées pourront leur être remises après avoir été ouvertes dans les bureaux de la place. Il en sera de même pour les lettres écrites par eux, qui ne seront fermées et expédiées qu'après un rigoureux contrôle. Cette mesure spécifiée aux officiers est applicable, à plus forte raison, à tous les sous-officiers et aux soldats internés qui en seront également informés.

Le ministre de la guerre prussien a témoigné à son collègue de Munich le désir que la question des préséances et du salut fût réglée dans tous les lieux d'internement de la Bavière, conformément aux dispositions adoptées en Prusse. En conséquence, le salut est dû par tous les soldats, sous-officiers et officiers prisonniers de guerre aux autorités militaires ou civiles revêtues d'un uniforme allemand.

Le gouvernement prussien impose aux officiers français l'obligation de saluer les premiers les officiers prussiens du même grade. Cette disposition ne sera pas, pour le moment, appliquée comme règlement en Bavière, où les officiers prisonniers ne seront tenus de saluer que leurs supérieurs dans la hiérarchie militaire. Le salut sera dû de la même façon aux autorités civiles, en raison de leur degré apparent dans l'assimilation aux grades militaires.

Les soldats prisonniers de guerre ne sortiront jamais dans la ville sans une escorte militaire proportionnée à leur nombre.

Ils ne pourront jamais stationner sur la voie publique ni être admis, escortés ou non, dans les brasseries, hôtels ou lieux de réunion fréquentés par les habitants et la garnison.

Les officiers français ne pourront jamais communiquer avec eux, même momentanément, pendant ces promenades tolérées dans un but d'hygiène.

Enfin les officiers sont informés qu'ils toucheront, le 30 de chaque mois, à dater de ce jour, une solde de captivité dont le tarif leur sera appliqué, conformément aux règlements, en raison du grade dont ils sont titulaires.

Il leur en sera donné le détail par l'officier chargé de ce service.

Les soldats, sous-officiers ou officiers qui seraient porteurs de mandats sur la poste n'ayant pu être touchés en France en recevront la valeur intégrale en échange des susdits mandats.

Ce règlement, qui est susceptible de modifications soit restrictives, soit différentes, sera communiqué aux officiers qui le signeront en présence du colonel commandant la place.

Fait à Munich et transmis à M. le général gouverneur de la citadelle d'Ingolstadt.

Signé etc.

Cette lecture achevée, le colonel nous engagea à prendre connaissance des adresses de brasseries et autres maisons qui pouvaient s'engager à loger et nourrir, ou à loger seulement, les officiers suivant un tarif déterminé avec détails à l'appui.

Il nous recommanda particulièrement l'hôtel Adler où vivaient les officiers attachés à la place et les fonctionnaires importants de la colonie.

Il nous assura que dans ce milieu, exclusivement composé de gens de bonne éducation, nous serions à l'abri de tous les ennuis qui peuvent résulter dans les brasseries de la promiscuité des gens d'une condition inférieure.

Les brasseries désignées par lui offraient des garanties, mais il était impossible de répondre absolument d'une sécurité absolue au point de vue du respect qui nous était dû.

Comme nous étions autorisés à choisir par grade et par ancienneté de grade, mon choix fut vite fait; deux de mes camarades se joignirent à moi, et nous gagnâmes immédiatement l'hôtel Adler, très décidés, du reste, à nous confiner dans une ou deux chambres où nous prendrons nos repas, au moins pendant tout le temps des réjouissances publiques.

CHAPITRE VIII.

Les journaux d'Ingolstadt. — Nouvelles du corps Mac-Mahon. — Les joies causées par les premières victoires n'effacent pas chez les Bavarois les appréhensions de l'avenir. — La fête dans les rues. — Les drapeaux prussiens unis aux bannières bavaroises. — Les listes des morts et des blessés, leur effet dans Ingolstadt. — Arrivée des prisonniers de Wœrth. — Croquis des paysans qui encombrent les rues.

Nous priâmes l'hôtelier de nous procurer des journaux et de nous faire servir dans l'une de nos deux chambres.

Elles avaient leurs fenêtres sur la rue, ce qui pouvait être désagréable en ce moment, mais nous permettrait plus tard de respirer l'air moins tristement, puisque nous étions décidés à ne pas mettre les pieds dehors en raison de la défense de nous habiller avec des vêtements bourgeois.

Les journaux nous brûlaient les doigts, car nous avions hâte de savoir ce qu'ils disaient de notre défaite; nous les dévorâmes fiévreusement, mais cette traduction d'une langue qui ne nous est pas assez familière nous agaçait plus que je ne saurais l'exprimer en raison de notre impatience d'arriver jusqu'au bout.

De tout ce pathos germanique, rempli des hauts faits de l'armée allemande, nous dégageons ce qui nous intéresse et passons le reste :

« Après Wissembourg, le général Pellé remplace le général Douai, tué sur le Geissberg.

« Le 6 août au matin, les avant-postes du 5ᵉ corps allemand et ceux des divisions Raoult et de Lartigue commencent à échanger des coups de fusil. Les Allemands passent la Sauer, et le canon gronde bientôt dans la direction de Wœrth » : ici la description de la bataille et le commencement de notre retraite.

« Mac-Mahon fit de Frœschwiller des efforts désespérés pour rétablir sa liaison avec son aile droite. La brigade de lanciers Nansouty et surtout la brigade de cuirassiers Michel attaquèrent avec impétuosité les Prussiens et les Wurtembergeois qui débouchaient par Elsasshausen. Les deux régiments de cuirassiers furent presque anéantis.

« Le général Colson, chef d'état-major de Mac-Mahon, fut tué.

« Mac-Mahon était forcé de se mettre en retraite par Reichshoffen sur Niederbronn, où il trouva la division Guiot de Lespart que de Failly avait envoyée de Bitche.

« Les forces de Mac-Mahon dans cette bataille ne furent pas estimées à plus de 35.000 hommes. Les troupes allemandes qui combattaient réellement étaient d'environ 75.000 hommes d'infanterie et de cavalerie.

« Les Allemands avaient fait 4.000 prisonniers non blessés, et s'étaient emparés en outre de trente-six bouches à feu dont six mitrailleuses et deux aigles. »

« Forbach. L'aile droite des Allemands remportait le même jour une autre victoire contre le 2ᵉ corps français, celui de Frossard.

« Les Prussiens avaient engagé vingt-sept bataillons, c'est-à-dire 2.700 hommes. Le corps Frossard avait à peu près la même force.

« La division Metmann, du 3ᵉ corps (Bazaine), avait été détachée vers Forbach.

« Elle ne brûla pas une cartouche, n'ayant pas été appelée sur le champ de bataille. Les pertes des Prussiens étaient grandes, au moins 4.000 hommes. Celles des Français ne le furent pas moins, et ils laissaient de plus entre les mains des Allemands 2.000 prisonniers. »

« Le 6 août, ajoutait l'auteur, est un grand jour de victoire pour les armées allemandes; deux corps français ont été battus et mis hors d'état de combattre pour quelque temps. »

Notre hôtelier a poussé l'amabilité jusqu'à nous procurer le numéro du *Figaro* donnant l'impression produite par notre défaite à Wissembourg; c'est la dernière fois que ce journal a pu passer la frontière.

Il est loin de nous désespérer, car il annonce une grande effervescence dans notre pays, et un réveil de patriotisme national qui nous donne l'espoir des revanches.

Nous apprenons que nos parents, nos amis, quelques magistrats s'engagent pour rejoindre à la frontière les régiments qui viennent de subir le premier choc.

Les journaux belges que nous avons aussi parlent avec sympathie de notre belle armée imprudemment engagée dans une guerre gigantesque; ils considèrent notre échec de Wissembourg comme très grave, en raison de ses conséquences, et semblent ne pas douter qu'un premier succès de nos armes n'eût arrêté la marche des États du Sud. Ils rappellent que le parlement de Bavière a voté à deux voix de majorité seulement l'alliance avec la Prusse.

La Bavière a toujours cherché à se metre du côté du plus fort, c'est l'histoire de toutes ses alliances; les succès militaires de la Prusse en 1866 et la crainte qu'ils leur inspirent ont entraîné beaucoup d'esprits timorés, mais un grand nombre des sénateurs bavarois ont eu l'appréhension très légitime d'être absorbés par la Prusse, sous prétexte d'unité allemande.

La Bavière, si jalouse de son autonomie à toutes les époques, pourrait bien s'être trompée en entrant dans cette dangereuse alliance qui peut l'associer à des succès passagers, comme elle l'a espéré, mais lui sera certainement funeste ainsi que l'ont pensé tant de ses représentants.

Elle peut dire adieu à son indépendance et au grand rôle qu'elle a joué dans la Confédération germanique.

L'impression que nous laissent les journaux de la localité, c'est que les victoires si fêtées dans Ingolstadt sont chèrement achetées et n'inspirent pas aux Bavarois une confiance absolue dans l'avenir. Nous sommes encore pour eux les soldats de Crimée, d'Italie, du Mexique dont ils entendent parler chaque jour. Quelques-uns de ces Allemands portent à leur boutonnière les médailles commémoratives de nos gloires partagées alors qu'ils servaient dans notre légion étrangère.

Dans la plupart des familles, les anciens soldats de Wagram, d'Eckmühl et de Borodino ont laissé des reliques pieusement conservées par leurs petits-fils; et les images qui les représentent à nos côtés dans ces luttes gigantesques ont fait rêver les enfants dans toutes les chaumières.

Nos premiers désastres pourraient bien n'être que le résultat d'une surprise due à la merveilleuse mobilisation allemande. C'est la pensée dominante à Ingolstadt où l'on redoute de terribles revanches.

La nouvelle de Wissembourg a été accueillie ici avec autant de surprise que de joie : on a vite illuminé et accroché partout des banderolles bavaroises; il a même fallu fabriquer à la hâte des drapeaux prussiens qui doivent flotter de compagnie : c'était absolument nécessaire malgré les répugnances nationales. La victoire enchante la population qui se réjouit particulièrement de la certitude de ne pas être éprouvée par l'invasion étrangère, comme elle en était menacée.

La peur en était si grande, même de la part du gouvernement, que, dès le jour de la déclaration de guerre, tous les tableaux de Munich était enlevés des musées et transportés dans les forteresses.

Cette terreur de l'invasion, poussée à ce point, justifie notre opinion et celle de tous les étrangers, qu'un premier succès des Français eût ramené les Bavarois dans leur pays. Ils n'ont pas oublié l'entrée des Français en 1796 dans leur ville de Munich, que ravagèrent encore les troupes de Moreau en 1800; et les débris des vieux remparts d'Ingolstadt attestent notre possession de cette place réputée imprenable jusqu'à cette époque.

Les succès des armées allemandes à Wissembourg et à Wœrth éloignent pour longtemps sans doute les appréhensions de malheurs analogues, et la ville est en fête.

J'aperçois de ma fenêtre de longues banderolles étroites qui pendent du sommet des toits jusqu'aux pavés de la rue. Les tons blancs et bleus des bannières bavaroises font une note claire au milieu des bandes rouges orangées et noires des autres drapeaux allemands, et s'enlèvent en lumière sur les plâtres jaunâtres ou rosés des façades.

Leurs plis flottants découvrent, par instants, les portes et les fenêtres ogivales des brasseries, assez pour laisser voir quelques peintures murales servant d'enseignes.

Les toits de briques, de formes étrangement mouvementées, découpent leurs bizarres silhouettes sur le ciel bleu. La vaste cathédrale domine dans ce paysage, et son long clocher rectangulaire, dont le dôme rappelle un peu celui de Sainte-Sophie de Constantinople, supporte aussi de nombreuses banderolles. Ces étoffes flottantes et les grandes ombres qu'elles projettent sur la façade la coupent d'une façon pittoresque.

Une double rangée d'arbres plantés symétriquement au pied de la cathédrale lui fait un tapis de verdure et d'ombrage mariant harmonieusement ses teintes aux tons chauds des maisons et des toitures. Ce paysage s'étend pour ma vue jusqu'à la porte d'entrée de l'ancienne enceinte, et les deux tours qui la flanquent profilent dans la brume leurs clochetons pointus.

Une foule compacte s'agite dans la rue, les uniformes se heurtent aux couleurs criardes des costumes du pays. De longues traînées de soleil coupent par des zones dorées les tons gris de la rue, et projettent sur les murs éclairés les ombres des bannières. Ces ombres portées ressemblent, derrière les drapeaux, à de grands crêpes de deuil accompagnant à juste titre les emblèmes de la victoire.

En effet, le bonheur du triomphe est singulièrement mitigé chez les Bavarois par les pertes énormes que leur armée vient de subir.

Les habitants d'Ingolstadt ont été enchantés de voir des prisonniers français, mais ils trouvent que la Bavière paye cher cet honneur, et, depuis Wœrth surtout, ils se demandent si les Prussiens vont continuer longtemps à faire de leurs soldats une sorte de tampon contre les premiers et les plus terribles chocs.

Les détails ont suivi les grandes nouvelles,... que de morts! que de blessés!

Le régiment parti d'Ingolstadt, il y a moins d'une semaine, est absolument décimé; ses débris arrivent par tous les trains, des officiers sont rapportés blessés dans leurs logements qu'on n'avait pas eu le temps de déménager.

On colporte partout les noms de ceux qui ne reviendront plus, et beaucoup de femmes pleurent au milieu de cette ville en fête.

Depuis Wœrth les listes s'accroissent toujours, et les blessés arrivent à toute heure, racontant les péripéties de ces drames sanglants et s'accordant tous pour cette conclusion que nous avons une terrible armée.

Le télégraphe réclame des renforts; les régiments se succèdent à Ingolstadt où se trouvent les effets de campement et le matériel de campagne. C'est à peine s'ils ont le temps de se ravitailler, tant on presse leur départ pour la France. Ils sont empilés dans des wagons qui ont amené les blessés de la veille et portent encore des traces de sang.

Les habitants ne savent pas le nombre de prisonniers allemands restés entre nos mains, les bulletins ne les mentionnant pas, mais ils supposent que dans ces luttes terribles, il y a toujours des soldats enveloppés et plaignent, sans les connaître, ces victimes de la guerre.

La même idée entretient chez nous l'espoir d'un prompt échange et du retour au combat.

Depuis notre défaite à Wœrth, tous les trains qui venaient de France amenaient en même temps que les blessée bavarois un nombre considérable de prisonniers français. Aux heures d'arrivée, nous voyions passer ces malheureux escortés par les Bavarois qui les dirigeaient sur les casemates que nous connaissons. La même foule de curieux se ruait sur leur passage, comme elle l'avait fait pour nous, mais cette fois nous pouvions mieux suivre les détails de ce drame dans lequel nous n'étions pas acteurs. Ce spectacle était si navrant, que nous avons pris le parti de ne plus regarder au dehors aussitôt que les rumeurs de la foule nous annonçaient un convoi de prisonniers.

Les officiers arrivaient aussi en grand nombre et s'inquiétaient aussitôt du nom des camarades qui les avaient précédés. C'est

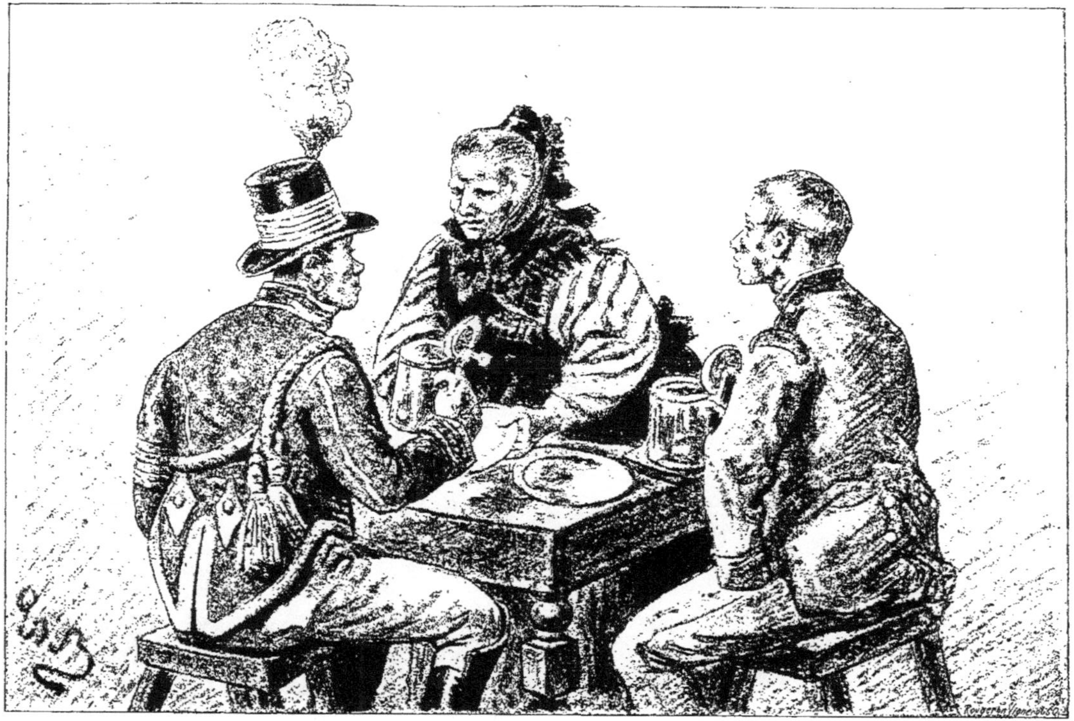

Ce postillon avait amené le ministre de la guerre... (Page 142.)

ainsi que je retrouvai l'un de mes meilleurs et de mes plus anciens amis, capitaine au 2ᵉ régiment des tirailleurs algériens. Camarades de collège et d'école, nous nous étions rejoints en Crimée aussitôt après notre sortie de Saint-Cyr, puis, quelques années plus tard en Italie; notre destinée était d'être réunis cette fois dans cette place forte de Bavière comme prisonniers de guerre!

Que les temps étaient changés pour nous et que nous étions loin de ces époques de nos gloires où nous chevauchions côte à côte le long des quais de Sébastopol ou sur les boulevards de Milan!

Je classe cette rencontre parmi les grandes émotions de ma vie, et puisque le malheur qui m'avait atteint devait frapper aussi mon meilleur ami, je rends grâces au ciel de nous avoir réunis pour supporter la même infortune. Nous pouvions échanger nos plus intimes pensées, nous entretenir du passé pour adoucir un peu les douleurs présentes, et nous rattacher pendant de longs mois à des espérances, hélas! toujours déçues. Aucun de nous n'avait pensé que sa situation pût se prolonger longtemps, car personne ne pouvait croire à une succession non interrompue de revers. C'est avec l'espoir d'être échangés prochainement que nous avons tous consenti à engager notre parole conformément aux terribles lois de la guerre, mais alors, nous ne pensions pas signer une renonciation à toute espérance.

Nous l'avons bien regretté depuis, car il eût mieux valu pour nous vivre enfermés dans les casemates avec l'espoir de nous échapper un jour, que d'avoir au milieu de nos ennemis une existence empoisonnée par les cruelles souffrances morales que nous avons subies. Le bien-être lui-même dont nous jouissions devenait une angoisse, et jamais je ne me suis couché dans mon lit, sans penser que mes parents, mes amis et mes camarades supportaient en France les misères et les privations inhérentes à la vie de campagne.

Nous passions nos longues journées à déchiffrer et commenter les télégrammes et les journaux allemands. Ces feuilles ne nous renseignaient pas seulement sur la marche en avant des armées allemandes, mais aussi sur notre politique et nos troubles intérieurs. C'est par les télégrammes que nous avons appris successivement la chute du ministère Ollivier, le 10 août, le ministère Palikao, la composition du ministère de la Défense nationale.

Enfin ils nous informaient que le 13 août Palikao avait annoncé à la Chambre l'élévation de Bazaine au commandement en chef de l'armée.

Nous avons pu suivre de même la marche des armées allemandes sur la Moselle. Chaque jour arrivait au moins un télégramme qui était aussitôt annoncé par les crieurs publics et vendu dans les rues.

Ces laconiques nouvelles étaient aussitôt développées dans les journaux du jour. Ceux-ci y joignent les hauts faits de leurs compatriotes et s'étendent longuement sur la prétendue férocité française. Les turcos sont toujours signalés d'une façon spéciale comme des bêtes fauves déchaînées par les Français sur l'Allemagne. On y lit enfin de lourdes plaisanteries sur le prince impérial qu'ils appellent *Loulou*, et dont ils plaisantent grossièrement. Pendant plusieurs pages le même thème est ressassé sous des formes diverses qui sont peut-être spirituelles en allemand, mais qui perdent singulièrement à être traduites dans notre langue.

Beaucoup de ces feuilles prussiennes sont distribuées gratuitement dans les rues; des groupes de paysans se forment devant les nombreuses brasseries où l'un des lettrés fait la lecture et commente les nouvelles.

Le lecteur porte le plus souvent un grand chapeau bas de forme, orné de fleurs ou de feuillage. Toute sa personne disparaît dans une redingote noisette avec manches étroites et dont la taille est trop courte. Une culotte de velours foncé enchâssée dans de longues bottes, et un gilet rouge à la Robespierre complètent ce costume. Une grande pipe en porcelaine peinte pend à l'une des boutonnières, toutes les fois qu'il y a impossibilité matérielle qu'elle soit à la bouche. Il faut ajouter que ce dernier cas est rare, car le paysan bavarois boit, chante et parle sans interrompre son occupation favorite.

Près de lui, je vois une jeune fille dont la tête est entièrement serrée dans un foulard de couleur sombre dont les bouts noués près de la nuque retombent sur le corsage; un plastron amaranthe, à double rangée de boutons métalliques, retient un fichu de laine semé de fleurs éclatantes; un tablier vert uni couvre les trois quarts d'une jupe jaune, assez courte pour laisser voir l'extrémité des jambes, supports respectables recouverts de bas noirs et terminés par des souliers à boucles d'argent.

Le costume des femmes plus âgées se compose d'un assemblage aussi discordant de couleurs criardes, mais il en diffère par des manches très bizarres. On dirait que les bras ont traversé d'énormes œufs qui ont été ensuite remontés le plus près possible des épaules, pour laisser toute liberté aux articulations des coudes.

Les cheveux, visibles seulement sur le front, disparaissent dans un bonnet de carton recouvert de soie noire et retroussé par derrière en queue de canard. Le fond, très orné de plaques ciselées d'or ou d'argent, brille au milieu des rubans qui le maintiennent en formant une mentonnière, et descendent jusqu'au bas des reins leurs longues franges métalliques. Une mère habillée de cette manière prête une attention distraite à la lecture qu'elle entend;

elle paraît bien plus occupée de son cher enfant qui porte aujourd'hui l'uniforme de parade et sera dans quelques jours peut-être un des acteurs des terribles champs de bataille. Ses yeux se remplissent de larmes pendant qu'elle admire sa tournure martiale dans la veste d'artilleur, et sa figure imberbe à demi voilée par un casque panaché de crins rouges. L'idée de la grande unité allemande n'entre pas facilement dans sa cervelle de mère ; ce qu'elle comprend mieux, ce sont les dangers qui menacent le soldat, et elle ne peut oublier que les Prussiens lui ont tué l'un de ses fils en 1866.

Le bonhomme cherche à expliquer aux autres ce que repousse son bon sens dans cette élucubration prussienne, et tous ces gens finissent par entrer dans la brasserie où ils vont faire une longue station.

Les pots de bière se succèdent sans interruption, en poussant péniblement dans l'estomac les lourds morceaux de charcuterie ingurgités avec des tas de pruneaux et de confitures. Quand on a cessé de manger en buvant, on continue à boire et à fumer, puis les chants commencent avec l'ébriété ; on ne se voit plus à trois pas dans cette tabagie fétide et grisante où les cris les plus incohérents se croisent avec les chants patriotiques.

Les voix nasillardes des femmes et des enfants dominent dans les chœurs ; tous ces individus passent la journée et une partie de la nuit en famille dans ces taudis malsains dont les murs suintent la bière.

Les brasseries sont très nombreuses à Ingolstad, et toutes se ressemblent à peu près ; elles étaient absolument impossibles pour nous : quelques officiers en ont fait l'expérience et ont dû abandonner à tout prix ce moyen de vivre économiquement, tant ils ont eu à souffrir de la promiscuité gênante des gens qui les fréquentaient. D'un autre côté, le grand nombre des officiers arrivés depuis Wœrth rendait impossible un service particulier dans les chambres, et nous dûmes y renoncer, au moins d'une façon générale. Nous vivions presque tous dans cet hôtel Adler, que nous avait recommandé le colonel comme nous offrant la plus grande sécurité, en raison du milieu plus relevé des personnes qui le fréquentaient. L'hôtelier nous donna les mêmes assurances et nous offrit soit de vivre à la table commune, soit d'être servis à des heures plus en rapport avec nos habitudes, mais en ajoutant que nous prendrions ces repas tous ensemble et à la même table. Cette grande agglomération d'officiers de tous les corps, de toutes les armes et de grades différents était un peu inquiétante, et pour de bonnes raisons. Les caractères étaient très aigris par la captivité, les esprits très surrexcités par les événements de la guerre et aussi de l'intérieur, il était fort à craindre que des discussions désagréables ne surgissent, prenant un caractère d'une certaine gravité qui n'existe jamais dans le milieu homogène d'un même régiment. Un grand nombre d'officiers pensèrent ainsi et vécurent autrement, soit à l'hôtel, soit ailleurs.

Quelques-uns d'entre nous ayant pu absolument adopter les heures de repas et la cuisine du pays, vivaient à la table d'hôte. Nous étions cinq ou six dans un coin de table réservé pour nous, et aussi isolés que nous le désirions dans cette foule des habitués et des étrangers de passage.

L'affection et la conformité des idées et des goûts nous avaient groupés mieux que le hasard n'eût pu le faire pour satisfaire la curiosité publique. Il y avait parmi nous un colonel d'infanterie, un adjudant-major de turcos et un capitaine des cuirassiers de Reischoffen; nous représentions les chefs des différents prisonniers qui occupaient les casemates, et parmi lesquels les cuirassiers, déjà légendaires, attiraient l'attention par l'élégance de leur tournure.

Nous avons été bien inspirés de choisir pour y vivre le milieu le plus relevé, car je dois dire que jamais aucun des convives n'a manqué aux égards que nous méritions par notre malheur.

Nous avons dû trop souvent nous abstenir de paraître en public, et de nous asseoir à cette table d'hôte où nous aurions trop souffert de la joie de nos ennemis; notre situation eût été impossible partout ailleurs que dans notre isolement. Quand les banderolles devaient flotter, nous étions prévenus par les télégrammes que nous attendions avec tant d'impatience et tant d'espoir toujours déçu par les tristes nouvelles, alors nous ne quittions pas nos chambres.

Ces télégrammes n'ont jamais changé quant au fond; ils annonçaient toujours nos défaites, et ne variaient que par le nombre des prisonniers ou des canons enlevés. Nous ne pouvions nous empêcher de les lire, espérant toujours en trouver un moins désolant, et c'est ainsi que nous avons pris goutte à goutte le poison du désespoir pendant nos huit mois de captivité.

CHAPITRE IX.

Quelques types de la table d'hôte. — Un général de la landwehr et sa femme. — Un docteur. — L'hôtelier. — Mœurs bavaroises. — Les visiteurs. — Les journaux belges et les grands journaux allemands. — Comment nous apprenons l'histoire contemporaine.

Un vieil officier bavarois a toujours eu vis-à-vis de nous une attitude qui témoignait de sa sympathie pour notre malheur ; c'était un général de la landwehr, président de la table d'hôte, conformément à l'usage.

Il arrivait toujours à l'heure précise, flanqué de sa femme, une petite vieille ratatinée ayant conservé quelques prétentions qu'avaient pu justifier, dans le passé, son œil noir et sa bouche arquée en forme de croissant.

Pour le présent, ses cheveux gris dissimulés sous une peinture sombre et relevés en coques devant les oreilles suivant la mode de nos mères, indiquaient à quelle époque probable remontait cette beauté fanée.

Quant au général, véritable automate en uniforme, on ne pouvait pas savoir à vingt pas s'il était jeune ou vieux, grâce à un maquillage des plus complets, très heureusement secondé par un manque d'embonpoint peu commun chez les Bavarois d'un âge mûr.

Celui-ci ayant dépassé la période de l'obésité, était devenu d'une dimension ordinaire ; mais les peaux détendues de tout son corps devaient tomber et se plisser dans son uniforme ainsi que l'indiquaient son cou et son visage.

Une perruque dont la couleur primitivement noire était devenue d'un brun roux masquait le front et les tours d'oreilles autant que pouvaient le permettre les règlements militaires ; la moustache, droite et habilement noircie, dissimulait le mieux possible le rictus nerveux d'une bouche laissant voir une mâchoire entièrement remise à neuf. Il marchait, saluait, s'asseyait et se relevait, comme s'il eût obéi à l'impulsion d'un ressort. Le plus souvent il prévenait notre salut quand il entrait, et y joignait un signe de la main et un mouvement saccadé de la tête qui dénotaient une intention aimable. Quand il avait pris place, le service commençait, et chaque officier allemand allait saluer militairement son chef ainsi que sa compagne avant de s'asseoir à la table commune.

Le général parlait peu et laissait passer le plus souvent avec indifférence le chevreuil aux confitures et les autres mets succulents du même genre. Cette abstention prouvait d'une façon évidente que son estomac n'avait pas pu subir la transformation du reste de sa personne, et son immobilité forcée pendant ces interminables repas affaissait le plus souvent ses paupières sur ses yeux vitreux et maladifs.

Il donnait lui-même le signal de la clôture du repas en allumant un cigare, et, en quelques minutes, les figures disparaissaient dans un nuage opaque de tabac, absolument comme dans les brasseries.

Cet usage de fumer au dessert devant les femmes, est admis partout dans les tables d'hôte par le meilleur monde, et le plus souvent les conversations se prolongent ainsi fort longtemps dans cette atmosphère empestée.

En face de moi, tout près de mon ami l'adjudant-major, était un docteur allemand requis dans une station thermale importante pour le service des prisonniers et de la garnison d'Ingolstadt.

C'était un fort beau garçon de 32 à 35 ans portant une longue barbe brune et des cheveux plus longs que l'ordonnance militaire ne le comporte.

Parlant très bien notre langue, il débitait volontiers des théories sur les devoirs de l'humanité absolument opposées aux guerres entre les peuples. Complaisant et serviable pour les malades, très aimable pour nous tous, il affectait de se plaire beaucoup dans notre société, mais nous pouvions en trouver l'explication dans son désir de perfectionner ses études de la langue française. Très bon Allemand, mais parfaitement correct, il évitait avec soin les conversations qui pouvaient démasquer ses idées unitaires. Très populaire parmi nos soldats prisonniers à cause de sa bienveillante sollicitude, il obtenait plus facilement d'eux, les renseignements dont il était avide pour tout ce qui concerne la France.

Ses tentatives, habilement amorcées auprès de nous, lui avaient démontré qu'il ne pourrait rien tirer de nos relations, si ce n'est une certaine correction de langage qu'il ambitionnait. Ce jeune homme, si aimable pour nous tous et si diplomate en même temps, a commis une faute grave qui a justifié notre excessive réserve, et modifié la nature de nos relations. Son voisinage et ses soins médicaux l'avaient particulièrement mis en rapport avec mon ami l'adjudant-major.

Un certain jour il vint lui proposer le plus naturellement de se déguiser en prêtre, pour recueillir par la confession les confidences d'un de nos soldats qui demandait avant de mourir les secours de la religion. Ce serait sans doute intéressant, ajoutait-il, car cet homme lui en avait déjà dit assez pour inspirer le désir de connaître tout.

Je n'ai guère besoin d'ajouter que mon brave camarade accueillit cette proposition comme elle méritait de l'être, et témoigna en plus son dégoût pour un pareil sacrilège. Le docteur ne fut ni ému, ni battu par cette appréciation, car il trouva je ne sais dans quel bas-fond du pays un complice, et se hâta de raconter à mon ami le résultat de cette ignoble profanation d'un sacrement.

Dans notre voisinage était un capitaine bavarois bien élevé, parlant peu et mal le français. Les autres habitués étaient peu intéressants pour nous; c'étaient généralement des officiers attachés à la place, accompagnés de leur famille. Les femmes étaient d'allure peu séduisante et très mal habillées.

Nous retrouvions à peu près les mêmes personnages pendant la soirée, arrosant de bière un morceau de saucisson, ou vidant en famille une bouteille de vin, sans manger, et à la façon des gens vulgaires de tous les pays.

Les habitudes allemandes ne comportant qu'un seul grand repas, chacun soupe le soir, à son heure et à sa façon, et, le plus souvent, boit de la bière pour toute nourriture, sans discontinuer de fumer.

L'hôtelier, sa femme et ses enfants viennent familièrement s'asseoir auprès des convives. Madame tricotant un bas, donne la réplique à la femme du général, pendant que les deux *maris* boivent en devisant sur les questions de la guerre ou de la politique.

Les enfants vont çà et là recueillir une caresse et tremper leurs lèvres dans les grands pots de bière qui leur sont déjà familliers.

Le maître d'hôtel est un personnage souvent plus instruit et presque toujours plus riche que les gens qu'il éberge.

Son père tenait la maison et son fils la tiendra ; il raconte très simplement que son aîné est maître d'hôtel en Suisse pour compléter son étude des langues et connaître aussi tous les rouages de

Une partie de quilles chez les zouaves. (Page 144.)

son futur métier. — Cet apprentissage coûte fort cher au père, mais c'est ainsi qu'on a fait pour lui, et il s'en trouve très bien.

Parfait honnête homme dans les limites des exigences de son commerce, il est très estimé de ses clients, et conserve toujours vis-à-vis d'eux la distance qui sépare les conditions. Quand il s'asseoit familièrement comme homme à côté du général, il se souvient toujours que celui-ci commande à des soldats, et se paye aux trois quarts de l'honneur, pendant que lui gagne beaucoup d'argent, mais moins de gloire dans le commandement de ses cuisines.

Les idées égalitaires importées par Napoléon dans le royaume de Maximilien-Joseph ont été souvent écrites et très peu appliquées. Les sucesseurs du premier roi de Bavière ont travaillé beaucoup à enrayer le mouvement libéral, et les idées aristocratiques dominent absolument dans ce pays. Cependant la morgue des castes en est également bannie. A certaines heures, le chef de cuisine est le familier de ses hôtes, et il tire un certain orgueil de transmettre à son fils, avec beaucoup d'argent, une maison de commerce fondée par ses pères.

Celui que nous avons connu parlait admirablement notre langue, avait lu nos auteurs, son histoire et la nôtre.

Il était trop dans les idées d'unité allemande pour ne pas être l'ami actuel de la Prusse; aussi, avons-nous sagement observé vis-à-vis de lui une grande réserve.

Au demeurant, complaisant et serviable, il n'a pu nous laisser qu'un bon souvenir.

Parmi les curieux des premiers jours, on nous a cité de grands noms, des célébrités artistiques et de hauts fonctionnaires. Quelques-uns se sont présentés à nous, en raison, disaient-ils, de notre origine commune et de leur sympathie pour la France. Hélas!

nous avons pu constater souvent que beaucoup de noms qui figurent avec honneur dans notre histoire sont portés par des officiers ou de grands dignitaires de l'Allemagne. Jamais je ne les ai entendu prononcer sans éprouver un poignant serrement de cœur.

Quelques-uns de ces visiteurs nous ont fait parvenir de Munich des journaux belges ou allemands plus sérieux que les feuilles locales d'Ingolstadt. Nous y avons trouvé des appréciations sur l'attitude de la France en face des succès de la Prusse en 1866, et sur la question brûlante du Luxembourg. L'auteur prétend que Napoléon III envisageait depuis 1859 la possibilité d'un conflit sérieux entre la Prusse et l'Autriche et pensait à prendre alors avec la Prusse la même position qu'avec l'Italie, espérant que la Prusse reconnaîtrait ce service, en lui cédant la rive gauche du Rhin, la fameuse frontière naturelle de la France. Il affirme même que des négociations confidentielles furent entamées avec la Prusse à ce sujet.

Après 1866, l'opinion publique en Allemagne s'irrita beaucoup des négociations secrètes entre le cabinet français et le roi de Hollande au sujet de la cession du Luxembourg; la guerre, qui semblait probable et à laquelle on se préparait dans les deux pays, fut heureusement arrêtée par les conférences et le traité de Londres, ratifié le 31 mai 1867.

D'autres développent les causes qui ont amené des tendances anticésaristes en France depuis 1867 jusqu'en 1870. On passe en revue le drame du Mexique, terminé en 1867 par l'exécution de l'empereur Maximilien à Queretaro; le combat de Mentana où les chassepots firent *merveille* contre les bandes garibaldiennes; la révolution d'Espagne et la part que prit ouvertement la cour des Tuileries aux malheurs de la reine Isabelle.

Tous sont unanimes pour déclarer que le comte Benedetti, ministre de France à Berlin, avait de fréquents entretiens avec le chancelier Bismarck, dans le but de lui démontrer l'opportunité d'une alliance offensive et défensive entre la France et l'Allemagne du Nord, nous assurant l'acquisition du Luxembourg et de la Belgique.

Notre situation intérieure à cette époque est également fouillée : « il se formait depuis le commencement de 1868 un parti important qui se prononçait contre le régime personnel et demandait le rétablissement d'un gouvernement parlementaire. A côté s'agitait le parti républicain dont Gambetta ne tarda pas à prendre la tête. » Ni les concessions spontanées de Napoléon III, ni les efforts du ministère Ollivier pour marier l'empire avec des institutions parlementaires ne purent enrayer le mouvement.

L'avis des césaristes, formulé par M. Rouher, fut qu'il fallait soumettre à la sanction d'un plébiscite les propositions présentées au Sénat pour la modification de la Constitution. Un décret, paru le 23 avril, fixait le prébiscite au 8 mai.

Les journaux officieux publiaient tous les jours que le vote du plébiscite allait décider de la paix : S'il y avait une grande majorité de *oui* la paix serait assurée ; si le contraire avait lieu, l'empire devrait avoir recours à d'autres moyens pour se raffermir, par exemple à une guerre sur le Rhin.

« Le grand succès que l'empire avait obtenu était la meilleure preuve que la majorité du pays voulait la paix. »

En suivant ce résumé de notre histoire avant la guerre, je trouve, en ce qui conserne le plébiscite, qu'un bon sixième de l'armée a voté *non,* c'est-à-dire s'est prononcé contre l'empereur, et l'écrivain ajoute « qu'il y a eu dans les casernes des scènes incompatibles avec les idées que l'on a habituellement de la discipline militaire ». Je dois reconnaître que j'ai eu la douleur d'assister dans ma garnison à des faits qui prouvent combien il est nécessaire de tenir l'armée en dehors de la politique.

Les Allemands connaissaient mieux que nous les numéros du régiment ayant fourni une majorité de *non*. Il nous apprirent, à Wissembourg même, que beaucoup de ces régiments, dont le nôtre faisait partie, étaient placés en première ligne, « sans doute pour être sacrifiés avant les autres ». S'il nous eût convenu de soutenir avec eux une discussion, nous aurions pu facilement leur démontrer que cette coïncidence, bizarre peut-être, était fortuite, puisque les régiments désignés tenaient garnison en Alsace, pour la plupart, ou à proximité de la frontière de l'Est.

Nous connaissions très bien avant notre départ de Neuf-Brisach les événements qui ont amené la déclaration de guerre, mais il était très intéressant pour nous d'en connaître toutes les péripéties exposées par les journaux allemands, en même temps que leurs appréciations des faits qui les ont précédés. Ces lectures avaient donc un très grand intérêt pour nous.

Nous pouvons suivre tous les détails des événements d'Espagne : l'acceptation par Léopold de Hohenzollern de la couronne que lui offrait le maréchal Prim, ainsi que la fameuse déclaration du duc de Gramont qui a joué un rôle si funeste à cette époque. Les Allemands, qui prétendent bien connaître ce diplomate envoyé successivement à Cassel, Stuttgart et Vienne, affirment « qu'il ne sut jamais rien de ce qui se passait autour de lui en 1866, et qu'il a commis la même faute en 1870 avec de terribles conséquences ». Ils vantent seulement sa force corporelle et disent « qu'il ployait sans effort, une pièce d'or dans ses doigts ».

Mieux eût vallu pour la France un peu de force d'esprit à ce ministre qui n'eût pas fait de sa déclaration imprudente à la Chambre une sorte de provocation contre la Prusse.

« Le gouvernement ne souffrira pas qu'une puissance étrangère place un de ses princes sur le trône de Charles-Quint, et trouble ainsi l'équilibre européen. »

Tous ces journaux, dans lesquels je comprends même ceux de Belgique, cherchent à démontrer que notre gouvernement voulait absolument la guerre. « La grande patience du roi de Prusse à l'égard de notre ambassadeur Benedetti, et la renonciation du prince Léopold à sa candidature, sont exaltées dans les termes les plus élogieux; tandis que les mêmes écrivains flétrissent les propos du parti belliqueux de la Chambre dont « Ollivier n'est plus que le valet et Gramont l'instrument inconscient ».

« C'est par les ordres de ce ministère Ollivier-Gramont que Benedetti a poussé à bout le vieux roi Guillaume, si doux et si patient. Dès le 14 juillet, la guerre était résolue à Paris, et le 19 elle était officiellement déclarée. Le seul député qui osa faire entendre à la dernière heure une parole de raison, fut le vieux M. Thiers; il dit hautement que cette guerre était une faute, que l'occasion était mal choisie, que la France n'était pas prête et qu'en outre elle était seule. »

Le 16 juillet 1870, on nous vendait à Neuf-Brisach des télégrammes apportés du duché de Bade où ils avaient été répandus et affichés le même jour. Ils donnaient le discours prononcé à la séance du 15 par M. Thiers, et nous l'avons retrouvé encore sur les murs de Mayence et dans toutes les gares.

Nous n'avions donc pas besoin du témoignage des journaux pour être convaincus du grand retentissement qu'il avait eu en Allemagne.

Nos ennemis se sont fait de cette déclaration du grand historien une arme très habilement maniée par eux pour inspirer la confiance aux populations peu enthousiastes.

Ces journaux nous donnèrent aussi des détails complémentaires sur les événements que nous connaissions déjà sommairement par les télégrammes, la chute du ministère Ollivier et l'avènement du ministère Palikao (10 août). Nous pouvions y suivre de même la retraite de l'armée française après les combats de Wœrth et de Sarrebruck-Forbach; enfin, nous apprîmes que l'armée française du Rhin formait deux fractions : l'armée de Metz, sous les ordres directs de Bazaine, et l'armée de Paris sous les ordres du maréchal de Mac-Mahon.

Nous avons lu la fameuse proclamation du roi Guillaume au peuple français, datée de Saint-Avold le 11 août, dont nous relevions cette phrase qui a été bien oubliée depuis : « Je fais la guerre aux soldats français et non pas aux habitants dont les personnes et les biens seront en sûreté tant qu'ils ne m'enlèveront pas, par des agressions contre les troupes allemandes, le droit de les protéger »…..

CHAPITRE X.

Exhibition des prisonniers français dans les rues d'Ingolstadt. — Les turcos. — Les caricatures allemandes. — Promenades des dames accompagnées dans les casemates par les officiers bavarois de la garnison. — Un type de postillon bavarois. — Conseils à nos soldats.

Dès les premiers jours de notre internement, la place d'Ingolstadt a été envahie par des visiteurs accourus de tous les points de l'Allemagne pour voir les prisonniers français.

Dans l'impossibilité d'ouvrir les casemates à tout ce monde de curieux, le gouverneur imagina de faire promener par bandes nos prisonniers dans les rues. On les conduisait jusque dans les vieux quartiers de la ville pour que tous les habitants eussent leur part de ce spectacle.

Cette exhibition avait été, du reste, habilement déguisée sous le prétexte de promenades hygiéniques.

Le défilé commençait d'habitude, devant le grand hôtel Adler, à l'heure du dîner de la journée.

La rumeur de la rue nous en informait. Le plus souvent les tirailleurs algériens étaient livrés ainsi à la curiosité publique, mais toujours sous bonne garde, et les Allemands avaient la prudence de les étudier de loin ou à travers les vitres.

Nous avons vu souvent un peloton de Bavarois armés jusqu'aux dents, avec avant-garde et flanqueurs escortant trois ou quatre de nos malheureux turcos, bien indifférents d'ailleurs à ce déploiement de forces.

Ces Arabes avaient si grand air, que cette lourde troupe en armes semblait rendre les honneurs à des vainqueurs.

Leurs têtes énergiques et bronzées, leurs formes athlétiques doublées d'une tournure martiale ont dû faire une grande impression sur les Allemandes; elles ont pu du moins constater que ces soldats n'ont rien de commun avec les monstres que la caricature allemande nomme, par dérision, l'avant-garde de la *Grande-Nation*.

Cette plaisanterie très germanique est affichée sur tous les murs à côté de certaines autres qui ne sont pas d'un meilleur goût.

Je suppose que les dames ont détourné les yeux d'une image représentant la famille impériale et les ministres fouettés par les guerriers allemands. Notre impératrice est représentée comme les autres, indécemment découverte, sous le bras d'un soudard brutal qui rit en frappant une femme; cette ignoble conception est d'une bêtise et d'une férocité spéciales bien dignes de ceux qui ont massacré les femmes à Bazeilles, à Châteaudun et ailleurs.

Toutes ces exhibitions ont le même but, d'exciter le grand sentiment d'unité allemande contre l'ennemi commun. La consigne vient de Berlin en même temps que les caricatures et les journaux.

Si nous avions été dans d'autres dispositions d'esprit, nous aurions pu nous amuser aussi des bons types de visiteurs qui ont défilé devant nous. Nous y comprenons les visiteuses, dont les costumes de mauvais goût contrastent si singulièrement avec l'élégance de nos femmes françaises. Il en est venu de tous les coins de l'Allemagne, et nous pouvons juger les autres par les nombreux échantillons qui nous ont été servis.

Les turcos étaient particulièrement malheureux... (Page 145.)

Les officiers bavarois ne paraissaient pas partager nos idées, car ils se montraient extrêmement empressés auprès des blondes visiteuses. Ces vainqueurs, ou tout au moins les congénères des guerriers qui se faisaient casser la tête en France, recueillaient dans la place forte des triomphes plus faciles et moins dangereux.

On les voyait souvent promenant à leurs bras dans les casemates les élégantes personnes que leur avaient confiées des maris ou des pères.

Le froufrou de leurs robes de soie attirait l'attention des malheureux soldats enfermés dans des casemates peu aménagées pour les promenades des dames. Pendant les jours de soleil, le terre-plein des ouvrages de la tête du pont était émaillé de toilettes criardes et d'ombrelles de toutes couleurs. — Les pères et les maris suivaient à distance les bandes de femmes accompagnées des élégants officiers aux uniformes bleus.

Les hommes en Allemagne remplacent le plus souvent les pardessus habituels par de longs schalls dont ils couvrent leurs épaules et une partie de leur tête.

Cette mode, qui nous est étrangère, donnait lieu parfois à des méprises peu flatteuses pour le beau sexe : nous confondions volontiers et le plus souvent les gros Bavarois ainsi enveloppés, avec leurs épouses n'ayant guère meilleure tournure ; l'erreur n'était éclaircie qu'à une très petite distance.

Quant aux paysannes de la Souabe, de la haute ou basse Bavière, il est difficile de donner une idée même approximative de leur tournure et de leurs accoutrements.

Nous ne trouvons rien d'analogue en France, même dans nos provinces où les anciens costumes ont été conservés. Certaines femmes de ce pays ne présentent plus de traces apparentes de leur sexe, qu'elles semblent avoir pris à tâche de dissimuler. Beaucoup d'entre elles portent au-dessus des tresses blondes qui pendent sur leurs dos, de longs tuyaux qui ressemblent par leur forme à nos vilains chapeaux d'hommes, avec cette particularité qu'ils sont peints d'une couleur rouge ou jaune très ardente. Les postillons bavarois, qui ont encore beaucoup de clients dans ce pays malgré l'usage habituel des chemins de fer, ont conservé le costume traditionnel, et sont particulièrement remarqués parmi tous les costumes bizarres dont j'ai parlé.

Celui que j'ai pu examiner à loisir et d'assez près portait sur son chapeau, orné de cinq galons d'argent, un énorme panache bleu et blanc mesurant à peu près cinquante centimètres. Son collet disparaissait entièrement sous des bandes argentées semblables à celles qui ornaient les coutures et agrémentaient les basques de son habit bleu de ciel. Une grande torsade rouge et bleue, terminée par des glands de même couleur, s'appuyait sur l'épaule gauche et venait se nouer sur les reins. — Une culotte chamois complétant ce costume disparaissait dans de grosses bottes éperonnées dont l'usage était clairement indiqué. Cependant leur utilité en est rare, et le plus souvent ces conducteurs de chaises de poste préfèrent le siège des voitures à la selle traditionnelle des porteurs.

Le personnage que nous analysions avait amené, nous dit-on, le ministre de la guerre que nous n'avons du reste pas vu. Le général, en villégiature chez des amis dans un château voisin, leur avait sans doute offert la bonne fortune de visiter les prisonniers sous l'importante égide de sa très haute autorité.

Nous avons constaté que ce postillon si empanaché accueillait partout les hommages dus, soit à sa personnalité, soit à celle des personnages qu'il était chargé de voiturer. Il ne tarda pas à prendre comme tout le monde le chemin d'une brasserie, en compagnie d'un jeune soldat qui espère sans doute de l'avancement ou tout au moins des droits à la bienveillance de ses chefs, eu égard à ses hautes connaissances.

Malgré toutes nos instances auprès du gouverneur, nous n'avons jamais pu obtenir, pendant cette période de notre captivité, de nous dépouiller de nos uniformes qui attiraient l'attention et nous exposaient à de grossières insultes de la part des gens du peuple.

Nous évitions donc le plus possible de circuler dans les rues; cependant il était impossible de nous soustraire à cet ennui, sous peine de ne pouvoir visiter nos hommes, ce qui était un devoir en même temps qu'un besoin de cœur pour nous. Nous devions tâcher de faire naître chez eux un peu de l'espoir qui nous animait encore et leur prêcher la résignation et la confiance dans l'avenir. Les pauvres gens étaient bien malheureux et si désœuvrés que nous avons dû leur conseiller d'accepter les travaux que leur proposaient nos ennemis. La nostalgie est une si terrible maladie, que nous devions la conjurer par tous les moyens possibles. Le travail aux fortifications avait été, sinon imposé, du moins proposé aux prisonniers internés dans la place. Si répugnante que fût cette besogne, elle était préférable à l'oisiveté que ne comporte pas la nature bouillante des Français.

Beaucoup de nos hommes consentirent à accepter les propositions des officiers du génie chargés de ce service; ce furent les moins malheureux, car ces occupations quotidiennes contribuèrent à leur assurer la santé. Souvent nous les rencontrions, au retour de leur travail, longeant les vieux remparts dans les rues éloignées du centre. Ils portaient le plus souvent leur veste sur l'épaule, après une journée d'écrasante chaleur passée sur les remparts. Petits et trapus par rapport aux grands et gros Bavarois qui les accompagnaient, ils formaient avec eux un contraste si frappant, que les habitants s'arrêtaient eux-mêmes pour admirer la tournure élégante et martiale de nos chers soldats.

La très petite rémunération qui leur était allouée leur permit de se procurer des quilles, des boules et des jeux de lotos; il fallait à tout prix sortir ces pauvres gens de la torpeur qui les écrasait dans les casemates. Pour ce même motif nous les avons engagés à organiser un théâtre, dans le genre de celui qui a fonctionné pendant tout le siège de Sébastopol sur le plateau d'Inkermann où campaient les zouaves dans le voisinage des tranchées (1).

Souvent, le lendemain, l'affiche annonçait relâche pour cause d'absence d'un premier sujet tué à l'ennemi pendant une sortie de la nuit.

Afin de lever tous les scrupules sur ces sortes de réjouissances paraissant contraster avec leur situation, nous dûmes leur citer l'exemple de leurs malheureux pères déportés sur les rochers de Caprera. Parmi ces pauvres gens, à moitié morts de faim et de misère, des hommes énergiques entreprirent d'organiser un théâtre pour réveiller un instant les mourants, ou changer le cours des idées de suicide auxquelles obéissaient tant de ces désespérés.

Leur salle de spectacle fut taillée dans une grotte spacieuse et profonde dans laquelle on descendait à l'aide d'une corde à nœuds. Plus tard, on dut la remplacer par une échelle, en raison du grand nombre de spectateurs trop épuisés pour pouvoir remonter. On trouva dans ce milieu d'agonisants faute de quelques poignées de riz, des acteurs et des auteurs.

Ceux qui se rappelaient les pièces qu'ils avaient vues les reconstruisaient tant bien que mal, d'autres en composaient, et rien n'était omis, pas même les couplets chantés destinés à égayer la pièce.

(1) Voir la *Guerre de Crimée*, par G. Marchal, Paris, Firmin-Didot.

« Souvent l'un des acteurs s'affaissait pour ne plus se relever, et à la suite de chaque représentation un service était organisé pour hisser jusqu'à l'ouverture de la grotte les cadavres de quelques spectateurs. » Cependant les rares survivants de ces héros martyrs, témoins oculaires, affirment que ce théâtre n'a jamais été fermé pendant toute la durée de leur internement dans l'île.

Ces renseignements, qui pourraient sembler exagérés, sont extraits de lettres écrites par différents prisonniers de cette époque qui s'accordent tous pour les affirmer. Les misérables acteurs du théâtre de Caprera, mourant de faim et de misère entre deux couplets d'un vaudeville, ont donné la note la plus expressive du caractère français, et les prisonniers d'Ingolstadt peuvent s'inspirer d'un aussi noble exemple.

Les zouaves acceptèrent avec empressement cette idée qu'ont si bien réalisée leurs devanciers de ces régiments d'Afrique. Dans notre armée française on trouve toutes les aptitudes, c'est un fait admis par tous ceux qui la connaissent bien. Ce fut donc sans peine que s'improvisèrent des acteurs, des auteurs et des musiciens pour monter le théâtre des Casemates.

Quant aux turcos, leur nature indolente et contemplative ne comporte pas ce besoin de mouvement si nécessaire aux soldats français. Cependant, ils ne sont pas les moins ardents à tous les jeux paisibles, les lotos, les cartons de toutes les espèces ont un grand attrait pour eux; le théâtre ne leur est peut-être pas indifférent puisqu'ils y viennent, mais ce sont des spectateurs témoignant peu leurs impressions, et il serait bien impossible de leur faire jouer même un rôle de comparse.

Ces pauvres Arabes étaient particulièrement malheureux et beaucoup plus maltraités que les autres; d'ailleurs ils refusaient le linge et les vêtements que les Allemands leur proposaient par hasard. Il n'était pas rare de trouver l'un de ces misérables, nu jusqu'à la ceinture, pendant que sa chemise séchait au soleil. Si on peut donner le nom de chemise à cette loque sans forme et sans nom que le malheureux venait de laver. Leurs pantalons de toile tombaient par lambeaux, mais ils les recousaient tant bien que mal, plutôt que d'accepter les vêtements qu'on leur proposait.

CHAPITRE XI.

Nos lectures. — Récriminations allemandes. — Les espions. — Les uhlans. — Les grandes batailles autour de Metz. — Opinion des Allemands sur la situation de Bazaine. — Mac-Mahon au camp de Châlons. — Massacre des mobiles à Épense. — La proclamation du roi de Prusse. — Le télégramme de Sedan. — Appréciations des Allemands sur les journaux de Paris.

Nous consacrions à des lectures la plus grande partie du temps que nous ne passions pas avec les prisonniers.

Nous suivions la marche des armées allemandes :

« Steinmetz avec la première armée allemande s'avançait sur la Moselle au-dessous de Metz, le prince Frédéric-Charles sur Metz et la Moselle au-dessus de la ville.

« La division badoise sous les ordres de Werder, détachée de l'armée du prince royal de Prusse, se présentait dès le 9 devant Strasbourg et sommait le général Urich de rendre la place.

« Cette demande ayant été repoussée avec indignation, le siège régulier commençait. »

Nous apprenions successivement que Bitche ayant refusé de se rendre immobilisait une fraction de l'armée du prince royal.

L'investissement de Lichtenberg le 9 août et sa capitulation le 10, après qu'elle eut été bombardée et incendiée.

Enfin, nous lisions que la place de Phalsbourg, ne voulant pas se rendre, forçait les Allemands à laisser devant elle un corps d'observation.

Les Allemands prétendent qu'au moment de la sommation de Marsal, on a tiré des murailles sur le parlementaire envoyé par le général Bothmer, commandant la division bavaroise, et témoignent une grande indignation de ce fait qui prouve « la grande indiscipline des soldats français et leur rage contre les Prussiens ».

Le journaliste parle longuement du grand orage de colère qui s'est élevé dans Paris, quand on apprit « qu'un faible détachement de cavalerie avait pu occuper une grande ville comme Nancy, et que les autorités françaises avaient elles-mêmes engagé la population à la soumission et accueilli amicalement l'état-major prussien. C'est à partir de ce moment que les Français virent partout des espions prussiens. A Paris principalement, on en découvrait à chaque instant; les gens les plus innocents se voyaient maltraités, et quelques pauvres diables furent même fusillés. Singulière et sauvage façon d'inaugurer la grande guerre nationale qu'annonçaient les journaux exaltés de Paris! »

Enfin, « leurs officiers ont appris le français et étudié la géographie de tous les pays, tandis que les nôtres ont dédaigné l'allemand et ne prennent pas grand intérêt à la plupart des branches de la science militaire.

« La bureaucratie civile et militaire était corrompue et avait vieilli en même temps que le césarisme. Les honnêtes gens étant dépréciés, leur nombre avait été en diminuant sous l'empire, tandis que le nombre des intrigants déshonnêtes avait toujours augmenté. »

« Aux bourgeois qui parlaient des questions militaires, les Césariens disaient : Que vous importe? Nous avons notre armée qui dominera l'Europe. Travaillez donc en paix sous sa protection et ne songez qu'à nous donner assez d'argent pour l'entretenir.

Quant aux Prussiens, ils ne s'étaient pas laissé endormir par leurs succès de 1866 et avaient perfectionné ce qui avait besoin de l'être. »

« Les Français, disent-ils encore, voient des *uhlans* partout, et d'après eux, ces cavaliers n'appartiennent pas aux troupes régulières; certains journaux de Paris racontent sur eux les histoires les plus extraordinaires; ces uhlans sont des forbans de terre ferme, levés pour la durée de la guerre, qui ne touchent même pas de solde et ne vivent que de butin; après la guerre on devra les licencier le plus vite possible, pour les empêcher de continuer leurs brigandages dans leur propre pays.

« Toute notre cavalerie est élevée à l'école d'une audace que rien n'arrête, mais il paraît qu'au début ce sont des uhlans qui faisaient les pointes hardies dont il est tant question dans les journaux français; il y avait sans doute des uhlans dans les quelques escadrons de cavalerie qui ont pris Nancy. »

Les batailles autour de Metz, de Borny et de Vionville (Mars-la-Tour) furent annoncées par des télégrammes datés des 14 et 16 août.

Les Prussiens, disent leurs journaux, « avaient gagné peu de terrain, mais enfin ils en avaient gagné : Bazaine ne pouvait plus songer à prendre la route sud de Verdun qui se trouvait tout entière au pouvoir des Allemands ».

La bataille avait été sanglante des deux côtés. Ils évaluent leurs pertes à environ 17.000 tués et blessés, dont 650 officiers. C'est-à-dire un officier sur 26 hommes. Les nôtres à 23.000 hommes, parmi lesquels 15.000 blessés et 3.000 prisonniers. Ils estiment que chacun des partis avait engagé 80.000 hommes dans cette lutte acharnée.

Leurs bulletins nous apprenaient que le brave général Decaen avait été grièvement blessé. Ceux d'entre nous qui connaissaient comme moi cet intrépide et énergique officier, sont profondément émus par cette nouvelle, et souhaitent que le général si patriote puisse reprendre bientôt sa place au combat.

Le 18 août avaient lieu les batailles de Gravelotte et de Saint-Privat-la-Montagne.

La perte des Allemands est évaluée à environ 550 officiers et 14.000 hommes; celle des Français ne saurait être plus considérable à cause des positions avantageuses qu'ils occupaient.

On remarque, disent les journaux prussiens, « que les Français n'ont généralement pas combattu le 18 avec la même ténacité que le 16 août ».

En outre les Allemands avaient le 18 des forces très supérieures. Les premiers avaient sur le champ de bataille 200.000 hommes au moins et 720 bouches à feu. Les Français ne devaient pas avoir plus de 100.000 hommes et 450 bouches à feu, y compris les mitrailleuses. »

L'opinion au quartier général allemand est que « Bazaine et son armée sont dès à présent investis dans Metz et qu'il est possible de les y contenir jusqu'à la reddition de la place. Il n'est même pas nécessaire pour arriver à ce résultat d'avoir des forces considérables. On peut en distraire une partie pour former une 4e armée qui opérera contre Mac-Mahon conjointement avec l'armée du prince royal de Prusse. »

« Mac-Mahon réunissait au camp de Châlons une armée qui pouvait se monter à 120.000 hommes composée en grande partie

---

(1) Decaen, mort à Metz des suites de ses blessures reçues à Borny, colonel du 7e de ligne à Malakoff, commandant la brigade, général de division dans le corps Mac-Mahon en Italie, officier dont le souvenir ne peut jamais s'effacer de nos mémoires.

des débris du 1ᵉʳ corps rudement atteint moralement et matériellement à Wissembourg, à Wœrth et dans les marches forcées qui suivirent cette dernière bataille. Le 17 août l'empereur Napoléon, venant de Verdun, arriva au camp de Châlons. « Les gardes mobiles qui venaient de Paris, où l'on ne s'inquiétait plus ni de l'empereur ni de l'empire, ne se gênaient pas pour manifester devant lui leur mépris et lui rendaient très désagréable le séjour du camp. Cependant le commandement s'inclinait encore devant l'empereur, quoique Bazaine fût nominativement général en chef. »

Lorsqu'il fut décidé, et contrairement à l'avis du maréchal, que Mac-Mahon quitterait le camp de Châlons pour débloquer Bazaine, les incendies des établissements militaires furent allumés comme un signal de l'arrivée de l'armée de secours. « Ces incendies, » ajoutent les Allemands, « ne pouvaient être qu'un signal très maladroit puisque nous pouvions également le voir, mais la distance de 130 kilomètres de Metz au camp de Châlons, ne permit à personne de l'apercevoir. »

Le 25, la place de Vitry fut sommée de se rendre, capitula et fut occupée par un escadron du 5ᵉ régiment de dragons du corps d'armée prince royal de Prusse.

Il n'y avait dans la place que 300 gardes mobiles non équipés.

Je copie textuellement la version allemande suivante du drame d'Épense, à 30 kil. à l'est de Châlons.

« Une fraction de la 6ᵉ division de cavalerie rencontra le 25 août à Épense un détachement d'environ 1.000 gardes mobiles qui avaient quitté Châlons après avoir remis leurs effets d'équipement et beaucoup de leurs armes aux troupes du corps Mac-Mahon.

« Après qu'on leur eut envoyé quelques obus, le 15ᵉ régiment de uhlans attaqua ces gardes mobiles, les dispersa, les sabrant et les tuant à coups de lances. Ces gardes mobiles voulaient bien se rendre, mais ne sachant pas par quels signes conventionnels manifester ce dessein, ils s'étaient arrêtés et groupés comme des moutons. C'est dans cet état qu'ils furent chargés par la cavalerie prussienne. »

Voici comment les Allemands justifient ce fait atroce que nous devons opposer à toutes les monstruosités dont ils font mention dans leurs ouvrages patriotes.

« La colère habituelle de l'envahisseur contre les corps de troupes irrégulières, levés par un soulèvement national, n'a-t-elle pas joué un certain rôle dans le drame d'Épense? Le soulèvement national rendrait impossible une guerre d'invasion. »

« Napoléon Ier n'avait pas moins de colère contre la landwehr et le landsturm prussiens, et les volontaires de 1813 que contre les guérillas espagnoles. »

Ces appréciations font bondir de douleur et de rage, et l'on en trouve un plus légitime motif encore dans le document suivant :

Le 29 août, quelques jours après le drame d'Épense, le roi de Prusse lança la proclamation suivante de son quartier général de Clermont-en-Argonne.

« Le général en chef porte à la connaissance des habitants de l'arrondissement, que tout prisonnier qui veut être traité en prisonnier de guerre devra justifier de sa qualité de soldat français par un ordre émanant des autorités légales, prouvant qu'il a été appelé sous les drapeaux, et qu'il est inscrit sur les contrôles d'un corps organisé militairement par le gouvernement français. Il faudra, en outre, que la position qu'il occupe dans l'armée puisse se reconnaître à des marques d'uniforme inséparables de son vêtement et visibles à l'œil nu à une portée de fusil. »

« Les individus qui prendraient les armes en négligeant une de

Vente des liqueurs fortes dans les casemates. (Page 166.)

ces conditions ne seront pas traités en prisonniers de guerre. Ils seront traduits devant un conseil de guerre et, s'ils n'ont pas commis d'actes qui entraînent *une peine plus forte*, ils seront condamnés à 10 ans de travaux forcés et détenus en Allemagne jusqu'à l'expiration de leur peine. »

Les malheureux qui ne portaient aucun des insignes mentionnés par le roi de Prusse ont été fusillés partout, à Wissembourg, à Wœrth, dans les Vosges et dans les plaines de Châlons. Et cela, bien avant que le roi de Prusse ait donné une sanction légale à des actes de barbarie que rien ne peut excuser de la part d'un peuple civilisé.

Cette proclamation *écrite* du général en chef et le drame d'Épense appartiennent à l'histoire avec beaucoup d'autres faits que les générations jugeront avec la sévérité qu'ils méritent. Peut-être surgira-t-il aussi chez nous des écrivains fantaisistes pour peindre ces horreurs sous formes de romans échafaudés sur l'histoire. Ils trouveront dans cette dernière guerre des documents assez poignants pour exalter leur imagination. L'Allemagne nous en a donné l'exemple, surtout depuis 1806. Leur grand patriote Bœrne a fouillé dans tous les coins les légendes du Palatinat bien vieilles déjà, et très accréditées parce qu'elles reposent sur le fait historique des ordres de Louvois. Les nôtres s'appuieront sur la proclamation du roi de Prusse, datée du 28 août 1870.

Que les Bavarois ne viennent plus nous parler des exactions de Moreau et de Jourdan en 1796 et 1800. Ils ont commis chez nous tous les crimes, et les légendes qu'ils racontent de notre patriotisme français au moment de leurs invasions en 1814 et 1815 y trouveraient leur justification.

Les combats de Busancy, 27 août, de Nouart, 29 août, et de Beaumont, 30 août, motivent encore, hélas! des télégrammes qui nous désolent, et précèdent de peu la nouvelle de notre épouvantable désastre à Sedan.

Cette grande victoire allemande passionne jusqu'à la folie les Bavarois dont les troupes ont été comme toujours engagées les premières et ont joué un rôle considérable dans la bataille.

Le télégramme envoyé à Ingolstadt est un véritable journal, donnant beaucoup de détails, même celui que les habitants de Bazeilles tirèrent aussi des coups de fusils des fenêtres de leurs maisons sur les Bavarois.

Nous avons compris depuis l'importance qu'ils attachaient à donner de suite et par télégramme ce renseignement. Il devait rester comme une pièce justificative de leurs excès commis à Bazeilles où ils poussaient à coups de baïonnettes et de crosses de fusils des femmes et des enfants dans les caves incendiées!

Le château de Turenne avait enseveli sous ses ruines fumantes des monceaux de femmes, d'enfants et d'inoffensifs habitants! L'ombre du légendaire dévastateur du Palatinat planait sur cet épouvantable massacre, les Bavarois avaient vengé leurs pères!

Le nombre des prisonniers de guerre livrés par la capitulation de Sedan se montait à 83,000 hommes, y compris 4,000 officiers. 25,000 prisonniers faits pendant la bataille, 14,000 tués ou blessés, 3,000 hommes échappés en Belgique; plus de 400 pièces de campagne, 150 pièces de place, 10,000 chevaux, un nombreux matériel de guerre de toute nature tombaient aux mains des Allemands. Les pertes des Allemands à Sedan furent évaluées à 13,000 hommes tués ou blessés.

En rendant compte de l'entrevue de Napoléon avec Bismarck à la suite de la capitulation, ils affirment que l'empereur a dit au chancelier « que lui-même ne voulait pas la guerre et qu'il y avait été forcé par la pression de l'opinion publique en France ».

Pendant quelques jours, les journaux officieux prussiens, convaincus en apparence que les armées allemandes trouveraient à Paris un gouvernement régulier, celui de l'Impératrice, parlèrent de la probabilité d'une paix prochaine que rendaient indispensables les revers importants des Français. Ils changèrent bientôt de langage.

« Palikao, disent-ils, annonce que le « plan » est en voie d'exécution; quelques journaux français affirment encore que Bazaine a été vainqueur le 18 août, le jour qu'il a précipité trois corps d'armée prussiens dans les carrières de Jaumont. Ils disent que Bazaine est maître de toutes les routes et qu'il a déjà quitté Metz pour se réunir à Mac-Mahon dans les champs catalauniques, où les chassepots et les mitrailleuses, remplaçant les javelots et les catapultes des Romains, auront encore raison des barbares à cheveux rouges de l'Orient. »

D'autres soutenaient que Bazaine voulait rester à Metz où il était encore; que c'était là le « plan ». « Les Allemands seraient bientôt pris entre deux feux et ne tarderaient pas à se retirer au plus vite du territoire français. »

Les feuilles allemandes qui répètent toutes ces insanités les ont puisées, affirment-elles, dans des journaux dont elles peuvent citer les titres : — « Le *Volontaire* » prétend que « les Allemands ont perdu le 16 août, 144,000 hommes; le reste est bien près de mourir de faim; les dernières réserves, la landwher et le landsturm arrivent d'Allemagne; des vieillards de 60 ans armés de fusils à pierre, portant du côté droit une énorme blague à tabac, du côté gauche une gourde de schnaps, plus grosse encore, une longue pipe de porcelaine à la bouche, courbés sous le poids d'un havre-sac etc..... tels sont les guerriers futurs que les Français auront à combattre. »

— La « *Liberté* » publie un article dont le sens est « qu'il faut que le roi de Prusse soit fou pour oser marcher sur Paris en se jetant au milieu des armées françaises ».

« D'autres journaux », d'après le dire des Allemands, « s'inspirant de cet article, ajoutent que le roi de Prusse, effrayé de la situation de ses armées, est *réellement* devenu fou. La chose était naturellement tenue secrète, mais il fallait garder le roi de près. »

« C'étaient », disaient-ils, des nouvelles de ce genre que donnaient en pâture « aux spirituels Parisiens et à tous les Français » des hommes que l'Empire avait élevés dans le journalisme pour instruire le peuple. »

CHAPITRE XII.

Après Sedan. — Les Bavarois deviennent les grands amis de la Prusse. — Conséquences pour les prisonniers français. — Vente des liqueurs fortes dans les casemates. — But de cette autorisation systématiquement maintenue malgré nos protestations. — Quelques échantillons de l'abaissement physique et moral de *la grande nation* présentés aux Bavarois. — Un officier français insulté dans une brasserie. — Le « Te Deum » d'actions de grâces.

Le télégramme du 1er septembre, qui annonçait l'immense désastre de notre armée à Sedan, vint nous surprendre, le soir du même jour, dans cette grande allée ombreuse et assez déserte qui longe les vieux remparts.

C'est là que nous avions l'habitude de nous réunir pour faire notre promenade en épanchant nos cœurs dans une intimité presque absolue, car les habitants n'y venaient pas. Là nous traduisions chaque jour les télégrammes, nous efforçant de trouver dans certaines réticences une lueur d'espoir pour nous. Nous avions lu, l'un des jours précédents, que nos armées s'organisaient au camp de Châlons, nous pourrons peut-être enfin prendre l'offensive.

Parmi nous, quelques optimistes croyaient encore à des victoires, d'autres baissaient silencieusement la tête, absorbés par des pensées moins riantes, mais malheureusement plus prophétiques. Nous avions traversé ainsi le premier mois de captivité dans une douleur qu'adoucissaient parfois des espérances chimériques.

Depuis le 4 août les journaux de la localité servaient chaque jour aux Bavarois des articles de journaux prussiens qui ne le cédaient en rien, comme ineptie, à ceux qu'ils ont si soigneusement découpés dans les journaux français. Les nôtres, si critiqués par eux, ne distillaient pas le poison avec la méchanceté systématique que nous constations dans ces feuilles immondes. Toutes avaient pour but de nous représenter comme « une nation dégénérée n'ayant conservé des anciens Français que les traditions de férocité. Les turcos, sortes de bêtes sauvages, étaient « *l'avant-garde* de *la Grande Nation* qui n'avait plus ni honneur ni courage, et nos soldats étiolés par une corruption précoce n'avaient plus de force que pour jeter leurs fusils ».

Malgré toutes ces insanités, leurs premières victoires ne suffisaient pas, en Bavière du moins, pour donner une confiance absolue dans l'avenir si gros de menaces. Quoique les Prussiens nous représentassent comme des soldats incapables de lutter contre l'Allemagne, ces idées ne pouvaient pas entrer dans la tête des Bavarois, nos anciens alliés quand ils n'étaient pas nos victimes; ils saluaient toujours en nous le courage malheureux, mais aussi la gloire du passé, et craignaient par dessus tout un avenir différent avec de terribles représailles. Non seulement ces sentiments appartenaient aux masses, mais ils existaient aussi chez les chefs, qui les dissimulaient mal derrière une forfanterie de commande.

Le désastre inouï de l'armée française à Sedan a modifié toutes ces idées. Les Bavarois sont absolument grisés par le rôle important qu'ils ont joué pendant la bataille où les Prussiens leur ont réservé, comme toujours, le coûteux honneur du premier choc.

Leur poste de combat était bien choisi, en face du château qui vit naître Turenne, pour exciter les ardeurs guerrières des Bavarois. — Elles ont même dépassé les prévisions en se traduisant, après plus de deux siècles et demi, par des actes de cruauté qui rappellent la guerre de Trente ans. Quand on entend les récits des témoins oculaires de faits accomplis à Bazeille et à Châteaudun, on croit assister aux scènes d'horreur qui suivirent la prise de Magdebourg par Tilly ou le siège de Pasewalk en Poméranie, en 1630.

Les mémoires de cette époque si éloignée de nous nous parlent de soldats brûlant des femmes et des enfants dans des caves, et d'un colonel Gotze donnant l'ordre de mettre le feu à d'autres endroits, en réponse aux prières et aux sollicitations des habitants affolés par les incendies et le suppliant d'intervenir! Des faits analogues se sont produits à Bazeille et à Châteaudun.

L'auteur ajoute que les Impériaux ne s'écartèrent point dans ces circonstances de leur façon d'agir habituelle, mais il nous fait des armées de cette époque une description qui explique, sans les justifier, ces actes de sauvagerie que réprouve l'humanité (1).

« Pendant la guerre de Trente ans les soldats formèrent, en Allemagne du moins, une sorte de corporation, une jurande, comme les métiers les plus pacifiques, et se procurèrent des diplômes de confirmation et de privilèges de la part des souverains. Ceux-ci étaient d'autant plus larges pour eux qu'ils redoutaient qu'ils n'allassent servir chez leurs ennemis du moment. Toutes les armées de cette époque étaient uniquement composées de mercenaires qui mettaient un prix très élevé à leurs services; et comme les événements de la guerre rendaient souvent impossible le payement exact de leur solde, ils se croyaient autorisés à commettre des excès de tous genres. Les reîtres et les lansquenets jouissaient par privilège impérial du droit de mendier après l'expiration de leur engagement. Cette manière de mendier, presque à la pointe de l'épée,

---

(1) Le Bas, extrait de Lunig.

était nommée *Garden*, et ces mendiants, à qui il n'était pas permis de refuser, étaient appelés *Garden-bruder;* ils se réunissaient, et ces associations devenaient une nouvelle méthode de piller impunément chez les paysans tout ce que les soldats leur avaient laissé. »

Tels étaient les mercenaires allemands qui servaient à cette époque dans toutes les armées, à la solde du chef qui payait le mieux ou leur présentait plus de chances pour le pillage; ces gens de sac et de corde, comme les appelait Turenne, se battaient sans aucun souci de leur nationalité, dévastant au besoin le village où ils étaient nés. Ces soudards étaient des bêtes féroces allemandes qui ont laissé partout des traces de leur passage, aussi bien dans le Palatinat avec les Français, que dans l'électorat de Brandebourg et la Bavière avec les Suédois ou les Impériaux.

Le cartel chevaleresque adressé à Turenne par l'Électeur à propos des incendies du Palatinat a contribué sans doute à perpétuer la légende si exploitée de la férocité française pour entretenir contre nous la haine des Allemands. Les nombreux écrivains qui ont poursuivi ce but à toutes les époques, ont une lourde part de responsabilité dans les actes de sauvagerie que notre siècle de civilisation n'aurait jamais dû enregistrer.

A toutes les époques, la Bavière a cherché à s'accrocher au plus fort dans le but de sauver son autonomie dont elle est si jalouse; les victoires successives de l'armée allemande, couronnées par le grand succès de Sedan, ne laissent plus d'inquiétude sur le triomphe définitif de la Prusse. Elle est donc très heureuse que son parlement ait voté à deux voix de majorité la participation des États du Sud à la guerre.

Tout le prestige de l'armée française s'est effondré à Sedan : nos victoires passées sont oubliées, et nous sommes bien la nation dégénérée dont les écrivains allemands ont depuis longtemps flétri les désordres et prédit la chute. Quant au royaume de Prusse, son origine slave ne lui permet pas d'élever un jour la prétention de marcher à la tête de l'Allemagne. La Bavière tiendra toujours la première place dans la Confédération germanique.

Cette transformation des idées, nous l'avons suivie en en subissant les conséquences, et nous datons de Sedan une phase très distincte de notre captivité.

Les gens bien élevés ont conservé à notre égard, malgré nos revers et notre désastre de Sedan, une froide politesse imposée par l'éducation, mais il nous était facile de voir que cette raison seule refoulait chez eux le témoignage des sentiments que j'ai définis et qu'ils avaient certainement.

Beaucoup d'autres les ont brutalement exprimés, et la suite de mes récits démontrera de plus qu'il les ont prouvés d'une terrible façon.

Ces affirmations sont la résultante de toutes nos observations individuelles. Beaucoup d'officiers, ne logeant pas dans l'hôtel, étaient plus directement en rapport avec la classe moyenne de la population ; ils ont donc pu recueillir les appréciations allemandes, brutalement formulées par des gens moins dissimulés ou moins bien élevés. — La qualité, commune en France, que nous appelons le tact est absolument inconnue en Bavière, et pour cette raison nous avons pu vérifier directement par les paroles et les actes tout ce que les journaux nous apprenaient depuis longtemps.

Nous étions bien pour tous ces Allemands les Français de la décadence morale et physique. Le but a été atteint autant que pouvaient le souhaiter les Prussiens et ceux qui exécutaient leurs ordres dans les États du Sud. Hâtons-nous d'ajouter que rien n'a été omis pour parler aux yeux des populations et frapper leur esprit, pas même les moyens que repousse l'humanité, et je veux en citer quelques-uns.

Les promenades de nos prisonniers à travers les rues, pendant les jours de fête, ont fait naître une idée qui devait singulièrement en augmenter l'attrait, c'était de montrer des Français ivres et débraillés, escortés par des soldats bavarois très corrects.

Nos malheureux hommes pouvaient acheter et boire de l'eau-de-vie dans les casemates quand ils y trouvaient à peine de quoi manger; presque tous avaient un peu d'argent qu'ils ne pouvaient employer qu'à ce triste usage. C'était une tentation terrible pour des hommes désespérés et manquant de tout.

Le piège était habile, quelques-uns y tombaient, et ils devenaient aussitôt les auteurs de cette triste comédie de la prétendue *décadence* française.

Nos protestations au gouverneur ont motivé pour nous des arrêts, mais n'ont eu aucun résultat; on a toujours continué à vendre à nos prisonniers cette terrible boisson que nous demandions de proscrire, au nom de notre honneur et de notre dignité.

La brutalité des réponses qu'on nous a faites a été le digne complément de la monstrueuse conception de nos ennemis. Ce spectacle a été donné pendant toute la durée de notre captivité.

C'est comme application de ce même principe, que nous avons vu plus tard arriver à Ingolstadt, comme prisonniers de guerre, de pauvres infirmes ramassés on ne sait où, et qui n'avaient jamais dû porter un fusil; des boiteux, des bossus, des hommes rachitiques n'ayant jamais pu compter dans l'armée en raison de leur incapacité physique.

Comment ces misérables étaient-ils à Ingolstadt comme prisonniers de guerre? Il était impossible de les confondre avec des soldats, et si le patriotisme eût armé ces pauvres gens malgré leurs infirmités qui ne leur avaient pas permis de compter dans nos armées, ils eussent été fusillés sur place suivant les prescriptions de Guillaume et conformément aux habitudes de nos impitoyables ennemis. On les eût classés dans la catégorie des francs-tireurs dont nous n'avons pas ici de représentants puisque nos vainqueurs ont assassiné tout ceux qu'ils ont pu prendre.

Non, ces prisonniers d'un nouveau genre n'étaient ni des soldats ni des fanatiques exaltés par le patriotisme. Les Allemands ne nous feront jamais croire qu'ils ont épargné ces infirmes par humanité et les ont fait prisonniers de guerre malgré les ordres du roi de Prusse, en raison de la pitié qu'ils leur ont inspirée. Le motif de leur internement est bien différent : ces déshérités de la nature ont été amenés ici comme spécimen de l'abaissement physique de la *Grande Nation*, de même que les promenades des soldats ivres dans les rues en établissent le niveau moral.

En donnant à leurs combattants une idée d'eux-mêmes d'autant plus élevée qu'ils leur montraient leurs ennemis plus bas, les Allemands étaient certainement dans leur rôle, et je l'admets. La confiance en soi est un grand élément de force, et aucun n'est à dédaigner vis-à-vis d'un ennemi puissant; mais ceux qui ont vu tirer les ficelles de cette machine infernale doivent le dire pour que leurs enfants le sachent et ne l'oublient jamais.

A toutes les époques, mais surtout à dater du 4 septembre, les journaux allemands se sont occupés beaucoup de notre politique intérieure, et leurs renseignements pouvaient nous faire pressentir la terrible guerre civile qui devait être le couronnement de nos malheurs! Ils jugent sévèrement la conduite des Français vis-à-vis de leur empereur vaincu, et oublient maintenant leurs déclarations de la première heure. Alors ils répétaient sans cesse « qu'ils ne faisaient pas la guerre à la France, mais bien à Napoléon ». — Celui-ci étant leur prisonnier, la guerre aurait dû cesser, telle devrait être la logique de l'Allemagne, mais les succès ont modifié ces idées.

On proclame ici et l'on écrit partout qu'il faut comme prix de la victoire : Metz, l'Alsace et la Lorraine, une occupation de Paris, et plusieurs milliards en or français.

Les Bavarois sont devenus aussi terribles dans leurs exigences qu'ils ont été féroces dans la lutte; nos camarades prisonniers de Bazeilles nous rapportent des récits de cruautés horribles contre lesquelles personne ici ne proteste. L'exaspération contre nous est à son comble, et elle appelle des représailles terribles, les listes des tués et des blessés bavarois depuis le commencement de la guerre sont affichées partout et ont produit l'effet voulu.

Les officiers et les soldats allemands venus de France pour escorter des prisonniers sont dans un état d'excitation voisin du délire. Leurs victoires si chèrement achetées les ont absolument grisés, et nos soldats sont, le plus souvent, victimes d'actes d'une brutalité inouïe de la part de leurs gardes.

Quelques-uns de nos camarades ont à se plaindre également, et l'un d'eux est insulté dans une brasserie par un officier bavarois qui lui arrache son képi sur la tête, en émettant la prétention qu'un prisonnier doit rester découvert devant lui. Le lieutenant français a vainement insisté auprès du gouvernement afin d'obtenir immédiatement une réparation par les armes pour cette grave insulte. Sa démarche a été repoussée, le ministre a seulement promis que l'officier serait puni quand il reviendrait de France, où il devait retourner immédiatement pour reprendre son service.

Il n'est jamais revenu; le gouverneur a fait savoir depuis à l'intéressé que cet insulteur avait été tué devant Orléans.

Notre grand désastre de Sedan nous plongea de nouveau dans une retraite absolue qui put nous mettre à peu près à l'abri des démonstrations joyeuses de nos ennemis. Il nous eût été impossible de paraître en public pendant les premières journées qui suivirent la fatale nouvelle. La présence des domestiques qui nous apportaient nos repas était même pour nous une gêne très réelle, car nous croyions lire dans leurs regards l'expression des sentiments communs à tous les Bavarois. Les chants qui montaient des brasseries jusqu'à nous troublaient aussi, douloureusement, notre solitude.

Dans notre situation, nous ne pouvions pas même trouver un adoucissement à notre chagrin dans un travail d'esprit quelconque ne touchant pas directement au sujet de toutes nos pensées. Nous reprenions fatalement nos lectures des journaux allemands.

Les derniers nous parlaient de Paris à la fin d'août et au commencement de septembre.

Il était d'abord question de Trochu, appelé par Palikao aux fonctions de gouverneur de Paris; ils remarquaient que sa proclamation aux Parisiens ne disait pas un seul mot de l'empereur ou de l'Empire. Leurs renseignements sur la composition de l'armée de Paris étaient certainement donnés par des Allemands bien informés. « Il y avait dans Paris le corps Vinoy, les dépôts de la garde et de divers régiments de ligne; le gouvernement se hâtait d'y faire venir des marins, des douaniers, des gardes-mobiles, troupes qui, jointes à la garde nationale de Paris, formaient un ensemble de 200,000 hommes. »

A ce sujet l'écrivain plaisante sur les pompiers de province appelés par le ministère Palikao dans la capitale.

« Le 15 août ils affluèrent de tous côtés; on vit alors des uniformes fantastiques, et notamment des casques de forme antique. Il ne vint pas seulement des hommes au-dessous de 40 ans, mais jusqu'à des pompiers antédiluviens avec de magnifiques barbes blanches et des jambes maigres dont l'étroitesse de leurs culottes faisait ressortir encore l'exiguïté.

« La plupart de ces gens n'avaient aucune idée de ce qu'on voulait d'eux et croyaient qu'il y avait à Paris un immense incendie qu'ils devaient éteindre. On ne tarda pas à les renvoyer chez eux. »

Il parle avec moins d'enjouement d'une autre mesure.

« Le 28 août, des affiches placardées au coin des rues, prévenaient les nationaux des États avec lesquels la France était en guerre, d'avoir à quitter dans trois jours Paris et ses environs. On n'avait jamais rien vu de semblable depuis l'antiquité ! On comptait à Paris 80,000 Allemands dont beaucoup habitaient Paris depuis quinze ou vingt ans, qui s'y étaient créé une famille ou un commerce ; quelle indignité ! »

Ce qui est plus fort, c'est que l'auteur reconnaît que beaucoup d'Allemands manifestaient dans les lieux publics leur joie des victoires allemandes et que des ouvriers de sa nationalité avaient proféré des menaces de conspirations et de voies de fait contre les Français dès que les armées allemandes paraîtraient devant Paris. « Ces faits isolés », dit-il, « ne justifient pas cette mesure inique, dont la date précise réellement le réveil de la haine nationale. »

Le même écrivain reproche beaucoup à Gambetta d'avoir pris l'initiative dans cette expulsion des Allemands. « Les premières nouvelles de la catastrophe de Sedan arrivèrent à Paris le samedi 3 septembre ; le 4, Jules Favre dépose à la Chambre, au nom de la Gauche, la proposition de déchéance de Louis-Napoléon Bonaparte.

« Pendant que les députés tiennent conseil, les membres de l'extrême gauche, les irréconciliables, sont acclamés à l'Hôtel de ville membres du gouvernement par une foule de gardes nationaux et de peuple, et ils proclament la république, déclarant en même temps l'abolition du Corps législatif et du Sénat.

« Pendant tout ce grave désordre dans Paris, l'impératrice Eugénie a quitté la ville pour se rendre en Belgique. »

Un télégramme nous avait déjà donné la composition du gouvernement provisoire de la République.

Les Allemands déclarant ne pas pouvoir traiter avec un gouvernement provisoire improvisé dans Paris par l'émeute, ne peuvent accepter d'armistice, et la guerre va continuer conformément à leur grand désir habilement dissimulé jusqu'au 4 septembre.

Dès le 30 août, les différentes mesures prises par le roi de Prusse pour l'administration des départements envahis, démontraient clairement que l'Allemagne avait le projet d'enlever à la France et de s'annexer définitivement l'Alsace, ainsi que la soi-disant Lorraine allemande. C'était absolument ce que les Bavarois nous avaient dit déjà, sans doute pour que notre étonnement fût moins grand le jour où nous lirions les journaux.

« Pourquoi donc les Français », disaient-ils, « trouveraient-ils honteux de céder du territoire au vainqueur? Est-ce que la guerre n'impose pas ces obligations aux vaincus? Les Français ont-ils été plus généreux après la guerre de Crimée et celle d'Italie? »

Le journaliste ajoute : « Les Français n'admettent pas les annexions faites par d'autres puissances dans leur pays, déclarant qu'ils n'ont pas le droit de laisser dépouiller leurs frères du grand titre de Français, mais en revanche ils les approuvent de leur part, pour ce motif qu'ils ne peuvent comprendre qu'on puisse être assez stupide pour ne pas vouloir être Français.

« Il y a donc bien peu d'espoir d'une paix prochaine, mais alors, la France entière va-t-elle se soulever comme un seul homme, pour disputer pas à pas son territoire? »

L'auteur qui pose la question fait deviner que ce grand soulèvement révolutionnaire ne laisse pas que d'inquiéter l'Allemagne; « les Français vont-ils trouver des hommes pour organiser des forces matérielles et les commander. La nation exaspérée contre les Allemands va-t-elle s'inspirer de cette guerre sauvage que les Espagnols ont inaugurée en 1808 dans leur pays ravagé par l'armée de Napoléon? »

Il est facile de lire entre les lignes des journaux, que les gens sensés de l'Allemagne auraient souhaité que la paix fût conclue après Sedan, même sans aucune cession de territoire. — Ils pensent qu'il fallait demander à la France très riche beaucoup d'argent, et des garanties de tranquillité pour l'Allemagne, mais qu'il était inutile « d'envenimer cette haine nationale qui n'a jamais profité qu'aux gouvernements des individus et non aux nations elles-mêmes ».

Dans Ingolstadt, les drapeaux et les bannières bavaroises s'unissent plus que jamais aux banderolles prussiennes pour célébrer la grande victoire de Sedan. La foule des paysans n'a jamais été aussi compacte dans les rues et dans les brasseries. On y boit et chante jour et nuit, mais nous ne voyons pas les familles qui pleurent, dans la ville et dans les campagnes, ceux qui sont partis pour jamais.

Les cloches de la cathédrale se chargent de rappeler les pieux souvenirs de ceux qui sont tombés sur les champs de bataille. La catholique Bavière n'admet pas de fêtes sans services religieux, et les « Te Deum » d'actions de grâces accompagnent toujours les réjouissances des victoires.

Cette foule tumultueuse interrompt ses chants et ses cris au moment où le carillon lui annonce le service divin, et quitte les brasseries pour se diriger vers l'église.

Un « Te Deum » à Ingolstadt. (Page 173.)

Les troupes arrivent, musique en tête, pour l'heure de l'office, pendant que les nombreux habitants, paysans et soldats, disparaissent sous les portiques de la cathédrale. La joie fait place au recueillement, et les larmes coulent sur beaucoup de visages. Les pensées sont pour les victimes qui ont payé de leur vie la gloire présente et le bonheur futur de la Bavière.

Ici je reconnais cette grande force de nos ennemis, la croyance en Dieu et le respect de la foi des pères.

Ces pensées me rappellent qu'un soir d'été, j'étais au milieu de nos soldats, sur le terre-plein de la tête de pont d'Ingolstadt; les derniers rayons du soleil écrétaient les hautes murailles des remparts, qui nous abritaient après une chaleur accablante. De nombreux soldats bavarois étaient groupés dans notre voisinage au moment où le beffroi sonnait l'Angelus.

Tous ces hommes se levèrent et se découvrirent en attendant, dans un respectueux silence, le dernier tintement des cloches. Quelques prisonniers en rirent, pendant que je songeais tristement aux conséquences forcées de ce souvenir des traditions de la famille : le respect de la discipline et la soumission à l'autorité.

Je m'éloignai d'eux, en emportant ces pensées que je jugeais inutile de communiquer à nos soldats devant des ennemis. Un autre jour je leur ai rappelé ce souvenir, en leur exprimant mon opinion sur le rire de quelques-uns, ce qui ne m'empêche pas de reconnaître que nos soldats, malgré leurs défauts, sont aussi supérieurs par leur esprit à ces lourds Bavarois qu'ils le seraient dans les luttes corps à corps, en raison de leur courage et de leur agilité.

CHAPITRE XIII.

Nouvelles de la marche des Allemands sur Paris. — Idées allemandes sur la catastrophe de Laon. — Une clause de la capitulation de Toul. — Amour fraternel des Allemands pour Strasbourg. — Les médailles commémoratives de la délivrance de l'ancienne ville libre. — Derniers combats autour de Metz. — Le télégramme de la chute de Metz. — La continuation de la guerre n'est pas approuvée en Bavière. — Les inquiétudes causées par le soulèvement national en France. — Les prisonniers français dans la tête de pont d'Ingolstadt.

Immédiatement après la capitulation de Sedan, l'armée du prince royal de Saxe et l'armée du prince royal de Prusse se dirigèrent sur Paris.

Les télégrammes d'Ingolstadt nous signalent pendant cette marche la prise de Laon et la malheureuse explosion dans la citadelle après l'occupation. Les Allemands exprimèrent d'abord le soupçon que l'explosion du magasin à poudre avait eu lieu par ordre du général commandant la place et ont fait à ce sujet une enquête minutieuse.

Ils l'attribuaient d'autant plus volontiers à une vengeance du gouverneur que, parmi les nombreuses victimes allemandes, il était atteint lui-même en même temps que 300 gardes-mobiles qui s'étaient montrés très opposés à la défense. Ils supposaient que le général, très humilié par la reddition de la place, avait cherché la mort en entraînant dans la même catastrophe les gardes-mobiles et leurs vainqueurs. Le souvenir de l'acte héroïque du commandant de Verdun en 1792, leur avait peut-être suggéré cette idée qu'ils semblèrent abandonner après l'enquête.

Leurs journaux ajoutaient que, le 8 septembre, le chef du peloton de uhlans envoyé en reconnaissance vers Laon « se donna le malin plaisir de sommer le général commandant de rendre la ville et la citadelle »! — Paris est investi depuis le 19 septembre, Toul, Phalsbourg, Strasbourg et Metz, auxquels il faut ajouter la place de Bitche, immobilisent une grosse fraction de l'armée allemande. Bazaine va prochainement frapper un grand coup avec son armée de Metz, peut-être ira-t-il débloquer Strasbourg? telles sont les possibilités qui se présentaient encore à nos esprits pendant ce mois de septembre. Nous y cherchions un peu d'espoir, et les futures opérations de Bazaine nous en offraient plus que les entrevues de Jules Favre avec Bismarck dont les journaux allemands nous entretenaient si longuement.

Le 24 septembre, nous apprenions la chute de Toul, et nous lisions dans les clauses de la capitulation que le duc de Mecklembourg se réservait le droit de traiter toute la garnison suivant son bon plaisir, s'il arrivait après l'entrée des troupes allemandes un accident comme celui de Laon le 9 septembre.

Ce qui prouve que les enquêtes des Allemands au sujet de la catastrophe de la citadelle de Laon ne les ont pas convaincus absolument qu'elle fut fortuite.

Le 28 septembre, Ingolstadt pavoisait et illuminait pour la capitulation de Strasbourg! Nous frémissons d'horreur en lisant les détails du terrible bombardement qui l'a précédée.

« On fait payer aux curieux accourus de tous les points de l'Allemagne un thaler pour visiter les dégâts de la cathédrale de l'ancienne ville libre que les Allemands revendiquent comme une des leurs, et un industriel de Leipzig vend sur place « des médailles patriotiques » fabriquées avec les éclats d'obus qui ont ravagé la ville. »

Il ressort pourtant de leurs renseignements, que les habitants de Strasbourg sont peu disposés à répondre à « l'amour fraternel » des Allemands qui viennent cependant de le prouver par leur conduite !

Les forces disponibles par suite de ce nouveau succès de nos ennemis sont dirigées sur Schelestadt, Belfort et Neuf-Brisach. Cette dernière place, où nous tenions garnison avant la guerre, va subir aussi les horreurs du bombardement de Strasbourg. Nous y avons laissé un bataillon de notre régiment que devaient renforcer les francs-tireurs des Vosges constitués en corps régulier longtemps avant la guerre, et aussi des gardes-mobiles, si l'investissement de la place, qui a dû suivre de près nos premiers désastres, a permis d'exécuter le programme projeté.

Nous savons que l'armement de la place était tout à fait insuffisant, au moment de notre départ, pour soutenir un siège, et nous voudrions espérer qu'il a pu être amélioré depuis cette époque. Nos bonnes relations avec les habitants si patriotes de cette petite ville nous ont inspiré une profonde sympathie pour eux, et nous les plaignons du sort qui leur est réservé. La population se compose en grande partie des familles d'officiers retraités mariés dans le pays ou attirés par le bon marché et les facilités de la vie matérielle. Beaucoup de ces braves gens encore valides se feront tuer pour défendre la place ; nous les connaissons trop bien pour en douter.

Nous lisons les détails de la bataille de Noisseville, livrée par l'armée de Bazaine le 31 août et le 1er septembre sur la rive droite de la Moselle, dans le but d'attirer les troupes allemandes de la rive gauche sur la rive droite afin de faciliter les opérations de Mac-

Les nouvelles de France. (Page 182.)

Mahon. Des hommes entreprenants, et d'un patriotisme digne d'éloges, ayant pu réussir à traverser les lignes prussiennes, Bazaine savait qu'à la fin d'août Mac-Mahon pourrait être dans les environs de Metz.

Les Français ont dû se replier avec des pertes probablement considérables. — Les Prussiens déclarent qu'ils ont perdu 1,230 officiers et 2,870 hommes tués, blessés et disparus. Le lendemain, le résultat de la journée de Sedan fut connu des armées assiégeante et assiégée.

Les Allemands prétendent « que Bazaine ne peut plus rien espérer quand même il parviendrait à franchir les lignes prussiennes. Son armée, serrée de près par les corps prussiens auxquels cette mission est dévolue en dehors des troupes d'investissement, serait hors d'état de tenir la campagne, soit pour débloquer Strasbourg, soit pour marcher sur Paris. »

Cependant les Français firent des sorties le 22, le 23 et le 27 septembre.

Ce qui est très remarquable pour nous, c'est que les Allemands parlent toujours de grandes pertes et de mouvements de retraite. Ce qui démontre que nos premiers chocs sont terribles et toujours couronnés de succès. On ne s'explique pas dès lors pourquoi nous abandonnons toujours aux Allemands, pour retourner sous les forts, les positions que nous leur avons enlevées la veille ou même dans la journée.

Le 28 septembre, le prince Frédéric-Charles informa Bazaine de la chute de Strasbourg.

Les Français font encore une sortie le 3 octobre, et une seconde le 7. Ce dernier combat qui porte le nom de Woipy, fut le plus important et infligea encore aux Allemands des pertes sérieuses qu'ils chiffrent par 1,730 hommes tués dont 65 officiers. Les

Allemands ne considèrent pas ces combats comme des tentatives pour percer les lignes, mais bien comme des opérations ayant pour but de ravitailler l'armée et la garnison dont les ressources sont à peu près épuisées. « Les nombreuses voitures enlevées pendant ces combats démontrent d'une façon évidente que les Français ont pour but de rapporter des vivres et du fourrage. La chute de Metz ne peut être qu'une question de temps, et Bazaine ne doit avoir aucun espoir de rompre notre réseau de fer. »

Le 28 octobre est encore une date que nous ne pourrons jamais oublier: nous apprenions que Metz avait capitulé le 27.

Les télégrammes annoncent 173,000 prisonniers!

Quelques jours après nous lisions que la chute de Metz avait produit en France « une colère voisine de la folie ».

« La délégation du gouvernement qui était à Tours avait déclaré Bazaine traître à la patrie, et Gambetta donnait l'ordre aux préfets et aux autres fonctionnaires de faire rechercher et incarcérer Bazaine et ses officiers. »

Les Bavarois assistent aux fêtes en l'honneur du triomphe allemand, mais leurs réjouissances ne témoignent plus le même entrain. Tous les télégrammes qui annoncent les victoires sont suivis de bulletins qui énumèrent les grandes pertes allemandes, et les Bavarois sont toujours sûrs de pouvoir revendiquer une large part dans ces massacres.

Ils continuent toujours à servir de tampon pour amortir le choc des armées françaises. Les Prussiens leur ont assigné dès le début de la guerre ce rôle très glorieux mais tout aussi désastreux. — Les Bavarois très éprouvés commencent à s'émouvoir d'autant plus sérieusement que c'est un corps de l'armée bavaroise qui ouvre la marche de l'armée allemande vers la Loire, pendant qu'un second occupe des avant-postes autour de Paris.

Tout le monde ici se préoccupe beaucoup de la continuation de la guerre qui menace de se prolonger longtemps encore.

Le grand mouvement national organisé par le gouvernement de la Défense et particulièrement par Gambetta, ne cesse pas d'émotionner tous les guerriers gradés ou non de la place, attendant le moment d'entrer en campagne. Ils savent que la plupart de de ceux qui sont allés en France dorment du grand sommeil dans les champs de Wissembourg, de Wœrth ou de Bazeilles. Les survivants qu'ils ont vus revenir étaient dans un piteux état, le tableau n'est pas engageant pour la continuation indéfinie de cette récolte de gloire. Leurs journaux les informent que les Français vont pouvoir mettre en campagne comme armée d'opération 570,000 hommes : des Italiens, des Polonais, des Espagnols vont prendre part à la lutte avec Garibaldi, les zouaves pontificaux avec Charette. Depuis le dernier échec de M. Thiers, le parti de la guerre à outrance fait des adeptes dans toute la France. Le patriotisme et la vitalité des Français excitent au plus haut point l'admiration en même temps que l'étonnement des Bavarois. Quelques-uns sont entraînés à en donner des témoignages devant nous. Le grand soulèvement national des Français improvisant des armées pour lutter contre l'Allemagne victorieuse, qui détient dans ses forteresses la majeure partie de leur armée, est salué partout avec respect.

Les Allemands ne doutent pas de leur succès, mais ils savent aussi qu'il faudra le payer terriblement cher et redoutent des échecs partiels, pouvant avoir de graves conséquences en raison du grand éloignement de leur base d'opérations.

Ces appréciations adoucissent un peu l'amertune de nos désastres successifs et font naître encore chez nous quelques espérances en l'avenir. Elles nous servent de thème pour remonter un peu le moral de nos hommes si abattus par la série continue de nos désastres. Nous leur portons les derniers journaux belges qui parlent de l'organisation de la défense nationale, et exaltent le patriotisme des Français. L'arrivée d'un journal écrit dans leur langue est toujours un événement important dans les casemates. Tous ces hommes se groupent autour du liseur et recueillent ses paroles au milieu d'un silence absolu. Les réflexions viennent après, et chacun commente les articles qu'il vient d'entendre.

Souvent c'est un Alsacien qui traduit les journaux allemands qu'il a pu acheter sur sa route en se rendant au travail. Heureusement ils ne peuvent guère avoir que les journaux de la localité qui sont infestés d'idiotismes et d'exagérations si évidentes, qu'ils n'accordent pas de confiance aux nouvelles qu'ils y trouvent. Tout en connaissant nos désastres, ils ne peuvent pas en apprécier toute l'étendue, et notre devoir est de les maintenir dans une illusion qui leur permette de mieux supporter la triste existence qui leur est faite.

J'éprouvais personnellement un très grand soulagement et une détente réelle de nos propres angoisses, quand je me trouvais avec nos soldats et que je causais avec eux. Depuis les grandes défaites, la place d'Ingolstadt avait reçu une si énorme quantité de prisonniers en même temps qu'une garnison considérable, qu'il fut nécessaire d'utiliser toutes les casemates des anciennes et des plus récentes fortifications.

Sur la rive droite du Danube, une forteresse importante couvre Ingolstadt comme tête de pont. C'est un vaste quadrilatère avec ouvrages à cornes avancés à l'est et à l'ouest pour défendre la rive droite. Des forts détachés ont été construits et reliés pendant notre séjour à Ingolstadt et augmentent beaucoup l'importance de cette défense.

Le grand quadrilatère casematé ainsi que ses deux vastes bastions ne suffirent bientôt plus pour abriter tant de prisonniers. Les Bavarois durent établir dans une partie du préau des baraquements en planches pour loger les soldats français, et aussi des cuisines abritées et séparées par des traverses en bois. Les prisonniers étaient du reste réunis en trop grand nombre sur ce même point, mais les Allemands avaient moins le souci de l'hygiène que d'une facile surveillance. Les canons braqués sur la pelouse du haut des remparts ne laissaient à nos hommes aucune illusion sur les moyens accumulés pour réprimer toute mutinerie.

Les premiers prisonniers avaient été amenés dans la tête de pont; les anciennes casemates, occupées par eux au moment de notre arrivée, étaient affectées aux nouveaux venus jusqu'à leur transport à Landshut et Passau. Le nombre des internés dans Ingolstadt augmentant chaque jour, les Bavarois avaient dû renoncer à les entasser dans une seule place forte. Ils étaient déjà beaucoup plus nombreux que ne l'eût permis une sage préoccupation de leur santé. Cependant les dimensions de la tête de pont avec sa vaste pelouse présentaient de meilleures conditions hygiéniques que le très étroit espace des casemates situées sous les remparts de l'enceinte.

Cet encombrement de prisonniers nécessitait une augmentation de garnison à Ingolstadt et aussi dans les villes choisies comme succursales de leur grande place forte. Quoique les Bavarois employassent pour ce service beaucoup de troupes de landwehr, ils étaient obligés d'y maintenir aussi quelques bataillons de l'armée active dont le besoin se faisait sentir en France pour combler les vides énormes que les batailles produisaient dans leur armée. Le mécontentement qui en résultait n'est pas étranger peut-être aux brutalités dont nos hommes ont été souvent victimes.

Les baraques rangées sur la pelouse évoquaient en nous les souvenirs du camp de Châlons ; elles étaient dominées par les talus gazonnés des remparts et les arbres qui les ombrageaient ; des cuisines de campagne abritées par de petits revêtements en planches complétaient l'illusion d'un camp français. Mais, ce qui lui donnait son vrai caractère c'était l'animation particulière à nos soldats, leurs cris familiers, leurs jeux favoris ; on pouvait oublier pendant quelques instants la situation actuelle, et les malheurs de la patrie, au milieu de cette jeunesse remplie d'espoir et confiante dans l'avenir de la France.

Mal renseignés par nous, qui nous efforcions de ranimer leur courage, et n'accordant aucun crédit aux versions allemandes, nos pauvres soldats ont conservé bien longtemps toutes leurs illusions, et ceux qui les ont perdues, ont cherché leur consolation dans l'espoir de la revanche.

Ainsi que je l'ai dit, nous avions dû les engager à organiser leurs jeux pour combattre cette désolante oisiveté des prisonniers ; aussi voyait-on, çà et là, des groupes de soldats jouant aux quilles ou accroupis pour une partie de loto.

Cette réunion de tous les uniformes différents offrait le plus souvent un spectacle très pittoresque. Généralement un zouave parisien est l'organisateur de la partie de loto, et, dominant la foule attentive, il appelle chaque numéro en l'accompagnant des formules imagées, connues de tous ceux qui ont vécu dans les camps. Les turcos, très friands de tous les jeux, prenaient une large part à ces distractions, et leurs têtes bronzées se baissaient dans une attitude impassible pour la vérification attentive de leurs cartons.

Parfois le factionnaire bavarois ralentissait sa marche monotone pour essayer de comprendre les improvisations du zouave, ou les réflexions des joueurs, et il semblait étonné lui-même du contraste si frappant de sa nature avec celle des soldats qu'il surveillait.

Plus loin je vois des turcos étendus sur l'herbe avec leur nonchalance orientale, ils sont le plus souvent silencieux, et leurs regards immobiles semblent chercher au loin la vision de leur pays. Ces pauvres gens, élevés dans l'admiration des gloires françaises, ne peuvent pas s'expliquer nos désastres, autrement que par la trahison de nos grands chefs, et ils comprennent si peu la captivité qu'il nous a été difficile de leur définir notre situation de prisonniers de guerre.

Aucun d'eux n'eût rendu ses armes sans l'ordre de ses officiers, et beaucoup qui n'avaient pu l'entendre se sont fait tuer sur place. Tous enfin attendaient la mort, sans la redouter, de la main des ennemis qui les avaient vaincus, et s'étonnaient d'être encore de ce monde.

Ils ont de beaux et nobles caractères, ces soldats que les Allemands ont si injustement flétris au début de la campagne; braves jusqu'à la folie, ils deviennent doux et dociles comme de grands enfants devant les officiers qui les commandent. Ils ont en eux une foi entière, et sont toujours prêts à entreprendre sous leurs ordres les plus périlleuses aventures.

Un de leurs capitaines m'assurait qu'ils n'hésiteraient pas à attaquer sans armes la garnison d'Ingolstadt, s'il était assez fou pour leur proposer une pareille tentative. Peu curieux par nature, ils ignorent presque tous nos dernières défaites, et comptent sur une prochaine délivrance de la part des Français qui les ont amenés de leur lointain pays pour partager leur gloire.

Mon cœur se serre à la pensée des cruelles déceptions qu'ils ont subies et du terrible hiver qui a décimé ces enfants du soleil. Mal protégés contre un climat rigoureux, ils sont morts en grand nombre, et cependant pas un n'a voulu changer les haillons de toile qui le couvraient à peine pour les effets bavarois qui lui étaient offerts. « Mieux vaut mourir, disaient-ils dans leur langage imagé, que de porter le *pantalon à deux coups* des Prussiens. »

Si ces hommes ne marchaient pas à la tête de la civilisation française, comme l'ont écrit ironiquement les Allemands, ils sont pour tous un grand exemple de courage et d'énergie. Ils ont vaillamment combattu et beaucoup souffert pour nous, je leur rends l'hommage qui leur appartient.

La grande forteresse qui servait de prison à nos soldats couvre la rive droite du Danube que l'on doit traverser pour pénétrer dans la ville.

Le pont qui fait communiquer les deux rives est construit en pierres dans la partie voisine de la forteresse, et en bois dans la seconde moitié, afin d'être facilement détruit en cas de siège.

Deux grosses tours en défendaient l'entrée du côté de la ville à une époque très antérieure à la construction de la tête de pont. On y voit encore en parfait état la grande porte devant laquelle s'abaissait ou se relevait le pont-levis.

L'accès des deux rives nous était permis jusqu'à une courte distance limitée par des postes vigilants, de grands saules ombrageaient les eaux du Danube bleu, ainsi que l'appelle un célèbre poète allemand, et nos yeux pouvaient suivre très longtemps les sinuosités du fleuve, qui disparaît à travers une vallée charmante émaillée de petits villages. Une grande masse en fer grisâtre le domine à sa sortie d'Ingolstadt, c'est le pont du chemin de fer qui pourrait nous conduire en France !

Que de soirées nous avons passées dans ce site pittoresque en parlant de la patrie, échangeant nos tristesses et aussi nos espérances !

Cuisines des Turcos. (Page 184.)

Cet endroit mystérieux m'attirait irrésistiblement, et j'aimais à m'isoler pendant de longues heures dans la contemplation muette du mouvement des flots.

Ils me semblaient se hâter de quitter le lieu de notre exil, et mes pensées roulant avec eux vers l'horizon y cherchaient la liberté. Cette hallucination charmante comme un beau rêve, a entraîné beaucoup de nos prisonniers qui n'étaient pas comme nous enchaînés par la parole jurée.

Beaucoup de soldats ont confié leur destinée au fleuve tentateur, mais bien peu sont arrivés au port de salut. Où et comment ont-ils trouvé la mort? personne ne peut le dire, mais nous savons que les balles n'épargnaient pas ces naufragés volontaires quand ils abordaient sur la rive.

Pendant les premiers mois de captivité, les évasions furent assez multipliées à Ingolstadt malgré les grandes difficultés qu'elles présentaient. Cependant, nos soldats et particulièrement les sous-officiers n'étant pas liés comme nous par leur parole poursuivaient constamment cet objectif et arrivèrent souvent à déjouer la surveillance de leurs gardiens. Quelques-uns ayant pu descendre le long des remparts, se sont jetés résolument dans le Danube et ont nagé à la faveur de la nuit, sans attirer l'attention des postes ni des factionnaires échelonnés sur les rives du fleuve jusqu'à une assez grande distance de la ville. Il est inutile d'ajouter que ceux-là sont en petit nombre. D'autres ont pris le chemin de fer à l'aide de déguisements habiles, mais ils ont dû surtout le succès à leur parfaite connaissance de la langue allemande, car cette opération était des plus difficiles, puisqu'il faut pour prendre le chemin de fer, franchir une porte de la place, où la surveillance est exercée par des sous-officiers très méfiants. Ceux qui ont réussi sont génélement des Alsaciens.

Beaucoup ont été arrêtés en route, et ramenés par la gendarmerie dans la place où les attendaient des punitions disciplinaires de la dernière rigueur. Il est juste de dire que dans l'origine les Bavarois n'ont condamné à mort que des évadés qui s'étaient rendus coupables d'actes criminels sur leurs gardiens pour faciliter leur fuite.

Il n'en a pas été de même plus tard : on n'entendait plus parler des prisonniers qui avaient pu quitter la forteresse; la justice était certainement très expéditive pour ceux qui tombaient entre les mains des gendarmes.

Il était possible d'arriver à Munich, qui n'est guère qu'à trois heures de chemin de fer d'Ingolstadt, sans avoir été signalé par le télégraphe; cependant de nombreuses arrestations ont été faites en gare de Munich, mais la continuation du voyage en chemin de fer pour gagner Lindau et la frontière suisse devenait presque impossible. Aussi presque tous les prisonniers évadés cherchaient-ils à gagner à pied les montagnes du Tyrol, malgré les difficultés de toute nature qu'ils devaient y rencontrer, et que compliquèrent encore les neiges et les rigueurs de la mauvaise saison.

Les Bavarois ont donc pu dire avec une grande apparence de vérité que beaucoup de nos évadés sont morts de misère et de froid! Les agents chargés de les poursuivre avaient aussi des instructions très formelles d'abréger tant de souffrances. L'une de ces évasions est à jamais célèbre à Ingolstadt et restera gravée dans les souvenirs des Bavarois de cette génération aussi bien que dans les nôtres. Un romancier trouverait certainement le canevas de tout un volume, dans cette simple histoire dont je ne veux indiquer que les grandes lignes.

CHAPITRE XIV.

Une évasion célèbre d'un sergent-major et d'un soldat alsacien. — Comment les Bavarois y ont aidé à leur insu. — Ses conséquences. — Le colonel entaché de sympathie française est remplacé. — Portrait du général qui le remplace. — Ses habitudes. — Inquiétudes des Allemands causées par la grande agglomération des prisonniers.

Le 10 novembre 1870, le sergent-major Warin du 1ᵉʳ régiment de zouaves, et le nommé Stéger, ordonnance du capitaine de la compagnie, sont parvenus à s'échapper de la forteresse d'Ingolstadt, et ont pu rejoindre l'armée de la Loire d'où ils ont écrit les péripéties de leur évasion.

Warin, d'origine normande, est né à Saint-Malo où son père était capitaine des douanes. Grand et blond, il a parfaitement le type de sa race qu'on retrouve partout en Angleterre. Élevé dans un pensionnat de Jersey, il possède à fond la langue anglaise, et a de plus été employé pendant deux ans par la compagnie qui exploite les bateaux à vapeur de la ligne de Saint-Malo à Southampton. Il s'est donc tout assimilé de nos voisins d'outre-Manche, si ce n'est le caractère commercial, car il n'a pas tardé à se dégoûter de la position déjà lucrative qu'il avait acquise à 18 ans, et s'est engagé dans les zouaves pour conquérir plus vite l'épaulette d'officier.

Ses débuts ont été très heureux puisque, en moins de deux ans, il avait obtenu ses galons de sergent-major.

Le 1er régiment de zouaves a été engagé vigoureusement à Wœrth, et ses débris sont dans les casemates d'Ingolstadt comme tous ceux des régiments qui ont pris part aux premières affaires.

Steger, le compagnon d'évasion de Warin, est un Alsacien né à Colmar; en dépit de sa haine contre les Allemands, il a bien le type teuton, et nos ennemis peuvent le prendre facilement pour un des leurs aussitôt qu'il a dépouillé son uniforme de zouave. Ordonnance d'un capitaine, il jouit à ce titre depuis le commencement de sa captivité d'une liberté relative, en raison du permis de circulation qui lui donne le droit de sortir des casemates, et de séjourner en ville pendant un certain nombre d'heures de la journée. Il en a profité pour parler beaucoup l'allemand et se dépouiller de certaines locutions particulières aux Alsaciens, en vue de la possibilité d'une évasion qu'il a toujours rêvée.

Depuis leurs derniers succès les Allemands ont affiché hautement leurs prétentions sur nos provinces d'Alsace et de Lorraine, et les prisonniers français originaires de ces deux provinces sont l'objet de soins particuliers ainsi que de tolérances très inusitées.

Le gouvernement a même donné des ordres pour qu'ils soient tous réunis dans des casemates spéciales, et l'exécution n'en a été ajournée qu'en raison de la résistance qu'il a rencontrée de la part des intéressés.

Non seulement il n'a pas osé passer outre, mais on a dû employer, pour atténuer le déplorable effet de cette décision, des moyens de douceur et de bienveillance peu adoptés jusqu'alors à l'égard de tous les prisonniers.

Ces dispositions exceptionnelles servaient merveilleusement les projets de Steger et du sergent-major Warin qui complotaient depuis longtemps leur évasion. Nous allons dire comment le sous-officier était arrivé à obtenir pour lui-même une certaine liberté relative qui lui permettait aussi de passer quelques heures chaque jour dans l'intérieur de la ville.

Ainsi que je l'ai dit déjà, les officiers prisonniers sur parole vivaient dans la ville comme ils l'entendaient et en raison des ressources dont ils disposaient. Le capitaine Roland habitait, au-dessus d'une brasserie de troisième ordre, un très modeste appartement de deux pièces dont le brasseur n'avait jamais tiré jusqu'alors un aussi bon parti. Ces sortes de logements étaient en effet peu séduisants, en raison du bruit incessant des consommateurs, des chants patriotiques qui duraient une partie de la nuit, et surtout de cette odeur particulière à ces tabagies de bas étage rarement aérées, où les émanations de la bière et l'âcreté du tabac finissent par s'imprégner dans les murs en gagnant les étages supérieurs. C'est certainement pour cette raison que les logements des maisons de ce genre donnant sur la rue sont absolument désertés par les familles bourgeoises.

Cependant, au-dessus de la porte cochère de celle dont il est question, était clouée une plaque indicative portant la suscription suivante : « Müller, notaire, au fond de la cour. »

Toute la maison, tout à fait indépendante de la brasserie, était occupée par l'étude et les appartements de la famille.

Müller, comme tous les fonctionnaires bavarois, ne quitte son bureau que pour se rendre à la brasserie où il soupe le plus souvent.

Sa femme, jeune encore, est fille d'une Anglaise touriste mariée à un médecin allemand de Lucerne ; elle a pris de sa mère un caractère romanesque et aventureux qui lui inspire souvent des idées excentriques peu goûtées dans la paisible bourgeoisie d'Ingolstadt.

Deux jeunes filles sont nées dans le ménage Müller, l'une a

seize ans, l'autre un peu plus de quatorze. Elles sont instruites, gentilles et intelligentes. Leur grand désir de parler le français, qu'elles étudient, les a poussées à connaître les prisonniers qu'elles rencontrent à chaque instant dans leur cour. L'ordonnance du capitaine a été très facilement attiré par les domestiques de la maison, mais il est résulté de ses confidences que toute tentative auprès de son officier serait inutile, en raison de sa volonté bien formelle de ne connaître aucun Allemand.

Quant au sergent-major Warin, appelé souvent chez son capitaine pour le service, il est devenu très vite l'ami de la famille et particulièrement de Mme Müller dont il parle couramment la langue maternelle. Il a fini par convaincre la demi-Anglaise qu'ils ont une origine commune, afin de pénétrer le plus possible dans cette intimité qu'il compte bien utiliser pour ses projets d'évasion.

On parlait beaucoup, dans le monde d'Ingolstadt, des représentations théâtrales organisées dans les casemates par les prisonniers français. Le sergent-major Warin fut bientôt l'auteur d'une pièce à succès, intitulée : « l'Anglais en voyage ».

Quelques officiers de la place ayant pu, sous prétexte de surveillance, assister à ces représentations, avaient excité au plus haut point la curiosité publique par les éloges qu'ils en avaient faits. C'était du reste une réminiscence du théâtre d'Inkermann, si justement célèbre pendant le siège de Sébastopol. L'emplacement seul était, hélas! bien différent.

Que de fois, pendant la guerre de Crimée, la représentation, interrompue par une sortie, s'est terminée par la mort glorieuse de quelques-uns des acteurs! Les fusils chargés étaient à deux pas de la scène, les bombes sillonnaient le ciel, leur sifflement et le grondement du canon servaient d'orchestre.

Warin avait très justement prévu que Mme Müller le supplierait de jouer lui-même dans son salon, en présence de quelques intimes, la pièce dont il était l'auteur. Il parut céder après beaucoup d'hésitations, et il fut convenu qu'on ferait venir de Munich les costumes et tous les accessoires. Mme Müller se charge de tout, Warin et Steger deviendront, l'un un touriste anglais, l'autre son domestique; les jeunes filles se préoccupent aussi beaucoup de leurs costumes, c'est une joie générale dans la maison.

Comme on ne voyage pas sans bagages, Warin va choisir lui-même dans le grenier une malle, qu'on descend provisoirement dans l'appartement du capitaine où ils s'habilleront. Celle-ci est, par un heureux hasard, maculée d'affiches de toutes couleurs portant des noms d'hôtels qui prouvent qu'on a traversé la Suisse allemande.

Les costumes arrivent bientôt, ils vont à ravir, l'illusion est complétée par la tournure britannique du sergent-major; Steger est un domestique allemand parfaitement réussi, les répétitions marchent très bien, Mme et Mlles Müller sont radieuses.

La comédie qui va se jouer réellement est d'une nature très différente; le premier acte a réussi, puisque les costumes et le bagage sont trouvés; le second n'est pas moins difficile, car il s'agit de se rendre au chemin de fer dans cet accoutrement, sans attirer l'attention, et de prendre des billets pour Munich. Là est le vrai danger, car au chemin de fer la consigne est donnée de surveiller avec grand soin les gens qui se présentent devant les guichets. Le moyen des travestissements n'a pas été inventé par Warin, et beaucoup de prisonniers l'ont employé sans succès. Ils n'ont réussi qu'à provoquer contre eux des peines disciplinaires terribles et un redoublement de rigueurs.

L'imagination de nos deux Français est très justement surexcitée pour la solution de ce problème si difficile.

Les projets d'évasion sont arrêtés pour le 10 décembre ; nos deux Français partiront par le train de 6ʰ 3o pour Munich.

Dans cette saison il fait nuit dès cinq heures; ils ont l'un et l'autre la permission de dix heures, et leur absence ne sera vraisemblablement signalée qu'au rapport du lendemain matin. Ils ont donc tout le temps d'être hors d'atteinte, quand les dépêches télégraphiques seront expédiées pour les rechercher.

La difficulté est de gagner Munich d'où ils partiront soit pour Lindau, soit pour le Tyrol dans la nuit même.

L'Alsacien s'est assuré que les Müller vont se mettre à table pour souper et prévient que le sergent-major, occupé chez le capitaine, ne pourra venir ce même soir pour la répétition.

Lestement déguisés, les fugitifs descendent en tapinois; le domestique, portant la malle sur son épaule, suit son maître qui frise la muraille. Deux soldats bavarois les croisent, et Steger a l'idée de réclamer leur aide pour porter son colis. « Camarades ! » leur dit-il, dans le plus pur dialecte teuton, « donnez-moi un coup de main pour porter ma malle jusqu'au chemin de fer; nous aurons le temps de boire un bock à la brasserie. » La proposition est vite acceptée par les soldats bavarois qui sont toujours altérés.

Chemin faisant, le domestique dit beaucoup de mal de son maître ainsi qu'il convient de la part de tout vrai serviteur. Il raconte que cet Anglais, parent de Mᵐᵉ Müller, voyage pour voir les prisonniers français internés dans les forteresses d'Allemagne et ajoute qu'il ne sait pas un mot d'allemand, ce qui facilite beaucoup l'exploitation de son porte-monnaie. D'ailleurs l'insulaire est généreux et reconnaît volontiers les services rendus, ainsi qu'ils pourront le constater à la brasserie, s'ils ont le temps de s'y arrêter un peu.

Ce stimulant hâte l'allure des deux soldats qui portent la malle;

Une partie de loto dans la tête de pont. (Page 184.)

on traverse la porte sans éveiller les soupçons et on arrive à la brasserie de la gare où l'hôtelier ne tarde pas à connaître dans tous ses détails l'histoire de l'Anglais et de sa parenté avec Mme Müller qui est une des personnes en évidence dans Ingolstadt.

Pendant ce temps, le domestique a commandé de la bière à profusion ainsi que des viandes de porc si appréciées des Allemands.

Il presse le service, parlant toujours du peu de temps qui restera pour faire enregistrer la malle et prendre les billets.

« Ne vous tourmentez pas », vient dire l'hôtelier, inspiré par le désir d'augmenter la carte du souper, « l'un de mes garçons de salle ira prendre les billets. » Un clignement d'yeux significatif du domestique de l'Anglais l'assura que cette complaisance serait payée à l'un et à l'autre.

Pendant que le gentleman, isolé dans un coin de la brasserie, buvait flegmatiquement une tasse de thé et que son domestique ingurgitait de la bière et de la charcuterie en société des deux soldats, un employé de la brasserie, connu de tous les agents de la compagnie, prenait deux billets pour Munich et faisait enregistrer la malle du parent de Mme Müller.

Le tour était bien joué. A dix heures, ce même soir, les nommés Warin, sergent-major, et Steger, fusilier au 1er zouaves, furent portés manquants à l'appel dans les casemates. Il en fut rendu compte à l'officier de service qui ne crut pas devoir informer immédiatement la place en raison des excellentes notes des deux sujets.

Le lendemain, aussitôt après le rapport, on télégraphia dans toutes les directions, mais il était heureusement trop tard, et nos deux prisonniers avaient certainement dépassé les frontières.

Ce fut un grand événement dans la place; le capitaine Roland fut d'abord mis aux arrêts comme complice de l'évasion. Il ne prit pas la peine de se défendre, mais il fut tout à fait impossible à qui que ce soit d'établir une seule preuve de sa complicité.

Les accusations furent plus sérieusement et plus gravement accumulées chez son voisin le notaire qui, personnellement, n'était pour rien dans l'affaire. Mais on pouvait au moins lui reprocher un manque de surveillance dans son intérieur.

Les journaux de la localité traitèrent avec la dernière sévérité sa femme qu'ils considèrent comme responsable de cette double évasion. Les exagérations suivant leur progression habituelle, lui attribuèrent un rôle qu'elle n'a probablement pas joué, car elle fut accusée d'avoir fourni de l'argent aux fugitifs.

Voici, du reste, ce qui motiva cette accusation : Quelques jours après l'évasion des deux prisonniers, une lettre adressée au capitaine Roland fut décachetée et arrêtée chez le gouverneur, conformément aux règlements concernant la correspondance des prisonniers. Elle était signée du sergent-major Warin et relatait tous les détails de l'évasion. Aucun d'eux ne pouvait expliquer la complicité de Mme Müller, mais, par malheur, un sentiment de délicatesse bien naturel avait inspiré au sous-officier une idée qui eut des conséquences funestes. Il adressait à son capitaine deux billets de cent francs avec prière d'acquitter les factures des costumes commandés par Mme Müller, en vue de la pièce qui devait être jouée chez elle. Il y joignait quelques mots d'excuses pour tout l'ennui qu'il causait sans doute à cette dame en échange de ses bontés.

Cette lettre fut interprétée d'une façon très malveillante, et je ne doute pas que son auteur n'ait regretté beaucoup les conséquences qu'elles amenèrent. La famille fut obligée de quitter le pays, malgré l'ordonnance de non-lieu qui fut rendue par le juge chargé d'étudier l'accusation portée contre Mme Müller.

Le grand retentissement de cette évasion fit redoubler la surveillance dans les casemates, et multiplier aussi les rigueurs et les punitions disciplinaires pour nos prisonniers.

Tous les motifs de sévérité étaient acceptés avec empressement par nos ennemis qui n'avaient plus que de la haine pour les Français.

Sachant d'ailleurs que nos camarades de l'infanterie de marine nous avaient raconté les atrocités commises à Bazeilles, ils n'avaient plus de ménagements à garder. Le gouvernement commença par enlever la direction des prisonniers au colonel dont j'ai parlé déjà.

Il était suspect à cause de son nom et de ses sympathies françaises, et parlait très volontiers notre langue.

On fit venir de France un général qui, dit-on, n'avait pas toujours été heureux dans ses combinaisons stratégiques, et on l'investit du commandement des casemates.

C'était un petit vieux à la peau plissée et ratatinée, portant perruque de couleur indéfinissable, et aussi de larges anneaux d'oreilles effleurant le col de son uniforme. La vie des camps l'avait fort aigri, et, probablement, il y avait aussi contracté des habitudes peu admises chez les gens du monde. Son mouchoir de poche jouait le plus souvent un rôle secondaire, car ses doigts lui suffisaient, et j'avais soin de détacher mes yeux de ce voisin de table quand je pouvais prévoir un événement de ce genre.

J'ai eu l'occasion de constater une fois que notre nouveau commandant entendait et parlait notre langue; je n'aurais pas pu le supposer, en raison de son obstination à nous débiter toutes ses remontrances en allemand, pendant nos réunions hebdomadaires chez le gouverneur; il était presque toujours en colère, et rien n'était risible comme cette fureur traduite dans une langue peu familière pour nous, et que la volubilité même de sa diction nous rendait absolument incompréhensible. Il me produisait un effet analogue à celui qu'on ressent en suivant de loin les évolutions d'un danseur sans entendre la musique, et augmentait cette impression par des contorsions de convulsionnaire. Cependant il rachetait par un zèle digne d'éloges et une sévérité à toute épreuve son défaut d'éloquence ; grâce à ces qualités, il a conservé jusqu'au bout ses importantes fonctions, et nous a donné chaque semaine la comédie désopilante de ses admonestations en allemand.

Il était un des nombreux officiers qui pressentaient un grand danger de cette agglomération si considérable de nos prisonniers. Les journaux prussiens avaient bien soin d'entretenir ces terreurs en répandant le bruit de certaines conspirations ourdies dans les forteresses, et ils n'hésitaient pas à révéler, comme certaines, des tentatives de soulèvements qui n'avaient jamais existé que dans les imaginations timorées.

Ces idées auraient pu naître certainement de circonstances particulières qui ne se sont malheureusement jamais présentées. Il est certain que si nos armées improvisées avaient pu reprendre l'offensive, il se fût produit dans les prisons d'Allemagne une grande effervescence, capable d'engendrer de sublimes folies. Les Bavarois le sentaient si bien qu'ils n'ont pu nous dissimuler leurs grandes préoccupations dans les trop rares circonstances où les événements militaires ont pu ramener en France une lueur d'espérance ; ne pouvant prévoir où s'arrêterait la retraite de leurs armées si la fortune leur devenait contraire, ils pensaient avec raison que les prisonniers français deviendraient alors pour eux des hôtes très dangereux.

CHAPITRE XV.

Les Bavarois vont encore servir de tampon. — Des bataillons du 1er corps sont attachés aux divisions de cavalerie chargées d'éclairer le terrain entre la Seine et la Loire. — Le général de Thann donne l'ordre de brûler Ablis le 9 octobre. — La guerre de « terreur ». Les Allemands nous opposent la conduite des Français en Espagne en 1808. — Une lettre d'un aide-major français publiée dans des documents authentiques de cette époque. — Une anecdote de Châteaudun. — Occupation d'Orléans par les Bavarois le 11 octobre. — Notre victoire de Coulmiers. — Retraite des Bavarois. — La grande émotion qu'elle cause à Ingolstadt. — Ses conséquences pour les prisonniers.

Après l'investissement de Paris, quatre divisions de cavalerie allemande eurent pour mission d'éclairer le terrain entre la Seine et la Loire, et on leur attacha des bataillons du 1er corps bavarois pour les appuyer. Les troupes envoyées d'Ingolstadt sont encore têtes de colonne dans ces premières opérations qui ont pour but, non pas seulement d'éclairer l'armée allemande, mais encore de piller et réquisitionner le pays pour ravitailler les grands magasins allemands établis à Corbeil. C'est là que devaient converger tous les approvisionnements des corps chargés du siège de Paris.

Les écrivains allemands les moins partiaux déclarent qu'à cette époque la guerre prend un caractère sauvage dont ils précisent la date par la destruction réglementée de la petite ville d'Ablis située près du chemin de fer de Paris à Tours par Vendôme.

Un escadron de hussards du 16e régiment allemand y fut surpris et massacré en grande partie par des francs-tireurs dans la nuit du

7 au 8 octobre; le 9, le général Von der Thann donna l'ordre de brûler entièrement le village et de fusiller les habitants désignés pour avoir favorisé la surprise en renseignant les Français sur la présence des cavaliers allemands.

Cet acte inaugurait, dit l'un deux, « la guerre de terreur ». L'auteur qui condamne en principe les cruautés que réprouvent les sentiments d'humanité les explique par les cruelles nécessités de la guerre. Il veut qu'on passe sous silence les atrocités commises par les Bavarois à Bazeilles, car elles ont eu lieu, dit-il, pendant la fièvre du combat; il en doit être de même pour le massacre des mobiles désarmés et surpris à Épense. Il n'admet pas davantage qu'on remonte jusqu'au premier jour de la guerre, le 4 août, où les Allemands bombardèrent sans trêve ni merci pendant dix heures la ville ouverte de Wissembourg.

Là, ils frappaient à coups certains sur les maisons des notables qu'ils connaissaient mieux que nous, arrivés dans la ville depuis la veille au soir. Leur but étant de jeter l'épouvante chez les habitants, ils visaient de préférence ceux que leur situation mettait en évidence. C'est ainsi, par exemple, qu'une fille du maire de Wissembourg a été frappée dans son lit par un obus pendant qu'elle allaitait un enfant qui venait de naître.

Ce n'est pas à partir du 9 octobre que les habitants entachés du crime de patriotisme ont été fusillés par les armées allemandes, ces exécutions ont commencé dès les premiers jours et n'ont jamais cessé.

César annonçait avec beaucoup de calme au Sénat romain qu'il avait fait couper la main droite à quelques milliers de Gaulois coupables de rébellion contre son illustre personne. Soit; mais nous sommes à la fin du dix-neuvième siècle, et si la civilisation est un bienfait, les chefs et les soldats allemands n'auraient pas dû épouvanter le monde par des crimes d'une barbarie analogue. Tous les auteurs allemands qui ont écrit tant de volumes sur la férocité française, surtout depuis 1806, ont pu contribuer à ces effroyables massacres en infusant la haine dans le cœur des générations qui se sont succédé. Cette manière de faire la guerre ne devrait plus exister à notre époque, car elle pourrait provoquer de la part des populations envahies ces actes de patriotisme sauvage dont fourmille la guerre d'Espagne.

Les Allemands ne trouvent pas de termes assez énergiques pour flétrir les représailles exercées en 1808 par les armées de Napoléon; je veux les déplorer aussi, mais constater en même temps qu'il ne s'est produit de la part des populations françaises contre les Allemands aucun fait analogue à ce qui avait lieu journellement en Espagne. J'en citerai un entre dix mille; la relation en est signée par le chirurgien militaire Ducor, de l'armée de Dupont, et insérée dans le recueil si sincère de Lorédan-Larchey.

« En juin 1808, sept hussards français étaient arrivés dans un village de l'Andalousie aux environs de las Cabazas de San-Juan : selon la coutume, ils n'avaient pas manqué de choisir pour logement l'habitation qui leur avait offert la plus riche apparence. La maîtresse de la maison, l'une des plus belles femmes de la contrée, leur avait fait fort bon accueil; elle aimait les Français, assurait-elle, et ne finissait pas de s'extasier sur l'élégance de leur costume. Après les compliments et les éloges, elle s'empressa de leur faire servir un copieux repas, et de mettre à leur disposition du vin pour force libations. « Vous trinquerez avec nous », leur fut-il dit.

Elle saisit un verre plein, *Al rey don José!* et le vida tout d'un trait à la santé du roi Joseph. Elle but une seconde rasade à *los Franceses!*

Les hussards témoignaient leur satisfaction d'avoir rencontré une *vivante* de cette espèce.

Toutefois, comme cet engouement de l'Espagnole leur semblait quelque peu extraordinaire, ils l'invitèrent à vouloir bien manger avec eux des mets apportés sur la table. Elle en mangea largement, et en plaignant gracieusement ses hôtes d'être obligés de recourir à de pareilles épreuves.

Auprès de l'Andalouse, étaient quatre enfants avec des figures d'anges : trois garçons et une jolie fille de sept à huit ans. Un hussard lui demanda s'ils étaient à elle, et sur sa réponse affirmative : « Alors, dit-il, il faut qu'ils soient de la fête.

— Toujours des soupçons, reprit-elle; ah! messieurs les Français, que vous êtes méchants! »

Aussitôt elle fit approcher ses enfants, et elle leur ordonna de faire avec elle compagnie aux hussards : « Vous ne craindrez plus, observa la mère, vous voyez qu'ils mangent comme moi. »

Et elle leur donnait de tout en si grande abondance, qu'au dessert les hussards, complètement rassurés, jugèrent convenable de lui faire des excuses qu'elle reçut avec des alternatives de minauderie et de dignité railleuse. Les reproches se succédaient tantôt graves, tantôt sous la forme de plaisanteries :

« Je vois, dit un convive, que la dona est piquée au vif; elle nous en veut.

— Nullement et je prends à témoin Notre-Dame, que je vous ai maintenant pardonné.

— Alors, si vous ne nous en voulez pas, ajouta un second convive, qui, s'étant levé de table, revenait tenant à la main une mandoline qu'il avait trouvée suspendue auprès d'une croisée, vous allez nous chanter un boléro.

— Oui, oui, c'est cela, fameux! un boléro! s'écrièrent-ils tous ensemble. Allons, sans rancune! »

Elle prit la mandoline, et en s'accompagnant, elle se mit à chanter un air du pays. Les hussards en gaieté faisaient chorus, mais à chaque strophe la mesure se ralentissait de plus en plus, et le timbre de la voix s'altérait.

Tout à coup, la chanteuse devient livide, son visage se décompose, l'instrument lui échappe : cependant, elle se soulève brusquement. Puis, faisant un dernier effort pour saisir son verre qu'elle presse de ses doigts crispés : « *Al nuestro rey Fernando!* » dit-elle.

Les hussards se regardèrent avec inquiétude « Al rey Fernando! répéta-t-elle ; *muerto al los Franceses!* »

Tous les sabres sortent à la fois du fourreau; mais elle, à cette menace, n'oppose qu'un signe de tête ironique ; elle tombe à côté de son siège et, se tordant sur les dalles, elle articule ces mots :

« Je suis empoisonnée, mes enfants le sont, mais, ajouta-t-elle après une pause, Dieu, la Vierge et les Saints en soient loués! vous l'êtes aussi! »

Cet avertissement plongea les hussards dans la stupeur : bientôt succédèrent les transports de rage.

« Nous sommes empoisonnés », répétaient-ils!

Et à l'aspect des enfants qui se traînaient pour rejoindre leur mère : « Voyez la misérable! s'écriaient-ils, le monstre, il nous faut la couper en morceaux. » Le seul qui eut conservé son sang-froid les arrêta par cette apostrophe : « Oui, allez donc tuer les morts!... Camarades, reprit-il, il nous faut du secours, je monte à cheval pendant que je suis encore valide et vais vous chercher du secours ; si je crève en route, eh bien! tout est dit. »

A peine était il parti, que les autres commencèrent à ressentir des douleurs d'autant plus violentes, que jusqu'alors elles avaient été palliées par l'effet d'une demi-ivresse. En arrivant, il eut encore la force de raconter la catastrophe dont ses camarades et lui se trouvaient les victimes. Nous n'étions qu'à une faible distance, nous nous y rendîmes, deux sous-aides-majors, et moi troisième, avec une escorte de cavalerie. Nous allions à franc étrier; malgré la rapidité de notre course, il était trop tard. Des six hussards, il n'y en avait plus que deux en vie.

Nous mîmes tout en œuvre pour les sauver, mais ce fut en vain : ils moururent dans d'horribles convulsions. Les enfants étaient glacés et raides sur le cadavre de leur mère. Ah! c'était une bien pitoyable guerre que celle qui avait ses arsenaux dans les pharmacies, où les armes les plus dangereuses étaient les armes cachées!

L'aide-major termine en disant : Nous brûlâmes quelques maisons, et de toute cette scène il ne resta que des cendres et de l'épouvante de plus; mais, ajouta-t-il, si sauvage que fussent les moyens de répression, ils étaient absolument nécessaires dans un pays où, pour certaines femmes, le poignard était trop doux à l'égard des blessés français dont elles crevaient les yeux avec des pointes de ciseaux, où les muletiers, les gitanos et les bandits s'enivraient du sang français mélangé avec le vin de leur peau de bouc. »

Dans ce pays fanatisé, il existait un catéchisme qui déclarait les Français soutiens du démon et faisait de leur assassinat un précepte religieux ; il est assez curieux pour que j'en donne un extrait textuel.

« Demande : Qui est venu en Espagne ? Réponse : la seconde personne de la trinité démoniaque.

« Demande : Est-ce péché que de tuer les Français? Réponse : Non, monsieur, c'est au contraire un grand mérite... » Ainsi parlait le « catéchisme civil et les narrations abrégées des obligations de tout Espagnol »!

Tentative d'évasion. (Page 189.)

L'incendie d'Ablis par les Bavarois et tous ceux qui l'ont précédé et suivi n'ont pas été motivés par des faits analogues.

Leurs représailles ont été hors de proportion avec les prétendues fautes commises par la population, et ont dépassé de beaucoup celles qu'ils reprochent tant à l'empereur et aux Français pendant la guerre d'Espagne, où les habitants ont témoigné de leur patriotisme comme je l'ai indiqué.

Les Allemands ont brûlé des villages où les habitants inoffensifs n'ont pas commis d'autre crime que de n'avoir pas prévenu les vedettes prussiennes du voisinage de nos troupes ou des francs-tireurs, et aussi pour avoir livré aux Français les denrées et les fourrages que leurs soldats devaient piller le lendemain ! Quant aux habitants qu'ils ont fusillés parce qu'ils étaient signalés comme ayant servi de guides ou de protecteurs à des francs-tireurs, sur quelles ignobles dénonciations pouvaient-ils appuyer leur jugement inique?

Les Allemands disent qu'ils n'ont fait qu'obéir aux nécessités de la guerre d'invasion, pour répondre aux accusations de cruauté si justement portées contre eux, et ils ont écrit qu'on ne peut pas demander au soldat qui se bat « qu'il consulte le code de civilité puérile et honnête à chaque moment de la lutte ».

Nous affirmons que la plupart des faits qui leur sont reprochés n'ont pas eu lieu pendant la lutte. Tel est, entre autres, l'incendie d'Ablis ordonné de sang-froid le lendemain, et je suppose qu'ils ne rangent pas dans les actions militaires le souper que les officiers bavarois faisaient à Châteaudun à l'hôtel de l'Europe pendant que leurs soldats brûlaient dans les caves les malheureux habitants. Ces pages d'histoire doivent être connues et opposées à celles qu'ils ont écrites contre nous.

« Le souper des officiers avait été copieux et les libations très prolongées; ils eurent l'idée de faire venir l'hôtesse pour la féliciter de son excellente cuisine et lui faire l'éloge de ses vins délicieux. La pauvre femme crut le moment propice d'implorer en échange et comme payement la grande faveur que sa maison restât sous la protection des officiers et ne fût pas brûlée comme les autres. Sa demande était à peine achevée, qu'un officier bavarois prit un flambeau et alluma lui-même l'incendie dans les rideaux de la salle. Il ne reste plus trace de cet hôtel, mais l'hôtelière, entièrement ruinée et recueillie chez des parents, raconte encore dans tous ses détails l'épouvantable drame que je viens d'écrire. Celle-là pourtant ne les avait pas empoisonnés!... Ce fut une manière de reconnaître l'hospitalité; les Allemands en ont trouvé beaucoup d'autres qui ont de l'analogie au point de vue de l'invention si elles n'ont pas eu d'aussi terribles conséquences (1).

Le général de Thann, après une série de combats dont celui de Chevilly fut le plus acharné, entre le 11 octobre avec le premier corps bavarois dans Orléans, et nous recevons à Ingolstadt de nombreux prisonniers du 39e de ligne qui nous racontent le combat qu'ils ont eu à soutenir dans le faubourg Bannier, en même temps que la légion étrangère et des habitants patriotes, qui ont été fusillés immédiatement, suivant l'habitude.

Le 10 novembre, nous apprenons notre victoire de Coulmiers et la retraite des Bavarois jusqu'à Toury.

Nous ne pouvions en croire nos yeux habitués à lire toujours nos défaites sur les télégrammes!

Les journaux laissaient percer que l'abandon d'Orléans et la retraite très précipitée des Bavarois avait causé au quartier général allemand une très vive émotion. Des ordres étaient donnés pour

(1) Voir la *Retraite Infernale, Armée de la Loire*, par E. Deschaumes; Paris, Firmin-Didot.

envoyer des troupes renforcer de Tann, et des forces considérables, rendues disponibles par la prise de Metz, allaient être dirigées immédiatement sur la Loire.

L'émotion causée par cette défaite des Bavarois fut autrement grande à Ingolstadt, où elle prit les proportions d'un véritable désastre.

La désolation se peignait sur tous les visages, et des groupes se formaient dans les rues pour commenter la grande nouvelle.

Les armées improvisées derrière la Loire venaient de nous donner notre premier succès. Les Allemands pouvaient en augurer, sinon le triomphe définitif des Français qui paraissait impossible, au moins la nécessité d'une retraite plus accentuée, trop dessinée déjà par un mouvement jusqu'à Loigny. Le grand soulèvement national venait de produire une sorte de miracle d'autant plus étonnant que tout le monde ici considérait la lutte comme impossible contre des armées régulières toujours victorieuses depuis le commencement de la guerre. Pendant ce temps de combats, les listes des morts et des blessés se succédaient sans relâche et grossissaient chaque jour le nombre des affligés et des mécontents. Ceux-ci y joignaient en ce moment les terribles appréhensions d'un mouvement en arrière déjà ébauché, se demandant où il s'arrêterait.

Nous avons pu apprécier dans cette circonstance combien les Bavarois auraient été découragés par un premier échec des armées allemandes dans le voisinage des frontières. La retraite après Coulmiers avait suffi pour transformer ces rieurs de la veille. Les conversations des officiers bavarois, si bruyantes d'habitude, se passaient à voix basse et n'arrivaient plus jusqu'à nous. Le général de landwehr ne se teignait plus comme à l'ordinaire et Mme la générale avait ses coques de cheveux moins symétriques.

La lecture des journaux semblait être la préoccupation dominante de la table d'hôte où les habitués oubliaient de manger et même de boire.

Dans les rues nous rencontrions plus d'insulteurs que jamais et partout des physionomies haineuses et menaçantes, nous reportant aux époques où les convois de prisonniers étaient attaqués par les familles des blessés. Cette attitude de la population nous remettait en mémoire ce que nous avait dit le colonel bavarois, chargé des prisonniers, dès les premiers jours de notre internement :

« Si nous avions de grands échecs, nous serions obligés de vous enfermer dans les casemates pour vous soustraire à la fureur de la population. Vous ne seriez pas en sûreté dans la ville, et particulièrement quand les paysans des environs s'y réunissent pendant les jours de fêtes ou de marché. Ils vous mettraient en morceaux. »

Ce colonel connaissait bien le caractère des paysans bavarois tel qu'il s'est affirmé, du reste, à toutes les époques de leur histoire.

Il est de tradition chez eux de se liguer contre les soldats, même ceux de leur pays, et de les massacrer au besoin. Cette sauvagerie traditionnelle est infusée dans le sang et fournit la meilleure explication des actes odieux journellement signalés en France. Si Moreau et Jourdan n'ont pu arrêter les dévastations commises par leurs troupes en Bavière, c'est, sans doute, qu'elles avaient à exercer des représailles contre des paysans aussi féroces à l'égard des soldats que leurs pères l'ont été pendant les guerres de religion et aux époques de leurs ligues.

Les règlements militaires imposent à tous les Allemands l'obligation de servir leur pays et leur assigne une place dans les armées suivant leur âge et jusqu'au terme de l'âge mûr.

Nous avons adopté ce principe ; mais nous lisons dans ces mêmes règlements que toute la population, sans distinction d'âge et de sexe, a le devoir de contribuer par tous les moyens à repousser l'invasion étrangère. Nous avons d'autant plus lieu de nous étonner de cette réglementation de la défense nationale, quand nous savons avec quelle impitoyable rigueur nos ennemis fusillent les francs-tireurs et beaucoup d'habitants des villages qu'ils ont brûlés.

La défaite des Bavarois à Coulmiers s'est fait cruellement sentir dans les casemates où nos hommes durent expier ce succès de nos armées. Les gardes ont la consigne de redoubler de surveillance, car les prisonniers n'attendent que le moment opportun pour exécuter ce grand soulèvement dont il est question depuis si longtemps. Les rigueurs excessives contre nos soldats datent surtout de cette époque, et elles n'ont jamais cessé en raison de la mauvaise humeur des Bavarois, causée par la continuation si prolongée de la résistance obstinée de nos armées.

Leurs troupes étaient décimées par le feu et par les maladies engendrées par le terrible hiver, mais ce fut surtout la marche de Bourbaki dans l'Est qui porta chez eux l'exaspération à son comble. La possibilité d'un succès qui eût jeté peut-être ce corps d'armée dans les États du Sud, raviva leurs appréhensions de révolte des prisonniers, et les engagea à terroriser ces malheureux par de terribles et sanglants exemples.

Les punitions disciplinaires atteignaient principalement les sous-officiers, rendus responsables en grande partie des fautes de leurs hommes, et parmi ceux-ci, les tirailleurs algériens d'origine française étaient particulièrement visés.

Ceux qui n'ont pas connu la vie des prisonniers dans les casemates des forteresses d'Allemagne ne pourront jamais se faire une idée de ce que devaient être les punitions, c'est-à-dire une augmentation de souffrances.

Les malheureux condamnés à la prison ne voyaient le jour et ne respiraient l'air que pendant une heure déterminée de la journée et sous la surveillance de gardes impitoyables chargés de faire respecter des consignes le plus souvent incompréhensibles. L'avertissement ne précédait pas toujours la répression brutale, et pour ces motifs les soldats ou les sous-officiers condamnés à la prison préféraient la réclusion absolue à ces sorties dans le terre-plein de la tête de pont, sous la surveillance malveillante et brutale des Allemands chargés de les accompagner. Ceux qui refusaient de sortir des casemates étaient immédiatement entraînés de force par les gardes qui mettaient les menottes aux plus récalcitrants.

Le plus souvent les sous-officiers de service exigeaient par cruauté ces promenades si redoutées des prisonniers. Un malheureux sergent de tirailleurs algériens a payé chèrement une infraction à la discipline qu'il avait commise pendant l'une d'elles. Le hasard a mal servi nos impitoyables ennemis, en leur désignant comme victime l'un des types les plus accomplis de l'honneur militaire joint à la douceur du caractère et à l'élévation des sentiments. Je vais dire quel était l'homme, raconter sa faute et son châtiment.

CHAPITRE XVI.

Gombaud, Charles, sergent au 2ᵐᵉ régiment de tirailleurs Algériens. — Sa faute.
— Son arrestation. — Son prétendu jugement et son exécution dans la même
journée, 8 janvier 1871. — Son beau caractère. — Son défenseur déclarant qu'il
s'en rapporte à la justice de la cour martiale. — Deux mots sur cet ancien *calicot*
de Lyon, officier de landwehr. — Réoccupation d'Orléans. — Un officier bavarois blessé dans l'un des derniers combats.

Charles Gombaud est né à Dinan, dans cette vieille et pittoresque ville des Côtes-du-Nord que connaissent tous les touristes qui ont visité la Bretagne. On y vient de Saint-Malo en remontant la Rance, et cette promenade en bateau à vapeur est une des plus charmantes excursions offertes aux voyageurs qui stationnent sur les nombreuses et célèbres plages voisines. Le père de Gombault est un ancien capitaine au long cours qui vit modestement dans une vieille maison du Jerswal, quartier de la ville où il a élevé trois enfants aussi bien que ses modestes ressources lui ont permis de le faire. Ce qui ne leur a pas manqué, c'est la bonne éducation et les principes solides de ce vieux Breton, secondé par une femme pieuse et dévouée à ses enfants. Sa fille a épousé un commerçant de la ville, ses deux fils ont été instruits par un prêtre de la famille; l'aîné est entré dans les ordres, et le plus jeune, appelé par une vocation différente, s'est engagé à dix-huit ans avec un bagage d'instruction suffisante pour pouvoir prétendre à l'épaulette.

Son désir de parvenir, joint aux goûts aventureux qu'il tient sans doute de son père par hérédité ou en raison des nombreux récits qu'il a recueillis de lui depuis son enfance, l'a poussé à contracter un engagement dans les corps d'Afrique. C'est ainsi que nous le trouvons à Ingolstadt sergent au 2me régiment de tirailleurs. Il a vingt-deux ans et a conquis ses galons depuis dix-huit mois par sa brillante conduite dans le Sud-Oranais où son régiment a contribué à châtier une tribu rebelle. Il s'est fait remarquer à Wœrth pendant la défense héroïque de l'éperon où les turcos, décimés par la mitraille, ont repoussé deux fois à la baïonnette les assauts des Prussiens. Hélas! il a subi le sort commun de tous ceux que la mort a épargnés pendant cette terrible journée, et a été emmené comme prisonnier de guerre par les Bavarois chargés de recueillir les survivants du champ de bataille.

Sa nature à la fois douce et énergique, son caractère franc et ouvert lui ont gagné la sympathie de ses chefs et l'affection de ses camarades. Pendant mes nombreuses visites aux prisonniers dans les casemates, j'ai eu l'occasion plusieurs fois de causer avec lui, et j'ai conservé un ineffaçable souvenir de la bonne impression qu'il m'a laissée. Certes rien en lui ne le désignait à la sévérité de nos implacables ennemis, c'est bien injustement qu'ils l'ont jugé comme un être féroce et sanguinaire dans cette cour martiale qui a prononcé contre lui la peine de mort.

Énergique et violent pour repousser la provocation, il avait plutôt une nature sensible et un peu féminine.

Je me souviens d'en avoir eu la preuve dans une circonstance qui ne s'est pas effacée de ma mémoire. J'étais avec lui dans un des baraquements occupés par les tirailleurs, et, suivant mon habitude, je causais familièrement avec ces Arabes qui m'intéressaient particulièrement parce qu'ils étaient plus malheureux que les autres. Toutes les sévérités des Allemands étaient pour ces enfants de la terre d'Afrique qu'ils considéraient comme des bêtes fauves. Certains faits isolés justifiaient peut-être cette opinion chez nos ennemis, très enclins à généraliser le mal.

Un grand nègre, qui montrait en souriant des dents blanches retroussant ses lèvres exsangues, me fit signe de m'approcher de lui, et après s'être assuré que la sentinelle bavaroise était loin, il me sortit d'une triple enveloppe de linge et de papier maculés de sang des débris de chair informes aussi repoussants par l'odeur que par la vue. Pendant que je témoignais mon dégoût, ses yeux brillaient d'une étrange façon et il me dit très bas : « Ça, c'est les oreilles d'un Prussien que je n'ai pas manqué ; ça doit te faire plaisir, mon capitaine ! » Gombault, qui m'avait suivi, était devenu très pâle, et, quand nous fûmes loin, il m'exprima combien lui faisait horreur ce sanglant trophée que le nègre m'avait présenté avec orgueil. « Quel malheur, me disait-il, qu'il y ait parmi tous ces braves gens quelques sauvages de cette espèce ! Je l'ai déjà prévenu que les Bavarois finiront par en être informés et qu'ils le fusilleront. Peu lui importe, il est prêt à mourir et s'étonne d'être encore en vie. »

Le brave sergent qui me parlait ainsi ne se doutait guère qu'il tomberait avant le nègre sous les balles allemandes, en exécution d'un jugement de la cour martiale.

Les sous-officiers français de ces corps d'Afrique étaient particulièrement surveillés comme des sujets dangereux. Nous n'avons jamais pu détruire ce préjugé admis par nos ennemis que les Français servant dans les tirailleurs sont des gens de sac et de corde, renvoyés de nos régiments de ligne ; aussi les moindres infractions aux ordres donnés étaient-elles sévèrement punies, et les sous-officiers pris le plus souvent comme responsables des fautes de leurs hommes. C'est ainsi que Gombault et plusieurs de ses camarades subissaient une peine disciplinaire dans une casemate désignée à cet effet, lorsqu'arriva le tragique événement qui se dénoua par une condamnation à mort. Cet épouvantable drame s'est accompli avec une précipitation invraisemblable, la faute, le jugement et l'exécution ont eu lieu dans la même journée. C'est dire combien la justice a été sommaire, si on peut encore donner ce nom à un acte inique qui restera comme une tache sanglante et ineffaçable sur le tribunal militaire qui l'a commise.

Les officiers prisonniers à Ingolstadt ont appris dans la soirée par la rumeur publique la nouvelle de cet attentat, et n'ont pu être renseignés que le lendemain sur les détails d'un événement qui les a si justement et si profondément émus.

Le capitaine des tirailleurs n'a pu obtenir de pénétrer le soir même dans la tête de pont pour faire une enquête sur les faits accomplis, mais dès le lendemain matin il recevait, conformément à son ordre, une lettre du sergent-major Wallet couverte de signatures attestant l'exactitude des renseignements fournis par ce sous-officier. Ces noms sont ceux des sous-officiers et des soldats subissant ensemble une punition disciplinaire dans la même casemate et qui, par conséquent, ont tous été témoins de la faute reprochée à Gombault. Parmi ceux-ci, quelques-uns ont été appelés devant la cour martiale et l'un d'eux, le sergent-major Battin, du 48º de ligne, a pu suivre très exactement, grâce à sa connaissance de la langue allemande, la sinistre comédie du jugement qui a précédé de quelques minutes l'exécution de leur camarade.

Voici la lettre du sergent-major, religieusement conservée par son capitaine, je la copie textuellement : « Forteresse du Brukinkopff, casemate 108. (Compagnie de discipline). Mon capitaine : Nous avons l'honneur de vous rendre compte des faits qui ont amené le sergent Gombault, du 2º régiment de tirailleurs algériens, devant le conseil de guerre du gouvernement d'Ingolstadt. Le 8 jan-

Une évasion célèbre. (Page 196.)

vier 1871, vers 9 heures du matin, le sergent bavarois chargé de notre surveillance à la casemate 108, vint nous donner l'ordre de nous tenir prêts à sortir de la casemate pour prendre l'air dans la cour de la forteresse. Un prisonnier lui fit observer que la veille nous avions reçu le même ordre sans qu'il fût suivi d'exécution en raison du froid très intense, et que nous réclamions la même faveur.

« Ce sous-officier s'emporta devant l'observation qui lui avait été faite et sortit de la casemate en nous traîtant de maudits et de « verflucht Schwein », épithète très grossière; cependant nous nous habillâmes et sortîmes.

« Un cordon de sentinelles placées dans la cour limitait l'espace que nous devions parcourir, environ 20 mètres carrés, et interceptait toute communication des hommes punis avec les camarades libres dans la cour.

« Peu d'instants après notre arrivée dans la cour, le sergent Gombault, ne sachant pas qu'il était défendu de parler, s'approcha un peu des sentinelles pour dire quelques mots à un camarade. Le soldat bavarois le repoussa brutalement par un coup de crosse dans l'estomac, sans avoir fait précéder d'aucun avertissement cet acte de sauvage. Il s'ensuivit une discussion des plus animées, dans deux langues différentes; c'est alors que la sentinelle, se croyant insultée, appela des camarades à l'aide en continuant à frapper le sous-officier. Bientôt le sergent bavarois accourut avec quelques hommes de piquet et, sans demander d'explication, frappa Gombault au visage en lui serrant la gorge de l'autre main. C'est alors seulement que notre malheureux camarade riposta par un coup de pied et fut immédiatement enlevé.

« Voilà, mon capitaine, comment les faits se sont passés et tels qu'ils ont été racontés au conseil de guerre par les deux témoins qui ont été appelés, le sergent-major Battin, du 48ᵉ de ligne, et le sergent Benoist, du 2ᵉ tirailleurs algériens.

« Nous devons ajouter que notre camarade a été jugé à huis-clos et qu'il a été fusillé de même ; la dernière consolation, celle de voir une dernière fois ses camarades avant de mourir lui a été refusée. Nous avons l'honneur, mon capitaine, d'être vos très humbles et très obéissants subordonnés. »

Cette lettre est signée de tous les sous-officiers et des soldats internés dans la casemate 108, qui tous ont été les témoins de ce triste événement.

A cette lettre étaient joints les adieux adressés à ses camarades au moment où on lui a refusé de les embrasser une dernière fois. Ils sont écrits d'une main ferme, avec cette belle calligraphie particulière aux sous-officiers comptables, et sur un chiffon de papier bavarois recueilli sur la table du conseil ! Je copie cette précieuse relique que je regrette de ne pouvoir mettre sous les yeux du lecteur. Tout le caractère énergique et correct de ce brave garçon m'apparaît dans ces quelques mots écrits, peu d'instants avant sa mort, au moment où ses gardes le livraient au peloton d'exécution. Les voici :

« *à Monsieur Benoist Vincent, sergent au 2ᵉ régiment de tirailleurs, à Ingolstadt* »

« Messieurs les sous-officiers du 2ᵉ régiment de tirailleurs algériens :

« Adieu, braves camarades, je meurs fier d'avoir appartenu à votre noble corps et à la France. »

« Gombault. »

On peut juger de l'émotion que causa parmi les prisonniers cette épouvantable exécution précédée d'un semblant de jugement dont tous les détails purent être donnés par les deux témoins appelés à la barre et particulièrement par le sergent-major Battin, qui comprenait parfaitement l'allemand. Le général président de la cour martiale n'a aucunement cherché à s'éclairer par les questions d'usage, et son interrogatoire a été remplacé par une longue diatribe contre l'indiscipline française, suivie d'un panégyrique très chaud en faveur de l'armée allemande.

Quant au défenseur! jeune officier de landwehr désigné d'office, il n'a pas échangé une parole avec son malheureux client, quoiqu'il parlât très purement notre langue, et il a trouvé sa mission remplie après avoir déclaré en allemand « qu'il s'en rapportait à la clémence des juges! »

Nous le connaissions tous, et je le vois encore d'ici avec son monocle enchâssant l'œil, cet officier d'occasion qui avait appris son métier en même temps que notre langue derrière les rayons de soieries d'un grand magasin de Lyon!... Que de fois nous avons souffert de son insolence dans les bureaux du gouverneur! Il prétendait nous avoir tous vus au camp de Sathonay! c'est là sans doute qu'il passait par ordre les heures de loisir que lui laissait son chef de magasin. Ce *calicot*, doublé d'un Allemand haineux, s'est cruellement vengé sur un sous-officier français des dédains qu'il a dû essuyer dans nos camps.

Nous avons tous été d'avis de protester contre l'odieux attentat qui venait d'être commis, et son capitaine en a pris l'initiative en rédigeant la lettre ci-jointe que nous avons tous signée :

« Monsieur le gouverneur : Les officiers français prisonniers à Ingolstadt protestent tous contre la décision prise le 8 janvier par la cour martiale.

« Le sous-officier Gombault n'a pas été jugé, puisqu'il n'a pas eu de défenseur; nous le considérons comme ayant été fusillé sans jugement, contrairement au droit des gens; nous avons demandé depuis notre internement à remplir auprès de vos cours martiales le rôle de défenseurs de nos malheureux soldats, qui nous appartient absolument quoique vous ayiez toujours rejeté nos instances. Elles s'appuient néanmoins sur les principes les plus élémentaires de la justice, admis par toutes les nations civilisées. Nous ne pouvons considérer comme un défenseur l'officier allemand qui s'est borné à s'en rapporter à la clémence des juges, alors surtout que celle-ci s'est manifestée par une condamnation à mort suivie d'exécution immédiate. Un officier français eût montré le coupable sous son vrai jour et peut-être eût-il prouvé à des juges impartiaux que la gravité des faits reprochés à Gombault était singulièrement atténuée par son ignorance de la langue allemande et les brutalités dont il a été victime de la part de ceux qui ne pouvaient pas le comprendre.

« Votre cour martiale a fait une mauvaise action contre laquelle nous protestons et que nous dénonçons aux armées de tous les pays... »

Le gouverneur a répondu par une lettre de huit jours d'arrêts pour tous les signataires, et le ministre de la guerre a cru devoir doubler la peine.

Ces lettres portaient en post-scriptum, qu'en Allemagne les officiers aux arrêts ne sont pas gardés et que leur parole d'honneur suffit. Les Bavarois ignorent sans doute qu'en France la parole donnée a la même valeur, et que la sentinelle placée devant la porte de l'officier aux arrêts de rigueur est seulement l'indice d'une aggravation de peine.

Peu de temps après, nous avons transmis au gouverneur la demande des tirailleurs d'élever un monument funèbre sur le lieu de l'exécution de leur camarade. Il n'a pas cru pouvoir refuser, et nous avons laissé dans le fossé de la place un petit mausolée sur lequel on lit l'inscription suivante : « A la mémoire de Gombault, Charles, sergent au 2ᵉ tirailleurs, prisonnier de guerre à Ingolstadt, fusillé le 8 janvier 1871, à l'âge de 22 ans! Ses camarades, du 2ᵉ tirailleurs. »

Si les Bavarois ont respecté, comme nous voulons le croire, cette triste sépulture, nos enfants trouveront peut-être un jour cette trace sanglante d'une exécution inique parmi les ruines de cette forteresse où leurs pères ont tant souffert!

Afin de pouvoir envoyer à la famille de Gombault les quelques objets qui lui appartenaient et devaient constituer pour elle de précieuses reliques, il en fut fait un petit inventaire dans la casemate qu'il occupait. Son bagage était mince, comme celui de tous ces malheureux qui n'avaient même pas le plus souvent le strict nécessaire.

Parmi ses lettres, venant presque toutes de sa famille, nous en avons recueilli quelques-unes de son oncle et de son frère, empreintes des plus grands sentiments de patriotisme. J'en copie une qui donnera la note de toutes les autres : « Prends courage, mon cher enfant, et supporte en chrétien et en bon soldat les terribles épreuves de la captivité. Tu as fait ton devoir de combattant, j'en suis certain; accepte avec résignation les dures exigences du vainqueur. Nous ne pouvons sonder les décrets de la Providence qui tient entre ses mains nos destinées; elles sont impénétrables comme l'infini où se cachent ses saintes volontés. Soumettons-nous donc humblement au malheur du présent en conservant l'espoir de l'avenir. Courage, mon cher enfant, et puisse la douleur retremper les bons sentiments que je te connais et élever encore plus haut ta belle âme vers Dieu. »

A la suite du combat de Coulmiers, le prince Frédéric-Charles fut appelé sur la Loire avec la plus grande partie de ses troupes pour y combattre l'armée qui se formait dans l'intention de débloquer Paris. Le 10 novembre, ainsi que nous l'avons dit, le 1er corps bavarois était à Toury où le général d'Aurelle avait le projet de l'attaquer en marchant sur Paris. L'approche du prince Frédéric-Charles le rejeta sur la défensive.

Il n'en est pas moins vrai que jamais les Allemands n'avaient encore subi autant de combats acharnés et meurtriers que ceux qui les arrêtèrent pendant près d'un mois dans leur marche pour réoccuper Orléans.

Tous les télégrammes qui nous parvenaient à Ingolstadt portaient pour premier titre : « Sanglant combat ». C'est ainsi qu'ils annoncent la prise de Ladon, localité vaillamment défendue par l'avant-garde du 20e corps français; ils parlent de même du combat acharné livré, le 28 novembre, devant Beaune-la-Rolande au 20e corps français. C'est à la suite de cette affaire que d'Aurelle de Paladines concentra son armée sur la lisière nord de la forêt d'Orléans et à l'ouest de ces bois. Malheureusement, il laissait ainsi au prince Frédéric-Charles la possibilité de réunir ses forces pour reprendre Orléans qui était le point décisif de la ligne de la Loire. Le prince y entra le 5 décembre, mais non sans avoir livré beaucoup de petits combats très meurtriers qui n'ont pas laissé de noms en raison de leur peu d'importance militaire, mais beaucoup de Bavarois sur les champs de bataille du Loiret.

Nous avons eu vers cette époque, dans notre voisinage de table d'hôte, un officier de landwehr appartenant, nous a-t-on dit, à une très grande famille de la Bavière; il nous adressa la parole, après nous avoir salués, et engagea une conversation qui se prolongea pendant le repas.

L'hôtelier nous a décliné depuis les titres, noms et qualités de ce personnage, revenant de France assez mal hypothéqué par une balle qui l'avait couché sur l'un des derniers champs de bataille devant Orléans. Cet homme, jeune encore, réalisait assez bien physiquement le type de Don Quichotte après son duel contre les moulins; son épine dorsale fléchissait légèrement sous le poids de sa longue charpente osseuse, et il portait souvent la main sur ses reins en faisant une grimace significative que lui arrachait la douleur. La croix de fer des Prussiens pendait à une boutonnière de son uniforme, à côté de la médaille commémorative de la campagne de 1866. Cet officier de la landwehr était un attaché d'ambassade qui avait pris volontairement du service pour la durée de la campagne contre la France, comme il l'avait fait déjà contre la Prusse. Il rentrait cette fois à Munich avec une lésion sérieuse de l'épine dorsale, et s'était arrêté quelques heures à Ingolstadt pour prendre un repos que nécessitait sa blessure. Son esprit aventureux, en même temps que très cultivé, rappelait par beaucoup de côtés son origine étrangère à l'Allemagne. Nous l'avons apprise en même temps que nous avons su son nom par l'hôtelier, car il n'a pas cru devoir nous le faire connaître lui-même. La nationalité de ses aïeux datait encore, hélas! de la révocation de l'édit de Nantes, et il portait un grand nom français germanisé.

Ses souffrances n'avaient pas altéré sa joyeuse humeur, ni aigri son caractère contre ses ennemis.

Il nous fit un récit très intéressant de notre succès de Coulmiers, où il avait combattu, et était loin de dédaigner ses adversaires des armées de la Loire. Ayant fait le plus grand éloge du corps des francs-tireurs de Charette, auquel appartenait le soldat qui lui avait envoyé une balle dans les reins, il nous parla aussi, mais sans moquerie, des plumes noires flottant sur les feutres de ces fantassins d'occasion, qui n'étaient pas du tout, dans son appréciation, des guerriers d'Opéra-Comique, comme on le disait à Ingolstadt. Il fut enfin le seul Allemand qui témoigna devant nous son admiration pour ce grand élan de patriotisme qui improvisait en France de nouvelles armées, et permettait de continuer une lutte glorieuse quoique inégale; il ajouta que si les rôles avaient été renversés dans cette guerre, et que l'Allemagne eût perdu son armée régulière, il pensait que la partie eût été abandonnée et la paix faite depuis longtemps, n'importe à quel prix.

Cet officier émit encore sur la politique intérieure de notre pays des idées sensées, mais qui ne pouvaient trouver d'écho chez aucun de nous. Nous gardâmes le silence, comme il devait s'y attendre. D'ailleurs, même dans notre intimité de camarades, nous ne parlions jamais politique. Pendant toute la durée de notre internement, nous n'avions tous qu'une seule opinion, la guerre à outrance et le relèvement de la France.

CHAPITRE XVII.

Urban Regius, plus connu sous le nom de docteur Faust, vivait à Ingolstadt au XVIᵉ siècle. — Recherches du type de Marguerite de Gœthe. — Les jeunes filles d'Ingolstadt. — Ce que nous savons de leur éducation. — Spécimen du tact et de l'esprit des Bavarois de la bourgeoisie. — Ce qu'ils disent volontiers devant nous de la décadence française. — Pourquoi je n'ai pu connaître les idées de la noblesse. — Plaisanteries allemandes sur les erreurs géographiques de Gambetta et sa façon de lire les kilomètres sur la carte. — Nouvelles de nos armées à la date du 5 décembre. — Rapports allemands sur les combats des 8, 9 et 10 décembre. — Retraite Infernale de Chanzy. — Les Allemands exaspérés, pillent et brûlent le pays. — La presse allemande insiste pour le bombardement de Paris. — Nos craintes fondées de la capitulation prochaine.

Au XVIᵉ siècle vivait dans la célèbre université d'Ingolstadt le docteur Urban Régius, plus connu sous le nom du docteur Faust, immortalisé par Gœthe et le chef-d'œuvre de Gounod, et c'est ici sans doute qu'il a vendu son âme à Satan pour posséder la blonde et belle Marguerite.

J'ai souvent évoqué le souvenir de cette poétique et malheureuse femme sous les voûtes silencieuses de la vieille église où sont tombées ses dernières larmes; j'ai peut-être foulé sous mes pieds la dalle qui les a recueillies, ou touché de la main le pilier derrière lequel Méphistophélès assistait à sa prière suprême.

Pendant les nuits étoilées, j'ai fouillé la vieille ville en cherchant le balcon que Faust a si fatalement franchi, et il me semblait entendre encore ce beau duo qui est gravé dans tous les souvenirs comme la plus sublime expression de l'amour.

Hélas! je n'ai jamais vu Marguerite en prières dans un coin de la cathédrale, ni aucune femme se rapprochant du type créé par le poète et que me représente mon imagination. Pendant mes promenades nocturnes, une triste réalité a le plus souvent dissipé mes rêves de mélodie, car les chants qui arrivaient jusqu'à moi sortaient des brasseries voisines, où des gens repus de bière fêtaient les triomphes de l'Allemagne.

Les jeunes filles que nous rencontrons à Ingolstadt sont loin de personnifier la poésie, dont notre esprit se plaît à envelopper l'amie de Faust; cependant les longues tresses de leurs cheveux blonds tombent encore sur leurs épaules ainsi qu'on nous représente Marguerite, et leurs yeux rêveurs semblent chercher l'idéal dans les sphères éthérées; mais de même que les chants des buveurs m'ont rappelé à la réalité, la conversation des jeunes filles nous les montre telles qu'elles sont, des femmes pratiques, et préoccupées le plus souvent des petits côtés de l'existence. Leurs regards, qui nous paraissaient noyés dans l'infini, s'attachent particulièrement aux objets matériels, et quand leur imagination s'égare dans l'inconnu, elles y lisent que leur destinée est d'avoir beaucoup d'enfants, comme toutes les mères allemandes, et qu'il faudra de constants et pénibles efforts pour les élever.

Un de mes camarades étant logé chez une famille où se trouvaient deux jeunes filles, nous avons eu souvent l'occasion de causer avec elles dans notre langue qu'elles connaissaient très bien. Curieuses comme le sont les femmes de tous les pays, elles nous questionnaient beaucoup sur la France, ce qui nous autorisa à les interroger de même, et à connaître par elles l'éducation et les idées de la bourgeoisie bavaroise.

Je raconte mes impressions sans commentaires et avec grande impartialité, car ma haine des Allemands ne m'entraînerait jamais

Prisonniers insultés dans la rue. (Page 214.)

à médire des femmes, ni même à passer sous silence une qualité que j'aurais observée chez elles.

Les idées accréditées en France attribuent aux Allemandes des natures vaporeuses et rêveuses ; j'ai constaté absolument le contraire chez ces jeunes filles bien élevées appartenant à la société, et je le déclare ici, en laissant à d'autres le soin d'en féliciter les Allemands s'ils le jugent à propos. L'éducation des jeunes Bavaroises est surtout dirigée dans le but de développer des qualités pratiques, si utiles aux femmes d'intérieur destinées à élever une nombreuse famille avec des ressources modestes.

Leurs études sont très poussées du côté de la vie matérielle, mais elles le sont beaucoup moins pour tout ce qui touche aux arts d'agrément, dont les connaissances sont considérées comme secondaires dans leur éducation.

Si nous en jugeons par les deux jeunes filles que nous connaissons, leur instruction est sérieuse et s'attache particulièrement à l'étude des langues vivantes. Toutes les Allemandes, nous disent-elles, parlent et écrivent le français au moins aussi bien que nous-mêmes.

J'attribuerai à la curiosité et au désir de perfectionner leur langage par la pratique, l'empressement et la familiarité qu'elles apportaient dans leurs causeries ; et dans ces conditions, il me serait difficile de conclure que les jeunes filles bavaroises ne sont pas assez réservées.

De plus, leur mère, qui assistait le plus souvent à nos entretiens, les interrompait à chaque instant pour se faire traduire en allemand les phrases qu'elle n'avait pas bien comprises, car elle n'était pas aussi initiée que ses filles à notre langage. Cette double conversation, presque simultanée, devait apporter un certain décousu dans l'étiquette aussi bien que dans nos paroles, et je trouve encore là une excuse acceptable.

Quant au père de nos deux types, je sais qu'il existait, mais je ne l'ai jamais vu, et je ne le regrette pas. Ce Bavarois était un fonctionnaire ayant les habitudes de tous ses collègues qui ne quittent les brasseries que pendant les heures consacrées aux affaires. C'est là qu'ils se reposent des tracas de la vie, et qu'ils soupent plus souvent que chez eux. Cette désertion absolue du foyer est très commune, et je la signale aux dames françaises qui médisent, si justement, de la vie des cercles.

Indépendamment de leurs travaux intellectuels et physiques, dont j'ai parlé, les jeunes filles bavaroises font une étude pratique de la cuisine, quand même elles appartiennent à la catégorie des filles riches qui n'auront jamais l'occasion de l'appliquer par elles-mêmes. Aussi avons-nous été très étonnés d'apprendre que, dans notre hôtel, il y avait chaque jour un cours de ce genre et que bon nombre des plats qu'on nous servait étaient entièrement préparés par des jeunes filles payant fort cher les leçons du cuisinier.

Cette introduction de jeunes demoiselles dans une cuisine d'hôtel, où elles préparent les mets de la table d'hôte, est si absolument contraire à nos mœurs, qu'elle me choque beaucoup; mais ici encore je déclare mon incompétence, et je laisse à d'autres le soin d'apprécier le fait et les résultats que peut donner ce genre d'instruction.

Je constate seulement que, dans le cercle très restreint d'ailleurs où j'ai pu faire mes observations, les Bavaroises manquent de la distinction des manières et de l'élégance qui ont tant de charme chez nos Françaises, élevées aussi bien qu'elles pour devenir des femmes sérieuses; et, si cette différence est due à la préoccupation constante des soins du ménage, je me réjouis que nos filles l'aient un peu moins.

Dans cette étude très impartiale, je dois ajouter qu'en Bavière j'ai remarqué chez les femmes un tact qui est absolument étranger au sexe fort.

Nous pouvions causer avec elles, parce qu'elles évitaient les occasions de nous blesser par leurs appréciations, ce que n'ont jamais su faire les Bavarois qui nous ont approchés.

C'était peut-être chez elles le résultat d'une sage politique, puisqu'elles désiraient pratiquer la conversation française dans le but de perfectionner leur connaissance de notre langue. Quoi qu'il en soit, elles ne nous ont jamais manqué des égards dus au malheur.

Ainsi que je l'ai dit, les officiers français enfermés à Ingolstadt avaient été laissés libres de vivre à leur gré. Un grand nombre ont dû loger chez les habitants, et quelques-uns y vivaient complètement. Ceux-là sont bien renseignés sur les mœurs, les habitudes et les idées bavaroises, et ils ont pu constater que nous sommes très sévèrement jugés depuis nos grands désastres.

Les Allemands nous considèrent comme une nation dégénérée moralement et physiquement, et ces appréciations nous sont brutalement données, le plus souvent, par des gens appartenant à une classe qui se distingue en France par une bonne éducation.

Par exemple, j'ai souvent entendu dire que nous paraissions tous plus âgés que nous ne le sommes en réalité, et maintes fois on a signalé devant moi nos calvities nombreuses, comme un indice certain d'une décrépitude prématurée. Mes souvenirs ne me permettent pas d'attribuer ce propos à tel ou tel des porteurs de perruques, car ils étaient nombreux, jeunes et vieux, la mode étant ici de cacher son crâne chauve sous un tas de choses malpropres, qu'on prend de loin pour des cheveux.

Les Allemands trouvent aussi nos hommes petits et rachitiques, et prétendent lire sur leurs figures les traces du vice précoce ou d'une origine malsaine ; ceux qui disent de pareilles inepties obéissent à un mot d'ordre, et ne méritent pas l'honneur d'une discussion. Tous ont pu voir comme nous, nos petits soldats si alertes et si intrépides, essoufflant par une marche rapide les grands Bavarois d'escorte qu'ils traînaient derrière eux en se rendant au travail, et ils ont dû se réjouir que le sort des armes ait condamné à l'impuissance ces vigoureux soldats, dont ils médisent aujourd'hui. Ils sont donc de mauvaise foi, à moins qu'ils n'appartiennent à cette foule imbécile qu'on a trompée par l'exhibition de malheureux infirmes, systématiquement enlevés dans leurs villages, pour servir de spécimen de notre décadence. J'ai expliqué déjà et flétri comme il mérite de l'être ce procédé de nos ennemis.

Les officiers blessés dans les combats d'Orléans ont raconté à leurs compatriotes que l'armée de la Loire est composée de soldats d'opéra-comique affublés des costumes les plus étranges, et en ont fait un tableau aussi grotesque que possible. Les habitants d'Ingolstadt regrettent de ne pas en avoir quelques échantillons, car les mobiles et les mobilisés tombés entre leurs mains ne peuvent leur en donner qu'une idée incomplète ; mais ils oublient que les malheureux francs-tireurs, auxquels ils font allusion, sont impitoyablement fusillés quand on peut les prendre.

J'ai connu personnellement très peu de gens à Ingolstadt, puisque j'y vivais dans un hôtel où je voyais beaucoup de monde sans fréquenter personne. Cependant j'avais été recommandé, à mon insu, par un de mes amis de France à l'un de ses parents, major dans un régiment d'Ingolstadt. Cet officier vint me trouver pour m'offrir ses services avec une courtoisie, que je reconnus par une visite de remerciements. Là se bornèrent nos relations, malgré les invitations réitérées de sa femme qui parlait très purement le français.

J'ai appris depuis que le commandant bavarois avait été grièvement blessé devant Orléans, et je crois me souvenir qu'il en est mort. J'ai quelquefois pensé depuis que si, par impossible, j'avais renouvelé ma visite, les devoirs de bienséance m'eussent imposé l'obligation de déposer chez la majoresse une carte de condoléance, ce qui eût été du dernier comique dans ce dénouement dramatique.

Dans notre situation nous ne pouvions pas accepter de relations, et je ne puis rien regretter, mais j'aurais connu dans cette famille la haute aristocratie, et je me ferais une idée exacte des sentiments qu'avait à notre égard cette fraction très fermée de la société bavaroise.

Nous lisions, à la date du 1er décembre, que « Gambetta ne désespérait pas du salut de la France ; d'après lui l'heure suprême avait sonné, l'heure de la délivrance de la France et de la défaite des armées allemandes ».

Cependant les journaux se hâtaient d'ajouter que cette confiance était due à une erreur géographique du « tribun audacieux qui avait confondu Épinay-lez-Saint-Denis avec Épinay-sur-Orge, localité située au sud-est de Lonjumeau et à 15 kilomètres des forts du sud de Paris ».

« En effet, une dépêche parvenue à Belle-Isle par ballon monté avait été télégraphiée à Tours le 1er décembre, annonçant que l'amiral de la Roncière avait occupé Épinay. Le général d'Aurelle étant à ce moment à Artenay, pourrait donner la main à Trochu ou Ducrot. »

L'écrivain plaisante beaucoup « les erreurs kilométriques et géographiques de Gambetta qui pouvaient lui laisser croire qu'à la date du 30 novembre, d'Aurelle n'était plus qu'à 50 kilomètres de Paris, et qu'il devait être par conséquent au moment d'atteindre l'armée de Ducrot, à la date du 1er décembre, lorsqu'il recevait la dépêche. »

Avant que la délégation de la Défense partît pour Bordeaux, il fut arrêté, dès les premiers jours de décembre, que le partage de l'armée française était définitivement maintenu.

« L'armée de l'Est, sous les ordres de Bourbaki.

« L'armée de l'Ouest, sous le commandement du général Chanzy.

« Bourbaki devait aller opérer avec 120,000 hommes pour débloquer Belfort et couper aux Allemands les communications entre Paris et Strasbourg, avec l'éventualité de pénétrer dans l'Allemagne du Sud, suivant les circonstances.

« On réunissait à Bourges un nouveau corps.

« Chanzy devait opérer entre la Loire et la Seine, et marcher sur Paris ou chercher à se réunir à l'armée du Nord de Faidherbe, s'il était possible.

« Le 5 décembre, le général de Moltke informa le général Trochu des événements accomplis sur la Loire et de la réoccupation d'Orléans, et il lui proposa d'envoyer un officier sur les lieux pour se convaincre du véritable état de choses. Trochu répondit avec une certaine hauteur et refusa d'envoyer cet officier. L'espoir d'être débloqué était toujours grand dans Paris, si peu au courant des événements extérieurs.

« Contrairement à l'opinion générale, qui prêtait à Frédéric-Charles l'intention de suivre l'armée de Bourbaki, le prince resta devant Chanzy.

« Le 9 décembre, le siège du gouvernement est transporté à Bordeaux, et Chanzy, débarrassé du souci de couvrir Tours, prend audacieusement l'offensive. »

Les journaux allemands s'accordent pour reconnaître que les légions françaises, tout improvisées qu'elles soient, vont bravement au feu; mais ils ajoutent que leurs retraites sont des débandades contre lesquelles les généraux français ont peine à réagir. Il ressort néanmoins de toutes leurs relations que jamais ils n'ont été aussi harcelés qu'ils le sont en ce moment par cette nouvelle armée.

Les télégrammes nous signalent les combats du 9 décembre à Montlivrault et au château de Chambord, au nord-ouest de Blois.

Le 10 décembre, Chanzy, sans laisser de trêve aux Allemands, les attaque dans leurs positions entre Beaugency et Cernay. Dans ce combat, qui dura jusqu'à la nuit, les Allemands ont remarqué une nouvelle tactique de notre artillerie dont ils ont beaucoup souffert. « Les batteries de réserve, sous la direction du général Chappe, se portent résolument en avant en essuyant le feu de nos pièces, qui ont une portée très supérieure, et s'arrêtent seulement quand elles sont à la distance qui convient à leur tir. Cette manœuvre leur coûte cher, le plus souvent. Mais les pièces qui peuvent ouvrir le feu nous font le plus grand mal, et beaucoup des nôtres sont obligées de quitter leurs positions.

« On assure que cet officier général est un échappé de Sedan qui, ayant assisté aux premières batailles, a remarqué que les canons français ne pouvaient avoir aucun effet contre nos pièces à longue portée. Il lui a paru préférable d'affronter un feu momentané, avec l'espoir d'y répondre efficacement, que de le subir avec de grandes pertes sans obtenir aucun résultat d'une canonnade à trop grande distance. »

Les combats livrés par Chanzy, soit pendant la marche en avant, soit pendant sa retraite derrière le Loir, sont signalés comme incessants et très meurtriers. Non seulement les généraux l'écrivent, mais encore la façon dont ils brûlent les lieux habités où ils rencontrent la moindre résistance, fusillent ou emmènent des otages, témoigne de la rage excitée chez eux par ces luttes aussi sanglantes qu'opiniâtres.

Dès le 15 décembre, la retraite de Chanzy sur le Mans avait été décidée; mais il se retire lentement, se retournant pour l'offensive toutes les fois que l'ennemi songe à se reposer un instant dans sa poursuite.

Les Allemands ont appelé cette retraite de Chanzy sur le Mans, la « Retraite Infernale. » Mais nous pourrions à plus juste titre qualifier de la même façon leur marche contre nos troupes à travers un malheureux pays dont ils ont fusillé les habitants, brûlé les villages, traînant à leur suite des centaines d'otages emmenés de Troô, Sougé, Montoire et autres localités, pour servir de victimes expiatoires des soulèvements futurs et du patriotisme.

Le 25 décembre, les Allemands pénètrent dans Saint-Calais, ville ouverte dont ils pillent sans merci les maisons et maltraitent les habitants. Le général Chanzy adresse au général prussien, par un parlementaire, une lettre digne et ferme à la fois pour se plaindre de cette conduite indigne des troupes régulières d'une nation civilisée (1).

Notre parlementaire rapporte cette réponse au quartier général :

« Reçu une lettre du général Chanzy. Un général prussien, ne sachant pas écrire une lettre d'un tel genre, ne saurait y faire une réponse par écrit. »

Ce général ne pouvait comprendre, en effet, une lettre inspirée par un cœur généreux et accessible à un sentiment d'humanité.

La grande majorité de la presse allemande demande tous les jours et de la façon la plus impérieuse le bombardement de Paris.

« Il faut en finir une bonne fois », disent-ils; « avec Paris on aura la paix qui mettra fin à ces interminables tueries, au nord à l'ouest et à l'est de la France. »

« A quoi nous auront servi nos triomphes militaires, si nous

---

(1) Voir l'ouvrage de E. Deschaumes, *la Retraite Infernale*. Firmin-Didot et Cⁱᵉ.

Traduit devant la cour martiale. (Page 220.)

devons perdre nos armées dans des combats incessants? Pourquoi donc les chefs de l'armée allemande tardent-ils si longtemps? Auraient-ils des scrupules à bombarder la « Ville Sainte »? Il faut se demander, dans ce cas, si la vie de quelques centaines de Parisiens est plus précieuse que celle de milliers d'Allemands qui, pendant le long investissement, ont été tués par les maladies ou par des balles françaises. »

On sait comment l'état-major allemand a donné satisfaction à ces désirs de la nation exprimés par la presse allemande.

Nous qui pouvions, malheureusement, suivre l'ensemble et les péripéties du grand drame qui se jouait en France, nous ne pouvions nous faire d'illusions sur la chute prochaine de Paris.

L'armée de Chanzy, malgré d'héroïques efforts et des succès partiels, n'a pu empêcher l'entrée des Allemands au Mans, le 12 janvier.

Faidherbe dispute pied à pied nos départements du Nord aux Allemands, mais les combats acharnés de Pont-Noyelles et de Bapaume ne lui ont pas ouvert la route de Paris, puisqu'il a dû transporter son quartier général à Douai.

Certes, tous les télégrammes qui donnent des nouvelles de Paris depuis le commencement du siège, excitent notre admiration pour nos chers compatriotes qui supportent avec la plus grande énergie les privations du siège. Nous sommes aussi très émus par les efforts que font les troupes chargées de la défense pour rompre le cercle de fer qui les enveloppe, mais à quelle armée donneraient-elles la main?

Les Allemands prétendent que la sortie du 21 décembre a été exécutée « mollement et sans ténacité », et en attribuent la cause « au manque de confiance dans le succès qui avait envahi les chefs de l'armée de Paris. Ceux-ci ne croyaient plus aux nouvelles fantaisistes que leur faisait parvenir Gambetta sur le voisinage des armées de déblocus ». Surtout, ajoutent-ils, « dans le grand état-major où l'on savait que Gambetta avait confondu les deux Épinay et lisait si étourdiment les cartes et les rapports ». Les ennemis évaluent leurs pertes à 500 hommes tués et blessés dans cette sortie, et prétendent que celles des Français sont beaucoup plus considérables; ils parlent aussi d'un grand nombre de prisonniers. Quant aux sorties qui eurent lieu du 12 au 16 janvier, ils en font seulement mention sans y attacher d'importance.

Le 20 janvier, un télégramme nous annonçait que les Parisiens avaient fait, le 19, une suprême tentative, un coup de désespoir. Cent mille hommes réunis dans la presqu'île de Nanterre et sous le commandement en chef de Trochu avaient projeté de forcer la ligne d'investissement pour se ruer sur Versailles, mais ils durent rentrer le soir dans les lignes retranchées, entre le Mont-Valérien et la Croix-du-Roi, et ne recommencèrent pas l'attaque le lendemain.

Les Allemands évaluent à 7,000 hommes au moins la perte des Français, et reconnaissent que les gardes nationaux mobilisés qui allaient pour la première fois au feu en rase campagne, se sont bravement battus.

Nous apprenions en même temps la retraite de Faidherbe sur Lille, après sa défaite à Saint-Quentin, le 19 janvier.

CHAPITRE XVIII.

Un télégramme du 28 janvier annonce que Bismarck et Favre ont signé un armistice à la suite de la capitulation de Paris. — Nous ne recevons pas d'autres nouvelles. — Comment était traitée à Ingolstadt la correspondance des prisonniers. — Toujours les drapeaux prussiens et les bannières bavaroises! — Les turcos pendant l'hiver. — La casquette d'un officier de marine sur la tête d'un échappé de Pont-Noyelles. — Un père venu de Lyon pour retrouver son fils. — Ce qu'il apprend dans les casemates d'Ingolstadt. — Les nouvelles de Châteaudun à Landshut, évasion de l'un de nos camarades. — Ses causes. — La disparition de cet officier.

Voici quelle était la teneur du télégramme qui parvint à Ingolstadt dans la soirée du 28 janvier :

« Aujourd'hui 28 janvier, Bismarck et Favre ont signé à Versailles une convention qui a pour objet la capitulation de Paris et un armistice pour la masse des armées belligérantes. »

Nous avions presque tous dans Paris nos amis et des membres de nos familles dont le sort nous préoccupait vivement depuis le commencement du siège, surtout depuis le bombardement.

Nous étions sans nouvelles, et les télégrammes qui nous annonçaient tant de morts après les sorties des combattants de Paris, n'étaient pas suivis pour nous de ces longues listes de noms dans lesquelles fouillaient anxieusement les Bavarois.

Qu'étaient devenus nos parents et nos amis que nous savions aux avant-postes de la capitale? Les mouvements de troupes, que nous pouvions suivre par les articles de journaux, nous donnaient des renseignements suffisants pour nous alarmer sans nous éclairer sur le sort de ceux qui nous étaient chers. Ces angoisses durèrent longtemps encore, puisque nous n'avons reçu de nouvelles de Paris qu'à la fin de février. Ces lettres, qui nous parvinrent par la voie des ambulances, nous apprenaient que nos parents et nos amis avaient souvent écrit par l'intermédiaire des ballons.

Aucun de nous n'a reçu ces lettres, soit qu'elles aient été interceptées en France, soit que le gouvernement bavarois se soit chargé lui-même de les arrêter.

Ce qui est plus probable, c'est qu'elles ont servi à allumer la pipe ou le foyer de ces petits messieurs, employés à Ingolstadt dans les bureaux de l'état-major de la place. J'ai déjà parlé de ces officiers de landwehr recrutés souvent parmi les *ex-calicots* de Paris ou de Lyon, destinés à rendre de grands services aux Allemands par la connaissance de notre langue. Ils devaient être nombreux à la suite des bagages que traînaient derrière eux les envahisseurs de la France.

Ceux qui achetaient plus facilement encore leur part de gloire dans les antichambres du gouverneur d'Ingolstadt, avaient pour mission de lire les lettres adressées aux prisonniers ou écrites par eux.

Beaucoup de bourgeois désœuvrés, connaissances des officiers de la place, étaient conviés à participer à ce dépouillement qui pouvait offrir parfois d'agréables distractions. Ces messieurs pouvaient s'approprier à bon compte des autographes de personnages connus en France et aussi en Allemagne. Du reste, ils ne limitaient pas là leurs larcins, car beaucoup de lettres renfermant des valeurs françaises ne sont jamais parvenues à leur destination. Je veux croire que les titulaires du service de la correspondance sont étrangers à ces soustractions frauduleuses, puisqu'ils portaient un uniforme d'officier, mais il est absolument vrai que leurs bureaux étaient le rendez-vous d'une foule de gens de toutes les espèces, dont la présence seule dans cette officine de tripotages répugnants prouvait à quelle catégorie morale ils appartenaient.

Nous pouvons, sans scrupules, attribuer à ceux-là la disparition des lettres chargées ou autres, et surtout chargées. Il est évident que, par ce temps de désorganisation du service des postes, des lettres ont pu être volées autre part qu'à Ingolstadt; aussi ne pouvons-nous qu'affirmer le fait de la disparition de l'argent qui nous y était adressé, en établissant de même que tout ce monde fouillait dans notre correspondance.

Le télégramme du 28 décembre, qui nous annonçait la capitulation de Paris, nous apportait sans doute le dernier cri d'agonie de notre malheureux pays?..... Les prisonniers de Wissembourg peuvent à juste titre revendiquer la plus large part des souffrances morales!

Brisés dès le premier choc, ils n'ont pas, comme beaucoup de leurs camarades en captivité, le souvenir des luttes répétées et souvent glorieuses avant la défaite. Aucune des joies de nos ennemis ne nous a été épargnée, et les nouvelles de leur triomphe nous ont le plus souvent surpris au milieu de nos folles espérances. Nous voulions nous accrocher à toutes les illusions, comme des malades condamnés à mort par leurs souffrances incurables, pendant que les télégrammes nous versaient goutte à goutte le poison du désespoir.

Nos yeux les lisent encore ces formules désolantes, à travers les cauchemars de nos nuits agitées, de même qu'ils reverront toujours cette ville en fête et pavoisée des bannières où nous avons lu toutes nos défaites.

Nous qui avions vu les drapeaux ennemis flottant pendant le

grand soleil d'août pour fêter « Wissembourg », nous étions encore là quand des banderoles où nous lisions « Paris » balayaient de leurs longues traînes maculées de boue, les neiges de l'hiver.

A cette époque, nos malheureux soldats n'étaient plus reconnaissables sous la bigarrure des vêtements bavarois mêlés à leurs uniformes.

Quant aux turcos, les rigueurs de l'hiver en avaient tué un grand nombre, et les rares survivants, que les Bavarois promenaient toujours devant les foules joyeuses, passaient fièrement drapés dans des couvertures sordides couvrant à peine leurs pantalons de toile en lambeaux.

Pendant ce temps, les éclopés bavarois revenus de France étalaient dans les brasseries, et même dans les rues, des débris de vêtements de femmes ou d'uniformes d'officiers volés à Bazeille ou ailleurs.

Je me souviens d'avoir vu sur la tête rougeaude d'un de ces soudards, la casquette à deux galons de l'un de nos officiers de marine, et j'ai pensé aux amis que je comptais parmi ces hommes si distingués auxquels est échu le grand honneur de payer largement leur dette à la patrie.

Les télégrammes nous annonçant les combats de Pont-Noyelles, de Bapaume et tant d'autres livrés par l'armée de Faidherbe, ont toujours signalé les marins et rendu hommage à ces vaillants soldats qui ont relevé si énergiquement le drapeau de la France.

Nous savons tous comment ils ont arrosé de leur sang les chemins de l'honneur qu'ils traçaient aux armées improvisées pour débloquer Paris.

Le Bavarois ivre qui passait dans la rue ne se doutait pas qu'il portait une relique sacrée, celle d'un héros martyr ! J'étais malheureusement trop loin de lui pour lui arracher ce trophée si ignoblement profané; mais j'en fis immédiatement l'objet d'une réclamation auprès du gouverneur. Ma protestation ne pouvait être que platonique, car j'ai déjà dit le peu de crédit qui était accordé à toutes celles que nous adressions.

C'est à peu près à cette époque que je vis arriver dans notre hôtel d'Ingolstadt un compatriote lyonnais que j'avais connu dans ma famille pendant mon séjour au camp de Sathonay.

Je voyais pour la première fois une figure française autre que celles de mes compagnons de captivité; l'émotion qu'elle me causa ne peut être appréciée justement que par ceux qui ont connu les rigueurs de l'exil, et Dieu sait si notre internement en était un de la pire espèce. Ma surprise de le voir n'était pas moins grande que mon plaisir, car il m'était impossible de m'expliquer sa présence dans cette ville où il était venu librement. Elle fut de courte durée, car il m'apprit qu'il cherchait dans toutes les forteresses de l'Allemagne son fils dont il n'avait pas de nouvelles depuis la capitulation de Sedan.

Ce jeune homme, engagé volontaire au 47ᵉ de ligne, n'avait certainement pas été tué pendant la bataille, car son nom eût figuré sur la liste des morts de son régiment; d'ailleurs, un de ses officiers avait affirmé par lettre lui avoir serré la main en sortant de Sedan, après la capitulation. Cependant, ses parents n'avaient reçu ni nouvelles ni lettres de leur fils, et les angoisses de l'incertitude étaient plus poignantes encore pour eux que ne l'eût été la nouvelle d'une mort glorieuse de leur enfant sur le champ de bataille.

Ce pauvre père avait interrogé déjà des soldats du 47ᵉ de ligne internés dans plusieurs forteresses; il était allé jusqu'en Poméranie, et c'est là qu'on lui avait appris que deux compagnies du 47ᵉ avaient été prises par les Bavarois. Tous, du reste, s'accordaient pour assurer qu'il faisait partie de la colonne des prisonniers.

Nous cherchâmes ensemble dans les casemates d'Ingolstadt où beaucoup de soldats ne le connaissaient que de nom, et nous désespérions du succès de nos recherches, lorsqu'un soldat vint nous fournir des renseignements qui ne laissaient malheureusement aucun doute sur la fin tragique de l'infortuné jeune homme.

Voici ce qu'il nous raconta :

« Celui que vous cherchez, dont je me rappelle très bien le nom et le visage, n'était pas blessé quand nous quittâmes la presqu'île d'Ige, mais il paraissait très fatigué, ce qui ne m'étonnait pas, car nous l'étions nous-mêmes, quoique nous fussions de vieux soldats et beaucoup plus robustes que ce jeune homme sorti du collège depuis peu de mois. Je suis sûr de lui avoir parlé pour l'engager à suivre sa compagnie, plutôt que de rester avec les traînards de tous les régiments; je me souviens aussi très bien du sourire triste dont il accompagna sa réponse : « Je tâcherai ! »

« Nous marchions très vite, et les soldats, Prussiens ou Bavarois, qui nous accompagnaient rudoyaient brutalement ceux qui ne serraient pas à leur distance.

« Pendant cette marche assez pénible pour les plus vigoureux, bien affaiblis par les marches forcées des jours précédents et le manque de nourriture, nous entendîmes plusieurs feux de pelotons sur les derrières de notre colonne.

« Nos gardiens échangeaient chaque fois un sourire et un regard féroce accompagnés d'une grossièreté allemande. Nous en eûmes l'explication par un de nos camarades alsaciens qui la tenait d'un Bavarois.

« Le peloton de Prussiens qui fermait la marche se distrayait des ennuis de la route en fusillant en masse des prisonniers retardataires de cette colonne d'infortunés. Il n'y avait aucun doute que le jeune volontaire n'eût été compris dans l'une de ces exécutions sauvages. »

Le pauvre père l'a pensé comme nous tous, et j'ai reconduit jusqu'à la gare ce désespéré qui avait hâte de quitter Ingolstadt sans pousser plus loin des recherches inutiles.

Ce sort épouvantable a été partagé par beaucoup d'hommes compris dans la désignation de « disparus ». Quelques officiers, dont on n'a jamais entendu parler depuis la guerre, ont pu être compris dans ces fusillades générales qui passent pour avoir été fréquentes, si l'on en croit les récits des soldats internés dans les forteresses de l'Allemagne.

Parmis les officiers portés disparus dans leurs corps, sans qu'on puisse légalement établir leur mort, nous avons un jeune sous-lieutenant de notre régiment qui a été fait prisonnier à Wissembourg et dirigé ensuite d'Ingolstadt sur Landshut.

Nous avons voyagé avec lui ; par suite, il ne peut y avoir aucun doute sur son parfait état de santé après le combat ; et la lettre qu'il a laissée à Landshut atteste qu'il a été interné dans cette ville.

C'était un tout jeune homme récemment sorti de l'école de Saint-Cyr ; très doux, mélancolique et parlant peu. Sa mère et sa sœur habitaient à Châteaudun avec son vieux grand-père, entièrement paralysé.

Les événements dont cette malheureuse ville a été le théâtre et les atrocités commises à l'égard des habitants par les Bavarois l'avaient jeté dans une consternation que ses camarades n'essayaient même plus de combattre. Il ne quittait pas sa chambre et refusait le plus souvent les aliments qu'on lui faisait parvenir. Pendant le mois qui suivit les massacres, il reçut un soir une lettre, ce qui prouve qu'à Landshut la correspondance des officiers était plus respectée qu'à Ingolstadt.

Un de ses camarades la trouva le lendemain sur la table du jeune officier, à côté de ces quelques mots tracés d'une main fiévreuse :

« Au revoir, mes amis, je partirai cette nuit; comment? je l'ignore encore, puisque je n'ai arrêté aucun moyen d'évasion. Tous me paraîtront acceptables pour mettre mon projet à exécution. Dans deux jours je serai à la frontière, je l'espère, et après-demain dans la mêlée contre les Bavarois!

« Pardonnez-moi ma résolution, bien grave, je le sais, après le serment qu'on a exigé de nous.

« J'estime que le massacre de ma famille par les Bavarois m'a délié de ma parole vis-à-vis de ces misérables, et que l'honneur n'est pas engagé avec des brûleurs de femmes et de vieillards infirmes.

« Je me parjure comme je me damnerais pour pouvoir tuer quelques-uns des bourreaux de Châteaudun! »

Et voici la lettre, datée de Montargis, et parvenue par les ambulances suisses :

« Mon cher cousin,

« J'ai hésité à t'informer d'un immense malheur qui nous a tous frappés, mais qui te sera particulièrement douloureux. Ta mère, ta sœur et ton pauvre vieux grand-père ne sont plus! Tôt ou tard tu aurais appris cette horrible nouvelle, j'ai le courage d'en être la messagère. Ne pouvant te donner des détails en raison de ta situation de prisonnier de guerre, je te dirai seulement que ta mère et ta sœur n'ayant pas réussi à descendre le pauvre paralytique avec son fauteuil qu'il ne pouvait quitter, n'ont pas voulu l'abandonner et ont été brûlées en même temps que lui.

Dans les fossés d'Ingolstadt. (Page 224.)

Leur sort n'eût pas été meilleur dans le cas où elles auraient pu gagner les caves, car les domestiques y sont morts également par le feu ou étouffés par la fumée. Patience et courage, mon cher Albert, c'est tout ce que peut te dire ta malheureuse cousine et amie.

« X... »

Ce jeune lieutenant, assez désespéré pour manquer à ses engagements, est parti de Landshut comme il l'a écrit, mais jamais nous n'avons su depuis ce qu'il est devenu. Il est certain, cependant, qu'il n'a pas paru en France.

Le silence que les Bavarois ont gardé à son égard prouve assez quel a été le sort de ce malheureux officier. Si coupable qu'il fût, je me demande quels sont les juges impartiaux qui l'eussent condamné en présence de la douleur si légitime qui l'a poussé à cette extrémité.

Mais, en Allemagne, il n'y avait pas de juges impartiaux à cette époque, et j'aime mieux croire qu'il a été assassiné par quelque brute non assermentée, sans avoir passé par ces cours martiales dont celle d'Ingolstadt nous a donné une si triste idée.

Les Allemands ont flétri avec la plus grande sévérité quelques officiers français qui ont violé leur parole; je n'entreprends pas de défendre une cause jugée mauvaise par tout le monde, mais je tiens à établir qu'ils n'ont pas été seuls à oublier les lois de la guerre, et qu'en présence des actes contraires au devoir de l'humanité chez les nations civilisées, certains hommes ont pu perdre assez la raison pour manquer aux engagements les plus sacrés; et j'irai même plus loin, en ajoutant que ces natures, capables de pareilles folies engendrées par la douleur, m'inspirent la plus grande sympathie.

La capitulation de Paris et l'armistice pour les autres armées, c'est la paix annoncée, le 28, à Ingolstadt ! dans cette ville, d'où sont partis tant de soldats qui ne reviendront jamais. Cette forteresse, que nos hommes appelaient, comme l'ambulance de la tranchée, en Crimée, « la Caserne des Passagers », n'enverra plus ces milliers de pères de famille, mouillés des larmes de leurs épouses, dans ces champs de la Loire qui sont les tombeaux des Bavarois. Pendant les jours qui suivent la chute de Paris, la forfanterie des Bavarois ne connaît plus de limites, parce que les peureux ne craignent plus rien et que le triomphe est désormais assuré sans leur concours.

La joie est grande dans la ville, où les drapeaux prussiens flottent plus étroitement liés que jamais aux bannières bavaroises.

C'est à travers ces flots de rubans multicolores que la foule bigarrée des paysans endimanchés se ruait pêle-mêle dans les brasseries avec les soldats bavarois.

Des cris frénétiques s'échappaient de ces tabagies empestées de bière et de fumée ; et ces hurlements, confus d'abord, finissaient par nous apporter la psalmodie triste et nasillarde des hymmes patriotiques.

Ces réjouissances duraient jour et nuit, sans interruption, tous les règlements de police ayant dû céder devant la nécessité de ne jamais fermer les brasseries aux patriotes toujours altérés, et particulièrement pendant les fêtes nationales.

Les officiers, gardiens de la forteresse et des prisonniers pendant toute la campagne, n'en revendiquaient pas moins leur part de gloire, et faisaient retentir, plus que jamais, le pavé d'Ingolstadt sous le choc insupportable de leurs sabres décrochés.

Les revues et les parades se multipliaient, et tous ces guerriers d'extrême réserve, recueillant l'enthousiasme des masses, semblaient prendre au sérieux leur rôle de triomphateurs.

Beaucoup se réjouissaient sans doute que l'heure n'ait pas sonné pour eux d'aller combattre dans le pays de la mort.

Ils savent tous ce que leur gloire a coûté aux Bavarois, et que les larmes versées sont plus nombreuses encore que tous les bocks vidés en l'honneur des vainqueurs.

Aussi tous ces soldats de la landwher fêtent-ils en famille la fin des hécatombes, sans se soucier autrement de la grande unité allemande dont elles ont été la trop chère rançon.

La certitude de ne pas quitter leurs foyers entretient chez eux une surexcitation que les libations copieuses changent facilement en ivresse. Leur insolence n'a plus de bornes, et ils insultent grossièrement nos malheureux soldats qu'on promène dans les rues.

Le plus souvent, les officiers sont reconnus malgré leurs vêtements bourgeois et subissent aussitôt les ignobles interpellations de la garnison et de la populace.

« Paris Capout! » est devenu le cri à la mode que poussent, en apercevant des Français, ces soudards à moitié ivres. Il semble que l'autorité militaire ne croie plus pouvoir ni peut-être devoir nous protéger.

Un soir nous fûmes arrêtés, mon ami le capitaine de tirailleurs et moi dans une rue assez déserte par deux soldats de landwehr, qui nous barraient la route.

Nous leur prêtions à tort des intentions hostiles, car ils nous demandèrent très humblement la charité en nous tendant leurs casquettes d'uniforme.

CHAPITRE XIX.

Ce que disent les Allemands au sujet de l'oubli de l'armée de l'Est dans les conventions de l'armistice. — Félicitations ironiques aux Suisses, au sujet de leur bon cœur pour les Français. — Riposte spirituelle d'un journaliste suisse. — Aperçu des opérations dans l'Est. — Grandes inquiétudes des Bavarois dès que Bourbaki dessine son mouvement. — Conséquences qui pouvaient résulter d'un passage possible de l'armée de l'Est sur la rive droite du Rhin. — Grand danger de tant de prisonniers en Allemagne. — Changements apportés par les succès de la Prusse aux idées politiques de la Bavière. — Ses premières démarches après Sedan pour l'admission des États du Sud dans la Confédération. — Négociations reprises et aboutissant, le 23 novembre, à une convention définitive. — Initiative du roi Louis II de Bavière pour le couronnement de Guillaume comme empereur d'Allemagne. — La Bavière a perdu cette fois son autonomie, dont elle était si jalouse.

D'après la convention signée le 28, les départements du Jura, du Doubs et de la Côte-d'Or, étaient provisoirement exclus de l'armistice et les opérations pouvaient y continuer; les Allemands attribuent la responsabilité de cette inexplicable restriction au gouvernement de la Défense nationale et non pas au commandement de l'armée allemande.

Ils prétendent que le gouvernement français, se faisant les plus grandes illusions sur les opérations de l'armée de Bourbaki et la valeur de Belfort, avait demandé que l'Est fût excepté de l'armistice.

Ce qui est certain, c'est que Jules Favre, lorsqu'il télégraphia à Bordeaux la conclusion de l'armistice, commit la faute impardonnable de ne pas mentionner dans sa dépêche l'exception si importante dont l'Est était l'objet.

Malgré toute sa colère, Gambetta télégraphia dans toutes les directions la nouvelle de l'armistice, sans faire mention de l'exception qu'il ne connaissait pas lui-même, et les généraux de l'armée de l'Est crurent que l'armistice s'appliquait aussi à leurs troupes.

Il devait en résulter des malentendus qui aggravèrent certainement les malheurs de l'armée de l'Est. C'est ainsi que le 29, le corps d'armée de Clinchant, successeur de Bourbaki, ne fit aucun mouvement et ne chercha pas à se faire jour au sud comme on devait s'y attendre par suite de la marche de Manteuffel sur Frasne.

Les maires des communes voisines avaient promptement répandu dans le corps d'armée la nouvelle de l'armistice telle qu'elle leur était parvenue, c'est-à-dire sans la restriction pour l'Est, et « les soldats français », ajoute le journaliste allemand, « qui n'avaient pas grande envie de se battre ainsi qu'ils l'avaient montré déjà, se demandèrent à quoi servirait une plus longue effusion de sang. Il est vrai de dire qu'aucun homme raisonnable n'aurait pu demander à cette armée, à peine vêtue et épuisée, de continuer à se battre par ce froid rigoureux. »

Clinchant chercha à négocier, dès le 30 janvier, avec Manteuffel qui devait être mieux renseigné que lui sur l'armistice ; mais ce général ne tarda pas à l'informer que « l'armistice n'avait pas de valeur sur leurs armées, et que, s'il ne voulait plus se défendre, il n'avait qu'à mettre bas les armes ». C'est alors que le général français, désespérant de pouvoir continuer une lutte d'autant plus inégale que toute l'armée allemande allait pouvoir se jeter sur ces débris mutilés de l'armée de l'Est, hâta ses négociations avec le général Herzog, commandant en chef des troupes suisses. Les mesures nécessaires furent prises et, malgré des difficultés très grandes, 85,000 hommes de l'armée de Clinchant avec 11,000 chevaux et 202 pièces de canon entrèrent dans le pays de Suisse, qui donna généreusement asile à cette fraction si considérable de notre armée malgré les faibles ressources dont il disposait.

Le bon cœur du peuple suisse, qui se manifesta par des actes d'humanité vis-à-vis de tous nos malheureux soldats, si dignes de compassion, n'excita que des éloges d'une ironie malveillante dans toute l'Allemagne. Les journaux des États du Sud, de la Bavière en particulier, prodiguèrent aux Suisses des compliments qui ne laissaient percer que le mécontentement et la haine. Leurs plaisanteries si lourdes sur la générosité des Suisses à l'égard de « la Grande Nation dont ils ont eu tant de fois à souffrir », étaient émaillées de ces traits d'esprit allemands familiers à ces buveurs de bière, enivrés de leurs triomphes.

C'est avec grand plaisir que nous avons pu lire les ripostes mordantes et sensées des journaux suisses à la malveillance grossièrement manifestée par les écrivains des États du Sud.

Voici un fragment de l'un des articles qui nous a le plus frappés parmi ceux qu'ont écrits les journalistes de la nation qui a si bien accueilli les soldats de notre armée de l'Est.

C'est un coup droit en pleine poitrine des Bavarois, il est superflu d'ajouter combien il nous a fait plaisir.

« Il est certain que si nous devions attendre, comme vous, des ordres et des instructions d'autorités de toutes sortes, les choses iraient assez mal ; nous, nous n'avons pas à consulter une grande puissance qui nous impose l'obligation d'attendre ses ordres pour les choses que nous trouvons bonnes et pour celles que nous jugeons mauvaises.

« Nous voulons et pouvons conserver notre initiative et notre indépendance dans tout ce que nous entreprenons.

« Nous savons de plus nous aider nous-mêmes sans demander le secours de qui que ce soit.

« Il nous a plu d'accueillir les Français malheureux, et cette visite ne nous gêne pas.

« Si petit que soit notre pays, et si faible que puissent être nos ressources, nous trouverons sur notre propre sol et dans ces bons cœurs que vous raillez, les moyens de suffire aux besoins des pauvres soldats français. Nous espérons de plus qu'ils seront aussi contents de nous que les Autrichiens l'ont été en 1859. »

Ainsi s'est effondrée cette armée de l'Est qui a causé, peut-être, les plus grandes appréhensions de toute la campagne aux États du Sud en général et particulièrement à la Bavière.

Les Bavarois furent enfin délivrés du cauchemar qui les oppressait et troublait la grande joie de leurs triomphes, dès qu'ils furent renseignés sur les intentions de Bourbaki.

Au début des opérations dans l'Est, les journaux allemands nous ont fait un tableau des plus fantaisistes de l'armée dite des Vosges opérant autour de Dijon avec Garibaldi, Bordone, et Crémer; les pertes sérieuses infligées à leurs armées n'ont pas altéré leur confiance et leur joyeuse humeur. Ils devinrent plus anxieux dans la seconde moitié de décembre, au moment où l'arrivée de Bourbaki dévoila l'importance des opérations projetées dans l'Est.

L'armée de Bourbaki (15ᵉ, 18ᵉ et 20ᵉ corps) quittait les environs de Nevers et marchait sur Besançon par différentes routes, pendant que Garibaldi et Crémer se portaient de nouveau vers le Nord pour couvrir ces mouvements.

La mission de l'armée de Bourbaki, forte de plus de 120,000 combattants, était de débloquer Belfort et de passer ensuite sur la rive droite du Rhin pour ravager les États du Sud, presque entièrement abandonnés, et délivrer les prisonniers français.

Crémer et Garibaldi s'avanceraient en même temps par Dijon, à l'ouest des Vosges, pour couper le chemin de fer de Strasbourg à Paris et les communications des armées allemandes de l'Ouest avec l'Allemagne.

Le 21 janvier, les télégrammes annonçaient l'échec des armées allemandes devant Dijon, et la mort du général prussien Bosak-Haucke, tué pendant l'action.

Le 23 janvier, nouvelle attaque du général Kettler, aussi infructueuse que celle du 21.

Dans cette dernière affaire, ils signalent « la prise d'un drapeau prussien appartenant au 6ᵉ régiment (8ᵉ Poméranien).

« Tous les officiers qui se sont succédé pour remplacer le porte-drapeau tué pendant le combat ont été couchés de même par les balles françaises, et l'on ne s'aperçut pas de la disparition du drapeau, à cause de l'obscurité, jusqu'au moment où le bataillon se fut rallié.

« Un garde mobile français le trouva et le vendit à Menotti Garibaldi pour 200 francs et une place de lieutenant d'administration. »

Les Allemands enregistrent avec émotion la perte de ce drapeau, « le seul qu'ils aient perdu », disent-ils, « pendant toute la campagne ». Cette assertion n'est du reste pas exacte, car ils en ont perdu deux à Gravelotte, dont l'un fut pris par le 57ᵉ régiment d'infanterie française.

Dijon ne fut évacué par Garibaldi que le 28 janvier, lorsque ce général apprit la signature de l'armistice.

Un autre événement avait produit une très grande impression en Allemagne à la date du 22 janvier. Pendant les combats du Sud-Est, un parti de francs-tireurs avait fait sauter dans les règles de l'art le pont du chemin de Fontenoy-sur-Moselle, entre Nancy et Toul, ce qui interrompit pendant dix jours environ les communications directes entre Strasbourg et Paris, ainsi qu'entre Paris et Metz.

Depuis le milieu de décembre jusqu'à l'armistice du 28, les opérations dans l'Est et la marche de Bourbaki avaient beaucoup assombri les visages des Bavarois, toujours hantés par les appréhensions d'une incursion des Français dans les États du Sud, incapables de pouvoir résister, puisque toutes leurs troupes étaient en France. Le danger était singulièrement effrayant, à cause des innombrables prisonniers internés dans les forteresses d'Allemagne. Toute l'armée française y souffrait, depuis de longs mois, d'une pénible captivité qui ne l'empêchait pas de connaître la triste et lamentable situation de la France. Les esprits étaient exaltés par nos revers successifs, qui faisaient l'objet de toutes les conversations et absorbaient les pensées de ces malheureux jeunes gens condamnés à l'inaction et à l'impuissance. Tous ces soldats, quoique désarmés, pouvaient devenir de redoutables ennemis, le jour où le grand souffle de la patrie parviendrait jusqu'à eux.

Les officiers, prisonniers de guerre sur parole, n'avaient juré que de ne pas chercher à s'échapper, mais là s'arrêtait leur serment, et la délivrance par une armée française leur rendait le droit de venger leur patrie ou de mourir pour elle.

Quand même les Allemands auraient fait de nous tous des otages voués à la mort, ils n'auraient pas arrêté l'élan de nos soldats qui n'avaient rien juré, et n'étaient liés que par la force. Les massacres en masse n'auraient pas empêché le plus grand nombre des prisonniers d'aller grossir le corps d'armée libérateur, et d'infliger à l'Allemagne de terribles représailles.

Qui sait si le théâtre de la guerre n'aurait pas été déplacé du même coup ! c'est possible et même probable, car les envahisseurs allemands auraient été forcés à leur tour d'accourir pour défendre leur pays.

Tout le monde à Ingolstadt envisageait de façon différente les conséquences d'un succès possible de Bourbaki dans l'est de la France : les prisonniers avec un secret espoir et les Bavarois avec une appréhension qu'ils ne pouvaient pas dissimuler. Ils attendaient fiévreusement les nouvelles des opérations dans l'Est : les journaux et les télégrammes étaient lus et commentés dans les rues voisines de la poste et dans le bureau même où se pressait la foule.

Nos voisins de la table d'hôte parlaient bas et mangeaient moins, comme ils l'avaient fait déjà après Coulmiers. Une grande inquiétude troublait tous ces gens si fiers naguère de leurs succès. L'avenir était en effet gros de menaces, en raison des terribles vengeances dont la Bavière pourrait souffrir de la part des soldats exaspérés. Il leur fallut les nouvelles de la tentative de suicide de Bourbaki, de la signature de l'armistice et, enfin, le passage du corps d'armée de Clinchant en Suisse pour ramener le calme dans leurs esprits.

La guerre était finie, le triomphe des armées allemandes dépassait de beaucoup toutes les espérances, mais la gloire militaire ne parvenait pas à ramener la joie sur les visages de ceux qui nous entouraient. Les Bavarois intelligents avaient motif de s'attrister des grands événements accomplis en Allemagne à la suite de l'écrasement de la France.

Nous avons dit les hésitations de la Bavière quand il fallut marcher avec la Prusse dans la grave aventure d'une guerre contre la France. Cependant les souvenirs de 1866, que les Prussiens ont imprimés chez elle avec du sang, ont triomphé de ses répugnances.

Elle a pensé qu'ils seraient les plus forts peut-être et qu'elle devait craindre de terribles représailles si elle prenait l'initiative d'une abstention des États du Sud. Nous avons vu que les premières victoires l'ont réjouie, sans détruire absolument le souvenir des gloires partagées avec nous, ni ceux des défaites que nous lui avons infligées.

Sedan a changé complètement les idées des Bavarois sur les Français ; les Prussiens sont décidément beaucoup plus forts, et la bonne politique consiste à leur faire oublier que la Bavière n'est entrée qu'avec peine dans l'alliance de l'Allemagne du Nord qui ne paraissait pas avoir ses sympathies.

Les succès de la Prusse peuvent et doivent amener de grands bouleversements dans l'organisation de l'Allemagne confédérée, il importe que la Bavière ne soit pas simplement entraînée dans le tourbillon général ; elle ne peut songer à s'y créer une situation exceptionnelle qu'en prenant l'initiative de déclarer qu'elle croit le moment venu d'établir entre le nord et le sud de l'Allemagne un lien constitutionnel à la place d'une alliance internationale.

Elle ne perd pas de temps, car, dès le mois de septembre, elle adresse sa déclaration au président de la Confédération du Nord.

En effet, la constitution de la Confédération allemande du Nord, en 1867, renferme un article ainsi conçu : « L'entrée dans la Confédération des États allemands du Sud ou de l'un d'eux seulement aura lieu par une loi sur les propositions du président de la Confédération. »

Le duché de Bade avait déjà fait depuis longtemps des tentatives pour s'en faire ouvrir les portes ; mais le chancelier avait ajourné son adhésion en vue d'événements qui pourraient amener une demande collective de tous les États du Sud.

Dès les premières conférences qui eurent lieu à Versailles à ce sujet, Bismarck put s'apercevoir que la Bavière rêvait une situation prépondérante dans cette nouvelle Confédération germanique.

Elle ne pouvait oublier qu'elle avait occupé la première place dans l'ancienne, et il lui semblait dur d'accepter la prépondérance de la Prusse en disparaissant avec les petits États attachés à sa remorque.

Les négociations suspendues à cette époque furent reprises après le 15 novembre, date de l'admission du duché de Bade et du Wurtemberg dans la Confédération du Nord, et aboutirent, le 23, à une convention définitive.

Il était fait à la Bavière de grandes concessions, mais qui intéressaient à peine le peuple bavarois. La Bavière restait, par suite, en suspens entre la situation d'État fédéral et celle d'État indépendant; circonstance qui donnait à réfléchir aux gens les plus modérés de l'Allemagne.

Quoi qu'il en soit, le traité entre la Bavière et la Confédération du Nord ne fut voté que le 21 janvier 1871, après dix jours de discussion, par la chambre des députés bavarois, à la majorité de 102 voix contre 48 qui restèrent fidèles au vieux parti patriote bavarois.

Il n'était donc question que de la Confédération allemande lorsque survint un incident qui modifia tout.

Le roi Louis II de Bavière, absolument fou déjà, mangeant avec son cheval dans ce château de contes de fées dont il a été tant question, ou bien venant à Munich pour assister seul à un spectacle annoncé depuis le matin aux habitants, auxquels on fermait la porte au nez pour satisfaire au caprice royal ; ce jeune monarque, dis-je, qui n'a pas, du reste, poussé sa folie jusqu'à se mettre à la tête de ses armées, écrivit au roi Guillaume une lettre qui arriva à Versailles le 3 décembre

Il informait le vieux roi de Prusse qu'il avait proposé aux princes souverains et aux bourgmestres des villes libres de l'Allemagne

Retour du travail. (Page 238.)

de s'unir à lui pour demander au président de la Confédération de prendre à l'avenir le titre d'empereur d'Allemagne.

Le Reichstag, consulté, envoya une députation chargée de porter au roi son adresse. Elle ne fut point prise en route par des francs-tireurs ainsi que « d'aucuns le souhaitaient, tandis que d'autres le craignaient ». Il est bon d'ajouter qu'on avait laissé entendre au Reichstag qu'on se passerait, le cas échéant, de son consentement.

Le 18 janvier 1871, cent soixante-dix ans après que l'électorat de Brandebourg eut été érigé en royaume, Guillaume Ier fut investi solennellement de la dignité d'empereur d'Allemagne dans la salle des Glaces du château de Versailles.

C'est de là qu'il data sa fameuse proclamation au peuple allemand.

Les Bavarois, toujours si jaloux de leur autonomie qu'ils ont payée par tant de sang sous le gouvernement de leurs ducs et de leurs électeurs, si fiers du grand rôle que leur allié Napoléon leur avait assigné dans la Confédération germanique, sont bien englobés dans l'empire d'Allemagne sous la domination arbitraire et écrasante de la Prusse.

CHAPITRE XX.

L'article de l'armistice concernant les prisonniers de guerre. — Nos espérances déçues. — Raisons qui nous faisaient justement pressentir les interminables lenteurs des préliminaires de paix. — Protestation du comte de Bismarck contre le décret de la Délégation de Bordeaux au sujet des élections. — Réunion des députés et nomination de Thiers comme chef du pouvoir exécutif le 17 février. — Prolongation de l'armistice jusqu'au 26. — Signature des préliminaires de paix à cette même date. — « La paix à outrance », réponse à cette plaisanterie allemande. — Une lettre prophétique de H. Heine en 1836. — Nos souffrances à Ingolstadt pendant les préliminaires de paix. — Souvenirs de la patrie.

L'article 14 de la convention signée le 28 pour l'armistice stipulait un article qui intéressait les prisonniers et nous faisait espérer de retourner très prochainement dans notre patrie.

Le voici : — « Il sera procédé immédiatement à l'échange de tous les prisonniers de guerre qui ont été faits par l'armée française depuis le commencement de la guerre. Dans ce but les autorités françaises remettront, dans le plus bref délai, la liste nominative des prisonniers de guerre allemands aux autorités militaires allemandes à Amiens, au Mans, à Orléans et à Vesoul.

« La mise en liberté des prisonniers de guerre allemands s'effectuera sur les points les plus rapprochés de la frontière. Les autorités allemandes remettront en échange, sur le même point et dans le plus bref délai possible, aux autorités militaires françaises, un nombre pareil de prisonniers de guerre français du grade correspondant.

« L'échange s'étendra aux prisonniers de condition bourgeoise tels que les capitaines de navire de la marine marchande allemande et les prisonniers français civils qui ont été internés en Allemagne. »

Nous pouvions espérer que cet échange de prisonniers serait fait par ancienneté, ce qui eût été la mesure la plus juste et la plus logique. Mais la question de justice à l'égard des personnes était primée par la facilité des échanges dans une zone plus rapprochée des frontières. Les Allemands commencèrent par rapatrier les officiers qui se trouvaient dans le voisinage des départements occupés, et nous dûmes abandonner encore les dernières espérances qui semblaient s'offrir à nous.

L'article 2 de la même convention s'exprime ainsi :

« L'armistice convenu a pour but de permettre au gouvernement de la Défense nationale de convoquer une Assemblée librement élue qui se prononcera sur la question de savoir si la guerre doit être continuée ou à quelles conditions la paix doit être faite.

L'Assemblée se réunira dans la ville de Bordeaux. Toutes facilités seront données par les commandants des armées allemandes pour l'élection et la réunion des députés qui la composeront. »

Nous pouvions pressentir avec raison que ces préliminaires de paix se prolongeraient longtemps encore, puisque l'empereur d'Allemagne ne voulait traiter qu'avec un gouvernement régulièrement établi par le suffrage de la nation.

Les élections devaient se faire, au scrutin de liste, d'après la loi électorale de 1849. Le nombre des députés serait de 759.

Bismarck avait promis que les Allemands n'apporteraient aucune entrave aux élections dans les départements qu'ils occupaient, même dans l'Alsace et la Lorraine allemande qu'ils voulaient s'annexer. Il fut décidé que dans ces départements les maires des principales localités joueraient, à propos des élections, le rôle des préfets.

D'après les journaux allemands, « la Délégation de Bordeaux, ou, pour mieux dire, la dictature de Gambetta, était devenue au moins aussi désagréable au gouvernement de Paris qu'au comte de Bismarck. Depuis qu'il avait prouvé qu'il s'inquiétait assez peu de son « organisation de la victoire », « Gambetta était tombé dans l'opinion publique avec la même rapidité qu'un ballon dont la soupape serait ouverte et qui ne jetterait pas de lest ».

Bismarck crut devoir protester contre un décret de la Délégation, inspiré par Gambetta, qui déclarait inéligibles toutes les personnes qui avaient eu quelques relations avec le second Empire. Cette protestation reposait sur l'article 2 de la convention du 28 janvier, d'après lequel les élections de l'Assemblée de Bordeaux devaient être libres.

Le gouvernement de Paris, assez mécontent déjà de certaines mesures qui lui avaient été imposées par le dictateur, annula le décret électoral du 31 janvier lancé par la Délégation de Bordeaux sous la pression de Gambetta, et envoya Jules Simon à Paris pour faire exécuter cette décision.

C'est à la suite de ce conflit que Gambetta, très irrité, donna sa démission et rentra le 6 février dans la vie privée.

Nous suivions avec le plus grand intérêt et une impatience bien légitime tous ces événements de l'intérieur que la presse allemande nous faisait connaître avec certaines appréciations malveillantes que je me dispense de reproduire. J'ai déjà trop souffert, en les lisant, pour retourner dans les angoisses qu'elles m'ont causées et les communiquer aux autres.

Thiers obtint aux élections un immense triomphe, puisqu'il fut élu dans 26 départements. « C'était l'homme de la situation, puisqu'il avait été dès l'origine opposé à la guerre, et que, malgré son grand âge, il avait parcouru toutes les cours de l'Europe pour leur demander de rétablir la paix. »

Les députés commencèrent à se réunir le 12 février et se constituèrent, le 16, sous la présidence de M. Grévy.

Le 17 février, Thiers fut nommé chef du pouvoir exécutif ou, en d'autres termes, président de la République existante.

L'armistice fut prolongé jusqu'au 26 et les préliminaires de paix signés le même jour!

C'est à Ingolstadt, où les télégrammes allemands nous ont appris toutes nos défaites successives pendant sept longs mois, que nous avons lu les préliminaires de paix qui consacraient l'écrasement de la France!

Nous avons assisté à toutes les joies de nos ennemis fêtant leurs triomphes depuis Wissembourg jusqu'à la conclusion de cette paix que les Allemands appellent par dérision « la paix à outrance ».

Cette ironie de mauvais goût, empruntant une qualification si justement donnée par nous à la guerre sans trêve ni merci soutenue par la nation privée de ses armées régulières, est bien digne de ceux qui ont foulé sous leurs pieds tous les devoirs de l'humanité.

Qu'ils plaisantent grossièrement de cette sublime folie de lutte à outrance, elle n'en restera pas moins pour l'Allemagne, aussi bien que pour tous les peuples du monde, la preuve irrécusable d'une vitalité et d'une énergie qui appartiennent en propre à notre race gauloise.

Si elle n'a pu nous dégager des étreintes de toutes les forces combinées de l'Allemagne, elle a prouvé du moins que nous avions la volonté de défendre jusqu'au bout notre malheureux pays systématiquement saccagé et incendié par ses armées régulières. A ce titre seul elle commandait le respect.

« La paix à outrance ! » signifie sans doute pour eux que les représentants de la France ont accepté les plus dures conditions que puissent imposer des vainqueurs ; qu'ils ne s'en vantent pas trop et n'en tirent pas motif à des réjouissances qui pourraient être prématurées.

Peut-être existe-t-il dans cette conclusion de paix dont ils nous raillent une condition sous-entendue qui n'a été écrite que dans le cœur des Français qui l'ont signée. Les impressions de ce genre se transmettent avec le sang d'une génération à l'autre, et nous pourrions appeler celle-là... « la haine à outrance ».

Parmi tous les auteurs allemands qui se sont occupés de nous à toutes les époques et principalement depuis 1806, je n'en trouve qu'un qui ait témoigné de la sympathie et de l'admiration pour la France, c'est le célèbre poète Heine, en même temps publiciste allemand.

Né à Dusseldorf en 1799, il a beaucoup vécu en France, pays qu'il affectionnait, et c'est à Paris qu'il est mort en 1856.

M. Thiers a dit de lui que cet Allemand fut le Français le plus spirituel après Voltaire. Il aurait pu ajouter que ce poète historien avait le don de double vue, et que ses prophéties si remarquables, aussi bien dans ses vers que dans sa prose, justifient cette idée des anciens que les poètes étaient aussi des devins ; et c'est pour ce motif qu'ils les confondent dans leur langage sous la même dénomination de « Vates ».

Il est bien curieux de rapprocher des événements actuels quelques phrases qu'il a écrites vers 1836 :

« Soyez sur vos gardes, nos chers voisins de France, et ne vous mêlez pas de ce que nous ferons chez nous, il pourrait vous en arriver mal.

« Gardez-vous de souffler le feu, gardez-vous de l'éteindre, vous pourriez facilement vous y brûler les doigts. Ne riez pas de ces conseils, quoiqu'ils viennent d'un rêveur qui vous invite à vous défier des kantistes, des fichliens, des philosophes de la nature.

« Ne riez pas du parti fantasque qui attend, dans le domaine des faits, la même révolution que dans le domaine des idées. La pensée a précédé l'action comme l'éclair le tonnerre.

« Le tonnerre d'Allemagne est allemand ; à la vérité il n'est pas très leste et roule avec lenteur, mais il viendra, et quand vous entendrez un craquement comme jamais craquement ne s'est fait encore entendre dans l'histoire du monde, sachez que le tonnerre allemand aura enfin touché le but. »

Nous avons entendu ce craquement dont parle le poète et nous savons par une triste expérience que le tonnerre allemand a touché le but.

Qu'en adviendra-t-il dans l'avenir, le poète ne nous le dit pas, mais pourtant les Bavarois pourraient lire dans certaines de ces poésies, des strophes qui touchent d'assez près à leur situation présente et pourraient être aussi considérées par eux comme des prédictions. Elles sont de nature à les faire réfléchir sur les conséquences de leur absorption par la Prusse.

Les nuages que le poète leur montre à l'horizon portent aussi le tonnerre dont le craquement a peut-être commencé à se faire entendre pour eux.

Quoi qu'il en soit, le grand royaume de Bavière, créé par l'empereur des Français, ne marche plus à la tête de la Confédération allemande et n'y compte même pas beaucoup plus que les petits duchés du Sud.

L'électorat de Brandebourg, qui est devenu en 1701 le royaume de Prusse, a englobé la Bavière dans un nouvel empire d'Allemagne dont il dirige autocratiquement tous les États. Il est douteux que ce résultat satisfasse le peuple bavarois, pourtant il l'a payé bien cher avec le sang de ses soldats, frappés les premiers et servant de boucliers aux armées prussiennes pendant toute la campagne.

Les derniers préliminaires de paix signés le 26 nous apportaient encore l'espoir de quitter Ingolstadt très prochainement. Nous y lisions, en effet :

« Les prisonniers de guerre qui n'auront pas déjà été mis en liberté par voie d'échange, seront rendus immédiatement après la ratification des présents préliminaires. Afin d'accélérer le transport des prisonniers français, le gouvernement français mettra à la disposition des autorités allemandes, à l'intérieur du territoire allemand, une partie du matériel roulant de ses chemins de fer, dans une mesure qui sera déterminée par des arrangements spéciaux et aux prix payés en France par le gouvernement français pour les transports militaires. »

Nous fîmes aussitôt des démarches pour être compris dans le prochain convoi de prisonniers, en invoquant nos droits basés sur le plus long internement dans les forteresses allemandes. Nous ne reçûmes aucune réponse, si ce n'est que notre demande avait été transmise par le gouverneur au ministre de la guerre.

Notre situation devenait de jour en jour plus intolérable dans ce pays ridiculement exalté par les succès des armées allemandes, un dénouement dépassant toutes les espérances, et surtout par la clôture définitive des hécatombes bavaroises.

Nous étions reconnus et insultés dans les rues, soit par des injures réelles, soit par des démonstrations malveillantes. Les paysans nous coudoyaient brutalement sur les trottoirs des rues et surtout dans les promenades désertes où ils nous cherchaient. Beaucoup d'officiers ont eu des ennuis sérieux occasionnés par ces attaques continuelles qui ont fini par amener des sortes de collisions. Il a même été question un moment, à la suite de nos plaintes réitérées, de nous réintégrer dans les casemates pour assurer notre sécurité jusqu'au moment du départ.

Cependant, nous avions tous pu nous procurer des habits bourgeois depuis assez longtemps. La permission de porter des vêtements civils nous avait été accordée depuis notre défaite de Sedan; mais des empêchements matériels avaient arrêté beaucoup d'officiers, car nous étions pour la plupart très pauvres et hors d'état de payer des habits.

Lorsque nous eûmes à nous préoccuper de la grave question des vêtements de nos hommes dont les uniformes tombaient en lambeaux, le colonel bavarois dont j'ai parlé, et qui fut renvoyé comme entaché de sympathie française, constata que beaucoup d'officiers avaient bien besoin de renouveler la seule tenue qu'ils portaient depuis Wissembourg. Nous y avions été absolument pillés, et même beaucoup d'officiers avaient laissé dans leurs cantines disparues le peu d'argent qu'ils possédaient.

Pour ce motif, le colonel avait provoqué, de la part du ministre, l'autorisation de nous venir en aide en nous affectant une certaine quantité des draps de troupe enlevés par les Allemands dans nos magasins militaires de toutes les places occupées par eux.

Cette cargaison était si considérable dans toutes les villes de l'Allemagne qu'ils ne savaient comment l'utiliser; beaucoup de ces pièces de draps et de nos effets militaires ont dû être brûlés, de même qu'ils firent tuer sur place une quantité énorme de nos chevaux quand personne ne les réclamait pour son usage personnel.

Toute l'Allemagne s'est pourvue de chevaux saisis dans nos places fortes ou sur les champs de bataille, mais à la condition que les intéressés vinssent les chercher eux-mêmes.

A la suite de ces distributions, des troupes nouvellement affectées au service des forteresses étaient envoyées même de points très éloignés pour tuer et enfouir celles des malheureuses victimes de la guerre dont on ne savait que faire.

Tous les approvisionnements de nos places eurent un sort analogue, et nous eûmes la chance relative qu'un colonel bavarois eût la pensée de faire attribuer aux officiers une part sacrifiée de ces prises. Un tailleur de la garnison reçut ces draps qui nous étaient dévolus, à la condition de nous livrer des effets au prix de façon.

C'était une aubaine pour nos bourses, et le tailleur y trouvait un large profit, d'autant qu'il nous proposa immédiatement de garder pour lui nos draps français, d'une qualité très supérieure, et de nous habiller avec les siens comme tous les bourgeois de la ville. Ce déguisement ne nous sauvait pas, ainsi que je l'ai dit, mais nous nous réjouissons, malgré les ennuis qui ont pu en résulter, de n'avoir jamais pu ressembler aux bourgeois de la localité.

Pendant que de graves préoccupations absorbaient nos gouvernants, nous fûmes bien touchés d'apprendre qu'ils s'étaient émus de la triste situation pécuniaire des officiers internés en Allemagne. En effet, notre solde de captivité était calculée sur un minimum tout à fait insuffisant pour permettre de vivre aux officiers des grades subalternes et même à grand'peine aux autres d'un grade plus élevé. Les envois d'argent de France étaient pour ainsi dire impossibles, les Allemands obstruant toute la frontière. Les lettres ne parvenaient pas, et beaucoup d'entre nous n'ont jamais pu correspondre avec leurs familles. Le peu d'argent que quelques-uns ont pu recevoir était envoyé à tout hasard par des amis ou des parents auxquels on ne pouvait même pas accuser réception de leur envoi.

Les sociétés des dames françaises nous ont écrit pour être ren-

Promenades dans les rues. (Page 250.)

seignées sur les besoins des prisonniers, mais jamais elles n'auraient eu plus que nous la pensée d'y comprendre les officiers prisonniers de guerre qui auraient repoussé toute offre de ce genre, si jamais elle eût été faite, ce qui n'a pas eu lieu. Nous avons reçu des secours pour nos soldats, en vivres, linge, vêtements par les ambulances organisées à Lyon sous le patronage de dames qui nous avaient ouvert autrefois leurs salons. Mais, si nous avons supporté fièrement et caché de même notre propre misère, nous pouvons avouer aujourd'hui qu'elle était grande. Ce fut donc avec la plus sincère reconnaissance et une émotion très ligitime, motivée par la touchante intention de nos gouvernants, que nous apprîmes qu'il nous était alloué, à la requête de M. Thiers, une petite somme destinée à faciliter notre rapatriement.

Les officiers conserveront toujours le souvenir des marques évidentes de sympathie qui leur ont été données par le premier président de la République, l'illustre auteur du *Consulat et de l'Empire*.

Notre départ fut encore ajourné par la convention de Versailles ayant trait à la prolongation de l'armistice. Elle stipulait, qu'afin de faciliter la ratification des préliminaires de paix, l'armistice accepté par les conventions du 28 janvier et du 15 février était prolongé jusqu'au 12 mars prochain.

Un autre article disait que les deux parties contractantes conservent le droit de dénoncer l'armistice à partir du 3 mars, selon leur convenance, et avec un délai de trois jours pour la reprise des hostilités, s'il y avait lieu. Le ministre ne répondait toujours pas à notre demande de rapatriement immédiat, et, selon toute probabilité, nous ne pourrions avoir de réponse avant le 3 mars, au plus tôt.

Depuis l'armistice nous trouvions dans les journaux allemands une foule de détails sur les événements qui se sont accomplis dans

Paris pendant le siège; il est probable que les reporters prussiens y avaient pénétré en grand nombre à l'abri de sauf-conduits signés par nos vainqueurs.

Tous les Allemands n'avaient pas quitté Paris, malgré le décret d'expulsion si violemment blâmé par la presse de Berlin; ils purent donc renseigner leurs compatriotes sur ce qui se passa dans Paris le 31 octobre, et ceux-ci ne manquèrent pas d'en tirer des conclusions prophétiques d'une prochaine guerre civile.

« A la nouvelle de la capitulation de Metz et des premières négociations entreprises par Thiers au sujet d'un armistice, des bandes armées descendues de Belleville s'emparèrent de l'Hôtel de ville et tinrent prisonniers les membres du gouvernement qui s'y trouvaient. Les chefs de ce mouvement, Flourens, Pyat, Blanqui, etc., prétendaient établir une commune. Heureusement l'un des membres, M. Picard, qui avait pu s'échapper, put envoyer un bataillon de la garde nationale qui délivra Trochu d'abord, puis entreprit sous ses ordres un véritable siège qui dura de dix heures du soir à trois heures du matin. Plusieurs chefs de bataillons de la garde nationale qui s'étaient compromis pendant l'émeute furent destitués, et parmi ceux-ci Gustave Flourens, déjà connu en Europe comme un séditieux. » Ces événements, prétend l'auteur, qui furent connus de Bismarck, malgré le mutisme de Thiers qu'il interrogea à ce sujet, ne furent pas étrangers à la rupture des négociations pour un armistice. Les Allemands ont toujours espéré que la guerre civile simplifierait ou compléterait leur œuvre.

Nous le croyons d'autant plus volontiers, que nous avons été tous très frappés par l'article des préliminaires de paix signés le 28 janvier, stipulant que « la garde nationale de Paris ne sera pas désarmée afin d'assurer l'ordre ». Nous sommes tentés de croire que le chancelier allemand avait un espoir très différent que les événements du 31 octobre pouvaient justifier, mieux encore la coupable conduite des gardes nationaux de Paris, le 22 janvier, ouvrant le feu contre les gardes mobiles de service à l'Hôtel de ville.

Ces idées, que pouvaient faire naître chez nous la simple relation des faits, sont confirmées par beaucoup de leurs journaux ne dissimulant pas la joie que leur causerait une guerre civile dont l'imminence est au moins probable.

Quelques journalistes parlent des misères causées dans Paris par le siège sur un ton badin qui vise à l'esprit. Nous savons par expérience que nous ne sommes pas préparés pour percevoir le charme des plaisanteries allemandes, mais nous repoussons de toutes nos forces celles qu'ils prêtent à nos compatriotes comme un spécimen de l'esprit français.

J'y relève la phrase suivante : « Comme la bonne humeur des Parisiens doit toujours plaisanter de tout, leurs misères du siège elles-mêmes leur en fournirent des motifs.

Leur pain de Paris, inventé, dit-on, par un de leurs hommes d'État qui a trouvé le moyen de se passer de farine, de fécule et de son, était un composé de toutes sortes de choses étrangères à la nutrition.

« Les Parisiens, avec leur gaieté habituelle, le comparèrent aux arènes gallo-romaines de la rue Monge, dont on avait entrepris le déblaiement au commencement de la guerre.

« Les fouilles qu'on pouvait faire dans ce pain amenaient les surprises les plus curieuses.

« Le maréchal Le Bœuf avait dû mentir à l'empereur en lui disant qu'il ne manquait pas à l'armée française un seul bouton de guêtre ; car c'est par milliers que se comptaient ces boutons au milieu de cette pâte résineuse où l'on trouvait aussi des fragments d'épaulettes et de bonnets de police. Un cocher de fiacre a même trouvé dans son pain un porte-monnaie bien garni qu'il s'est empressé de porter au commissaire de police, tant l'honnêteté est grande chez les Parisiens et particulièrement dans la corporation des cochers. » J'ai relevé cette ineptie, parmi beaucoup d'autres, afin d'édifier mes compatriotes sur le genre de plaisanteries que prêtaient aux Parisiens de 1870 les reporters allemands.

Dieu merci, notre esprit français n'a pas été compris dans tout ce que les Allemands nous ont enlevé par droit de conquête, en vertu du traité de Versailles, et nous sommes restés sous ce rapport, des deux côtés, dans nos limites naturelles.

CHAPITRE XXI.

Ce que disent les Bavarois de l'entrée de leurs troupes dans Paris. — Le 12 mars, nous recevons des ordres du ministre de la guerre. — Nous pouvons quitter Ingolstadt le 15 mars, à nos frais. — Une journée à Munich. — Les réjouissances. — Nos canons et les mitrailleuses sur la place Maximilien-Joseph. — L'affiche de la *Dame blanche*, sur les murs du théâtre de la cour. — Départ pour Lindau — Arrivée à Bâle. — Impossibilité de passer. — De Genève à Paris. — Comment j'appris les événements du 18 mars. — Ce qu'écrivait en 1834 un médecin militaire sur la maladie particulière des prisonniers de guerre du premier Empire.

Le 1ᵉʳ mars, les préliminaires de la paix imposée par les Allemands furent acceptés par 546 voix contre 107. Parmi les opposants se trouvaient tous les députés élus dans les départements cédés à l'Allemagne. Il était très naturel qu'ils eussent voté contre la paix, et après la décision de la majorité, ils sortirent de la salle et déposèrent leur mandat.

Les journaux allemands font grand bruit au sujet de l'entrée de 30,000 Allemands, le 1ᵉʳ mars, dans la capitale de la France dont ils sont si jaloux.

Les Bavarois du deuxième corps sont bien fiers de leur défilé dans l'avenue de la Grande-Armée et les Champs-Élysées qui leur a donné le grand honneur de passer sous l'Arc de triomphe, le monument de toutes nos gloires. Cependant, ils regrettent de n'avoir pas vu l'intérieur de Paris où se trouvent ces beaux magasins célèbres dans toute l'Europe.

Des détachements de soldats sans armes ont été conduits par leurs officiers pour visiter les œuvres d'art du palais du Louvre, conformément à un article stipulé dans la convention; mais les fenêtres matelassées et barricadées pour protéger nos merveilleux tableaux pendant le siège, ne leur ont pas donné assez de jour pour voir autre chose que les murailles. En outre, l'attitude des Parisiens a engagé les autorités militaires à renoncer à la visite également convenue de l'Hôtel des Invalides, et les Allemands protestent contre ces ordres donnés en vue d'éviter des conflits avec la population parisienne. Quelques officiers se vantent, paraît-il, d'avoir été dîner dans des restaurants du boulevard qui leur étaient familiers avant la guerre; mais ils négligent d'ajouter qu'ils se sont déguisés avec le plus grand soin, ce qu'ils ont fait certainement, dans le cas peu probable de l'exécution d'une aussi dangereuse fanfaronnade.

L'énumération des plaisirs goûtés par les Allemands pendant cette occupation de trois jours se résume, en réalité, à une longue inspection de l'obélisque, des fontaines de la place de la Concorde, et des Tuileries à travers les grilles.

Du reste, la satisfaction donnée aux troupes allemandes a paru si médiocre, en raison surtout des événements qu'elle pouvait produire, qu'on s'en est tenu à cette première expérience. D'après le même article de la convention, les troupes devaient se relever sur les mêmes emplacements pour que chaque soldat allemand pût emporter dans son pays le souvenir d'être entré en vainqueur dans la capitale de la France. Le contre-ordre donné à ce sujet par l'état-major allemand provoqua les plus grandes colères de toute la presse, qui ne désespérait pas d'imposer, au nom de l'opinion publique, l'exécution de la convention écrite.

Le 12 mars, Versailles fut définitivement évacué par les troupes allemandes afin de permettre à la Chambre française de venir y siéger.

Cette date du 12 mars est à jamais gravée dans nos souvenirs par la communication qui nous fut faite chez le gouverneur.

Nous fûmes informés des instructions relatives aux prisonniers transmises par le ministre de la guerre. Le rapatriement des officiers prisonniers ne pouvait être fait par le gouvernement allemand, attendu que la France n'avait pas mis encore à sa disposition le matériel et le personnel de ses chemins de fer, conformément à l'un des articles stipulés dans les préliminaires de paix. Cependant, le ministre de la guerre autorisait les officiers prisonniers de guerre à solliciter une permission écrite de rentrer en France à leurs frais. Ces demandes devaient relater le grade et l'ancienneté dans chaque grade du postulant, afin de permettre au ministre d'établir un certain nombre d'autorisations d'après ces deux renseignements. Les officiers munis de ces feuilles de route pourraient partir immédiatement, soit isolément, soit par groupes de trois au plus.

Ils étaient tenus de présenter ces pièces justificatives de leur permission à toutes les autorités allemandes qui jugeraient à propos de les vérifier pendant leur trajet en Allemagne, ou dans les départements français occupés par les troupes allemandes.

Les officiers prisonniers de guerre pourraient profiter, par la présentation de leurs permissions, de la réduction de demi-place accordée aux militaires sur les chemins de fer allemands.

Toute infraction au règlement énoncé ci-dessus, de même que toute contravention aux lois des pays qu'ils traverseront, amèneraient pour les officiers insoumis une réintégration immédiate dont la durée pourrait être, dans certains cas, prolongée au delà de la conclusion définitive de la paix.

Ces formalités nécessitèrent encore quelques jours, et je ne pus partir d'Ingolstadt que le 15 mars 1871.

Nous étions depuis le 6 août dans cette place forte que ne devaient pas quitter d'ici longtemps encore nos malheureux soldats ainsi que les officiers qui n'avaient pu profiter des premiers départs.

La longue agonie que nous y avons subie a laissé chez ceux qu'elle n'a pas tués les germes d'un mal incurable que les médecins ont appelé *la maladie de la captivité*. Nous voyons toujours cette ville pavoisée pour les victoires allemandes pendant que nous pleurions nos désastres, et nos yeux croient lire encore ces télégrammes qui nous annonçaient chaque jour de nouvelles défaites!...

Le train qui m'emportait vers Munich traversa assez lentement le grand pont qui franchit le Danube, pour me laisser voir une dernière fois la tête de pont où sont encore nos soldats et les rives de ce fleuve qui ont entendu toutes nos confidences. Que de fois nous avons rêvé ce retour dans la patrie, pour aller reprendre notre place au combat! Ce bonheur ne nous a pas été donné : l'heure de la délivrance n'a sonné pour nous qu'à la dernière minute de l'écrasement de notre pays.

Ces dispositions de notre esprit ne nous permettaient pas d'apprécier cette belle ville de Munich dont le roi Louis Ier a fait un vaste musée d'œuvres d'art.

On n'y peut faire vingt pas sans y trouver, soit un chef-d'œuvre d'architecture signé Klenze, soit une sculpture de Schwanthaser, ou enfin des fresques de Cornélius. Le plus souvent, les trois merveilles sont réunies dans le même monument.

Dans l'ancien quartier, nous trouvons la vieille résidence construite sous l'électeur Maximilien Ier, la belle fontaine aux statues de bronze, la grande colonne élevée à la mémoire des 30,000 Bavarois tués pendant la campagne de Russie. Ailleurs, les statues équestres des ducs de Bavière et des électeurs.

Certes, cette ville offre un curieux aspect et peut donner de grandes satisfactions artistiques à ceux dont l'esprit est assez libre pour fouiller dans ses monuments et ses musées.

L'ancienne Pinacothèque renferme une magnifique collection des tableaux anciens de toutes les écoles, et en particulier un nombre assez considérable des toiles de Rubens, ainsi que plusieurs très beaux Van Dyck. Presque toute cette galerie avait été expédiée, dès le début de la guerre, dans les places fortes de la Bavière, et les tableaux n'ont été remis en place qu'à l'époque des premières entrevues pour la paix.

Les Bavarois ne manquent jamais l'occasion de nous dire que nos galeries de tableaux ont été enrichies par les chefs-d'œuvre volés par Napoléon et ses généraux dans toutes les capitales de l'Europe. Ils nous menaçaient même de revendiquer à la paix certaines toiles qui n'ont pas été rendues à l'Allemagne, conformément aux traités de 1815.

Nous avons classé cette prétention dans les inepties auxquelles ils nous ont habitués et qui ne méritent pas la peine d'une discussion.

Les beautés artistiques de Munich disparaissaient sous les drapeaux prussiens et bavarois flottant sur tous les monuments et les hôtels particuliers de la ville en fête. Nous y avons retrouvé les mêmes démonstrations de joie dont nous souffrions tant à Ingolsdadt, les mêmes chants patriotiques sortant des brasseries, mais avec les raffinements et les exhibitions d'une grande ville.

Aux soldats et aux paysans, que nous avions vus dans les rues d'Ingolstadt, se mêlaient une population élégante et des bandes d'étudiants aux casquettes et aux écharpes multicolores.

Je voyais personnellement, pour la première fois, ces costumes moitié bourgeois, moitié militaires des jeunes gens de l'université. Ceux là chantaient aussi sur les places et dans les rues au milieu des bannières flottantes ; mais ces concerts et les musiques qui les accompagnaient ne ressemblaient plus aux vociférations des paysans ni aux sons discordants des instruments qui nous avaient si longtemps déchiré les oreilles.

Ils n'en étaient peut-être que plus pénibles pour nous avec leur semblant d'harmonie, car le rythme lent et triste de la musique allemande attaque facilement les nerfs de ceux qui souffrent.

Dans cette ville, du moins, nous pouvions passer inaperçus avec nos vêtements bourgeois, ce qui n'avait pas lieu à Ingolstadt où nous étions tous reconnus. C'était pour nous un soulagement relatif que d'avoir la certitude de ne pas être insultés dans les rues. Cependant, les occasions des souffrances ne nous étaient pas ménagées.

Je me souviens d'avoir vu sur la grande place de Maximilien-Joseph, dont les beaux palais disparaissaient sous les banderolles et les drapeaux allemands, nos canons français et les mitrailleuses rangés sur plusieurs lignes tout près du palais et perpendiculairement aux façades. D'autres, formant un quadrilatère, faisaient face à la statue de l'électeur. Enfin il y en avait encore devant le grand théâtre de la Cour, situé à l'est de la place.

La foule les entourait, et j'y voyais de gros bourgeois drapés dans des châles de femme donnant très sérieusement à leurs familles des explications fantaisistes sur le mécanisme de nos mitrailleuses.

Je pensais tristement, en les écoutant, que j'avais vu pour la première fois une mitrailleuse au camp d'Haguenau, la veille de notre départ pour Wissembourg. Le capitaine d'artillerie, après avoir

Poste de Bavarois sur les bords du Danube. (Page 290.)

eu la bonté de nous renseigner sur cet engin nouveau si impatiemment attendu, nous disait avec un certain dépit n'avoir reçu encore aucunes munitions.

Hélas! les munitions étaient aussi rares à cette époque pour les canons que pour les hommes.

Nous n'avions pas même, le jour de la bataille, ce caisson de munitions de réserve qui ne nous quittait jamais pendant les manœuvres du camp de Châlons!

En regardant ces canons de 4 et de 12 rangés en trophées devant les palais de Munich, je pensais, avec la rage au cœur, que beaucoup avaient tonné pour la première fois dans les plaines de la Lombardie, et défilé victorieusement sur les dalles de toutes les grandes villes de cette province. Beaucoup de ceux qui étaient entrés dans Milan, chargés de fleurs et de couronnes, retentissaient le même soir sur les routes de Lodi et de Melegnano.

Ces mêmes canons, de portée légendaire pour l'époque, avaient largement contribué à notre succès de Solférino, en semant la mort à 3,000 mètres dans les réserves des Autrichiens, et en immobilisant forcément la plus belle cavalerie de l'Europe.

En approchant de la façade du théâtre, nous pouvions lire entre les drapeaux prussiens et bavarois de grandes affiches du spectacle, descendant jusqu'à la bouche de nos canons qu'elles effleuraient.

Par hasard, ou peut-être avec préméditation, on jouait le soir au théâtre de la Cour *la Dame blanche,* paroles de Scribe et *musique de Boieldieu!* Ce chef-d'œuvre si français allait être interprété à Munich! par des acteurs allemands! et je voyais en ce moment les deux grands noms de nos illustres compatriotes reflétés dans le bronze des canons français!

J'ai retrouvé dans toute la ville de ces trophées accumulés pour la plus grande joie des Bavarois et des Prussiens, si enivrés de leur gloire. Cependant, j'ai remarqué que les rares officiers prussiens qui séjournaient à Munich étaient absolument isolés, ce qui démontre le peu d'affection qu'ils inspirent. Ceux que j'ai vus étaient des blessés en convalescence et auraient pu inspirer, à ce titre, une sympathie plus démonstrative de la part de leurs alliés. Il est vrai que ceux ci peuvent réserver leur compassion pour leurs propres officiers et les nombreux soldats qui montrent partout dans cette ville les traces du mauvais côté de la gloire. La guerre a été dure aux Bavarois, et ceux qui ne sont pas restés sur les champs de bataille y ont laissé, pour la plupart, des débris de leurs personnes.

En ce moment Munich ressemblait à une immense ambulance, tant ses rues étaient sillonnées d'amputés et d'estropiés de toutes les espèces. Beaucoup de bourgeois mutilés passaient aussi, tristes et silencieux, dans cette foule de blessés, portant fièrement sur leurs uniformes bleus la croix de fer des Prussiens : c'étaient nos camarades internés et soignés dans les hopitaux de Munich; nous les reconnaissions facilement; j'ai retrouvé parmi ces glorieuses victimes de la guerre le général de Gramont, amputé d'un bras sur le champ de bataille de Wœrth. J'avais connu ce brillant officier en Crimée et en Italie, où déjà il avait payé largement de son sang sa part de nos gloires.

Après une journée passée à Munich, je pris le chemin de fer qui conduit à Lindau, dernière ville de la Bavière du côté de la Suisse. Dans mon compartiment, quelques voyageurs m'ont adressé la parole en français; mais ma façon d'accueillir leurs avances indiquait clairement que je ne tenais pas à lier conversation et que je préférais m'absorber dans mes pensées. Ils continuèrent donc, en allemand, leur entretien particulier qu'ils avaient interrompu, et je ne tardai pas à être renseigné sur la profession et la nationalité de mes compagnons de route.

C'étaient des négociants allemands qui se hâtaient de retourner les uns à Lyon, les autres à Marseille pour reprendre leurs affaires interrompues par la guerre. Ils parlaient suffisamment haut pour que j'aie pu suivre à peu près les récits de leurs pertes d'argent qui les préoccupaient exclusivement. Ils redoutaient beaucoup les conséquences inévitables d'une stagnation désastreuse dans les affaires. Leurs doléances n'étaient pas moindres au sujet de la dure expulsion qu'ils avaient subie, et se joignaient aux appréhensions d'un avenir incertain.

Ces gens ne pensaient guère à la gloire ni même à tant de sang versé pour le bienfait de l'unité allemande; leurs pensées se concentraient exclusivement sur leur intérêt personnel.

Tous arrivaient à conclure que la guerre est surtout détestable au point de vue des entraves commerciales; c'est peut-être une manière d'envisager la grave question des conflits politiques qui arment les peuples les uns contre les autres; mais, comme elle n'est pas de ma compétence, je cessai de m'intéresser à leur conversation aussi bien qu'à leur sort qui me touchait très peu.

Cette route de Munich à Lindau devient charmante quand on est sorti des marais de Dachau. A partir de Bruck sur l'Amper, on traverse des sites ravissants où l'on aperçoit l'abbaye de Fürstenfeldt qui fut fortifiée pendant les guerres de religion. Au delà de Kempten, ville située sur l'Iller et qui fut autrefois la résidence de puissants princes-abbés, on aperçoit la chaîne des Alpes.

En nous rapprochant des montagnes en même temps que de l'Iller, nous atteignons la petite ville d'Immenstadt, pittoresquement assise au pied de deux montagnes et sur la rive gauche d'une rivière.

On arrive ensuite sur le bord du lac Alpsée, non loin de la limite des bassins du Danube et du Rhin, où se trouve la station d'Oberstaufen.

C'est là que commence un paysage vraiment magnifique, s'étendant des montagnes boisées de Bregenz jusqu'aux pics couverts de neige de l'Appenzell. En avançant, on a la vue des Alpes et le panorama splendide du lac de Constance, dont Lindau forme le premier plan.

Il est impossible de ne pas être ému par cet imposant aspect de la nature, dont l'éternelle majesté domine les bouleversements passagers des empires. Après avoir traversé une partie du lac sur une assez longue jetée, le chemin de fer nous arrête à Lindau, bâtie sur une île et communiquant aussi par un pont de bois avec la terre ferme. Cette jolie ville, qui fut au moyen âge une forteresse considérable en même temps qu'un entrepôt de commerce important, nous ouvre par la Suisse la route de France ! C'est de là que nous quitterons la Bavière, en lui disant au revoir ! si Dieu le veut !

Je fus très mal inspiré en ayant l'idée de pénétrer en France par Bâle et Belfort.

Je redoutais beaucoup de voir mon pays envahi et occupé par les troupes allemandes, mais je savais aussi ne pouvoir éviter cette grande douleur ; il me semblait qu'elle serait un peu adoucie, si je pouvais passer par cette ville héroïque devant laquelle avaient échoué tous les efforts des Allemands ; mais j'appris, en arrivant à Bâle, que toutes les communications étaient interceptées de ce côté, et que je ne pourrais pénétrer en France que par la route de Genève.

Dans un hôtel de Bâle où je dus attendre le départ du train, je trouvai réunis à la table d'hôte des gens qui parlaient français, malheureusement pour eux autant que pour moi.

C'étaient des marchands de la Franche-Comté et de l'Alsace qui avaient fui devant l'invasion. Hommes et femmes se plaignaient amèrement de la situation qui leur était faite et des pertes qu'ils avaient subies.

Leur récriminations déplacées contre notre armée, qui n'avait pas su les défendre, ni conjurer leurs malheurs, me peina beaucoup et m'ôta tout désir de me rapprocher d'eux et de leur parler comme à des compatriotes; je m'éloignai en pensant que j'avais rencontré là des commerçants sans nationalité certaine, comme j'en ai tant connu dans nos provinces de l'Est.

Mon cœur était d'autant plus serré que j'avais un grand besoin de voir de bons Français, et de pouvoir échanger mes idées en épanchant mes souffrances dans des cœurs capables de les comprendre.

Il me tardait d'arriver à Paris, où j'espérais trouver encore mes parents et mes amis qui venaient de se battre aux avant-postes ou de subir le bombardement.

Malgré tout ce que nous avions pu pressentir de la guerre civile par nos lectures des journaux, j'étais loin de me douter, en prenant mon billet à Genève, des événements qui se passaient dans la capitale. A la gare de Culoz j'avais vu beaucoup de vareuses rouges appartenant à l'ancienne armée de Garibaldi; ces hommes bruyants et très débraillés étaient montés dans notre train, et j'entendais avec regret leurs chants inconvenants; cependant, ces gens n'étaient pas des Français quoiqu'ils aient appartenu à nos armées auxiliaires, les soldats de notre pays n'auraient pas eu le cœur aux chansons pendant que ce train nous emportait à travers les plaines de la Bourgogne remplies de Prussiens.

J'avais rêvé souvent de ce que je voyais dans ce long panorama qui se déroulait devant mes yeux... Nos villages regorgeant de soldats allemands, les campagnes couvertes de caissons et de canons, des chevaux conduits aux abreuvoirs par des cavaliers qui nous menaçaient du poing.

Enfin, toutes nos gares occupées militairement par des postes prussiens !

... Pourtant je ne pouvais détacher mes regards de cette réalité poignante qui traduisait mes rêves d'Ingolstadt.

Ce jour était le 18 mars 1871 !

Non loin de Mâcon, je fus brusquement arraché à mes pensées par un rire bruyant et les éclats de voix de mes voisins.

La nuit qui commençait, ainsi que les nuages de fumée qui nous enveloppaient m'avaient empêché de distinguer leurs costumes. C'étaient des officiers allemands qui, pendant leur longue station dans un buffet, venaient d'apprendre les tristes nouvelles de cette lugubre journée ; elles me furent, hélas ! confirmées quelques heures plus tard à la gare de Paris.

Les tristes prédictions des Bavarois étaient réalisées, et nos ennemis ont dû accrocher une dernière fois leurs drapeaux et leurs bannières.

La mesure de nos douleurs était comble. Certes, nous n'avons pas subi les privations matérielles et les tortures infligées à nos pères sur les pontons de Cadix, mais nos souffrances morales ont été au moins aussi grandes. Elles ont engendré, chez nous aussi, les germes de cette maladie qu'un médecin militaire du premier Empire appelait le « *cauchemar de la capitvité* », et qu'il caractérisait ainsi, il y a juste cinquante-six ans, en 1834 (1) :

« Pauvres prisonniers ! Ceux qui ne succombèrent pas ne sauraient croire aujourd'hui, en se reportant à leurs impressions de cette époque, que la vie dont ils jouissent ne soit pas un rêve.

---

(1) Extrait d'un document publié par Lorédan Larchey.

« Quand un cauchemar les oppresse, soyez sûr qu'alors leur imagination frappée les replonge dans l'abîme. Ce cauchemar chronique est comme un dernier reflet de leur malheur; il se reproduit comme une véritable infirmité de l'âme qui sent ses blessures se rouvrir.

« Il n'est guère d'anciens prisonniers qui ne puissent déposer de la réalité d'un tel phénomène. »

TABLE DES GRAVURES

	Pages.
Les prisonniers dans l'église de Wissembourg	Frontispice.
La cour de l'auberge, à Wissembourg	9
Je voyais à travers ces flocons de fumée les guerriers de toutes les invasions	25
Dans la gare de Mayence!	37
Place de l'Église à Ingolstadt, un lendemain de victoire	49
Ce côté d'Ingolstadt fut enlevé par les Français en 1800	61
Une brasserie bavaroise	71
Un cuirassier de Reischoffen	81
Coin de table d'hôte	93
Promenade dans les casemates	105
Ce postillon avait amené le ministre de la guerre	117
Une partie de quilles chez les zouaves	129
Les turcos étaient particulièrement malheureux	139
Vente des liqueurs fortes dans les casemates	153
Un « Te Deum » à Ingolstadt	171
Les nouvelles de France	177
Cuisines des turcos	187
Une partie de loto dans la tête de pont	197
Tentative d'évasion	209
Une évasion célèbre	221
Prisonniers insultés dans la rue	233
Traduit devant la cour martiale	243
Dans les fossés d'Ingolstadt	255
Retour du travail	269
Promenades dans les rues	281
Poste de Bavarois sur les bords du Danube	293

TABLE DES MATIÈRES.

CHAPITRE PREMIER.

Dans Wissembourg après le combat. — Les soldats enfermés dans l'église. — Les officiers dans une auberge annexe de l'hôtel de l'Ange. — La signature du rescrit. — Souvenirs de la journée. — Les femmes de Wissembourg. — Le bataillon du 74ᵉ de ligne. — Les turcos. — Pensées rétrospectives. — La cour de l'auberge. — Une sentinelle bavaroise............................ 1

CHAPITRE II.

Une page d'histoire. — Visite d'un officier de l'état-major bavarois. — Notre départ de Wissembourg. — L'étape à pied de Wissembourg à Neustadt. — But des Bavarois en nous imposant ce défilé devant leurs troupes en marche. 14

CHAPITRE III.

Nous prenons le chemin de fer de Neustadt à Mayence. — Nouvelles du Geissberg. — En route pour Mayence. — Une vision dans la fumée. — Souvenirs des sièges de Mayence. — Vue de la ville et de ses environs par un clair de lune.. 30

CHAPITRE IV.

Notre arrivée à Mayence. — Mauvais accueil des Mayençais. — Une triste nuit dans la forteresse. — Un rêve du siège de 1793. — Le réveil. — Départ pour la gare de Castel. — Nous traversons le Rhin. — Une rencontre............ 45

CHAPITRE V.

De Castel à Francfort-sur-le-Mein. — Hanau et son champ de bataille de 1813. — Comment les Allemands racontent le combat de Wissembourg. — A Wurtzbourg. — Une mère affolée. — Un retour dans l'histoire de la Bavière. — Notre arrivée à Ingolstadt... 60

CHAPITRE VI.

Pages.

Notre entrée dans Ingolstadt. — Les casemates. — Nos souvenirs des martyrs de Caprera et des pontons anglais. — Une visite à nos soldats. — Nous leur donnons quelques renseignements sur Ingolstadt. — Le voisinage du monument de La Tour d'Auvergne.. 76

CHAPITRE VII

Notre appréciation sur les musiques militaires des Bavarois. — Leurs sortes de marches funèbres à l'occasion des départs. — Comment nous n'avons appris que le matin du 8, notre défaite à Wœrth. — Convocation chez le gouverneur. — Un croquis du colonel bavarois chargé des prisonniers. — Les ordres du ministre de la guerre.. 97

CHAPITRE VIII

Les journaux d'Ingolstadt. — Nouvelles du corps de Mac-Mahon. — Les joies causées par les premières victoires n'effacent pas chez les Bavarois les appréhensions de l'avenir. — La fête dans les rues. — Les drapeaux prussiens unis aux bannières bavaroises. — Les listes des morts et des blessés, leur effet dans Ingolstadt. — Arrivée des prisonniers de Wœrth. — Croquis des paysans qui encombrent les rues.. 110

CHAPITRE IX

Quelques types de la table d'hôte. — Un général de la landwehr et sa femme. — Un docteur. — L'hôtelier. — Mœurs bavaroises. — Les visiteurs. — Les journaux belges et les grands journaux allemands. — Comment nous apprenons l'histoire contemporaine.. 125

CHAPITRE X

Exhibition des prisonniers français dans les rues d'Ingolstadt. — Les turcos. — Les caricatures allemandes. — Promenades des dames accompagnées dans les casemates par les officiers bavarois de la garnison. — Un type de postillon bavarois. — Conseils à nos soldats.. 137

CHAPITRE XI

Nos lectures. — Récriminations allemandes. — Les espions. — Les uhlans. — Les grandes batailles autour de Metz. — Opinion des Allemands sur la situation de Bazaine. — Mac-Mahon au camp de Châlons. — Massacre des mobiles à Épense. — La proclamation du roi de Prusse. — Le télégramme de Sedan. — Appréciations des Allemands sur les journaux de Paris....... 147

CHAPITRE XII

Pages.

Après Sedan. — Les Bavarois deviennent les grands amis de la Prusse. — Conséquences pour les prisonniers français. — Vente des liqueurs fortes dans les casemates. — But de cette autorisation systématiquement maintenue malgré nos protestations. — Quelques échantillons de l'abaissement physique et moral de *la Grande Nation* présentés aux Bavarois. — Un officier français insulté dans une brasserie. — Le « Te Deum » d'actions de grâces.. 159

CHAPITRE XIII

Nouvelles de la marche des Allemands sur Paris. — Idées allemandes sur la catastrophe de Laon. — Une clause de la capitulation de Toul. — Amour fraternel des Allemands pour Strasbourg. — Les médailles commémoratives de la délivrance de l'ancienne ville libre. — Derniers combats autour de Metz. — Le télégramme de la chute de Metz. — La continuation de la guerre n'est pas approuvée en Bavière. — Les inquiétudes causées par le soulèvement national en France. — Les prisonniers français dans la tête de pont d'Ingolstadt.. 174

CHAPITRE XIV

Une évasion célèbre d'un sergent-major et d'un soldat alsacien. — Comment les Bavarois y ont aidé à leur insu. — Ses conséquences. — Le colonel entaché de sympathie française est remplacé. — Portrait du général qui le remplace. — Ses habitudes. — Inquiétudes des Allemands causées par la grande agglomération de prisonniers.................................... 191

CHAPITRE XV

Les Bavarois vont encore servir de tampon. — Des bataillons du 1er corps sont attachés aux divisions de cavalerie chargées d'éclairer le terrain entre la Seine et la Loire. — Le général de Thann donne l'ordre de brûler Ablis, le 9 octobre. — La guerre de « terreur ». Les Allemands nous opposent la conduite des Français en Espagne en 1808. — Une lettre d'un aide-major français publiée dans des documents authentiques de cette époque. — Une anecdote de Châteaudun. — Occupation d'Orléans par les Bavarois, le 11 octobre. — Notre victoire à Coulmiers. — Retraite des Bavarois. — La grande émotion qu'elle cause à Ingolstadt. — Ses conséquences pour les prisonniers......... 203

CHAPITRE XVI

Gombaud (Charles), sergent au 2me régiment de tirailleurs Algériens. — Sa faute. — Son arrestation. — Son prétendu jugement et son exécution dans la même journée, 8 janvier 1871. — Son beau caractère. — Son défenseur déclarant qu'il s'en rapporte à la justice de la cour martiale. — Deux mots sur cet ancien *calicot* de Lyon, officier de landwehr. — Réoccupation d'Orléans. — Un officier bavarois blessé dans l'un des derniers combats........ 217

CHAPITRE XVII

Urban Regius, plus connu sous le nom de docteur Faust, vivait à Ingolstadt au XVIIe siècle. — Recherches du type de Marguerite de Gœthe. — Les jeunes filles d'Ingolstadt. — Ce que nous savons de leur éducation. — Spécimen du tact et de l'esprit des Bavarois de la bourgeoisie. — Ce qu'ils disent volontiers devant nous de la décadence française. — Pourquoi je n'ai pu connaître les idées de la noblesse. — Plaisanteries allemandes sur les erreurs géographiques de Gambetta et sa façon de lire les kilomètres sur la carte. — Nouvelles de nos armées à la date du 5 décembre. — Rapports allemands sur les combats des 8, 9 et 10 décembre. — Retraite Infernale de Chanzy. — Les Allemands exaspérés pillent et brûlent le pays. — La presse allemande insiste pour le bombardement de Paris. — Nos craintes fondées de la capitulation prochaine... 231

CHAPITRE XVIII

Un télégramme du 28 janvier annonce que Bismarck et Favre ont signé un armistice à la suite de la capitulation de Paris. — Nous ne recevons pas d'autres nouvelles. — Comment était traitée à Ingolstadt la correspondance des prisonniers. — Toujours les drapeaux prussiens et les bannières bavaroises ! — Les turcos pendant l'hiver. — La casquette d'un officier de marine sur la tête d'un échappé de Pont-Noyelles. — Un père venu de Lyon pour retrouver son fils. — Ce qu'il apprend dans les casemates d'Ingolstadt. — Les nouvelles de Châteaudun à Landshut. — Évasion de l'un de nos camarades. — Ses causes. — La disparition de cet officier........................ 247

CHAPITRE XIX

Ce que disent les Allemands au sujet de l'oubli de l'armée de l'Est dans les conventions de l'armistice. — Félicitations ironiques aux Suisses au sujet de leur bon cœur pour les Français. — Riposte spirituelle d'un journaliste suisse. — Aperçu des opérations dans l'Est. — Grandes inquiétudes des Bavarois dès que Bourbaki dessine son mouvement. — Conséquences qui pouvaient résulter d'un passage possible de l'armée de l'Est sur la rive droite du Rhin. — Grand danger de tant de prisonniers en Allemagne. — Changements apportés par les succès de la Prusse aux idées politiques de la Bavière. — Ses premières démarches après Sedan pour l'admission des États du Sud dans la Confédération. — Négociations reprises et aboutissant, le 23 novembre, à une convention définitive. — Initiative du roi Louis II de Bavière pour le couronnement de Guillaume comme empereur d'Allemagne. — La Bavière a perdu cette fois son autonomie dont elle était si jalouse............ 259

CHAPITRE XX

L'article de l'armistice concernant les prisonniers de guerre. — Nos espérances déçues. — Raisons qui nous faisaient justement pressentir les interminables lenteurs des préliminaires de paix. — Protestation du comte de Bismarck contre le décret de la Délégation de Bordeaux au sujet des élections. — Réunion des députés et nomination de Thiers comme chef du pouvoir exécutif, le 17 février. — Prolongation de l'armistice jusqu'au 26. — Signature des préliminaires de paix à cette même date. — « La paix à outrance », réponse à cette plaisanterie allemande. — Une lettre prophétique de H. Heine en 1836. — Nos souffrances à Ingolstadt pendant les préliminaires de paix. — Souvenirs de la patrie... 272

CHAPITRE XXI

Ce que disent les Bavarois de l'entrée de leurs troupes dans Paris. — Le 12 mars nous recevons des ordres du ministre de la guerre. — Nous pouvons quitter Ingolstadt le 15 mars, à nos frais. — Une journée à Munich. — Les réjouissances. — Nos canons et les mitrailleuses sur la place Maximilien-Joseph. — L'affiche de la *Dame blanche* sur les murs du théâtre de la Cour. — Départ pour Lindau. — Arrivée à Bâle. — Impossibilité de passer. — De Genève à Paris. — Comment j'appris les événements du 18 mars. — Ce qu'écrivait en 1834 un médecin militaire sur la maladie particulière des prisonniers de guerre du premier Empire..................................... 287

TABLE DES GRAVURES... 303

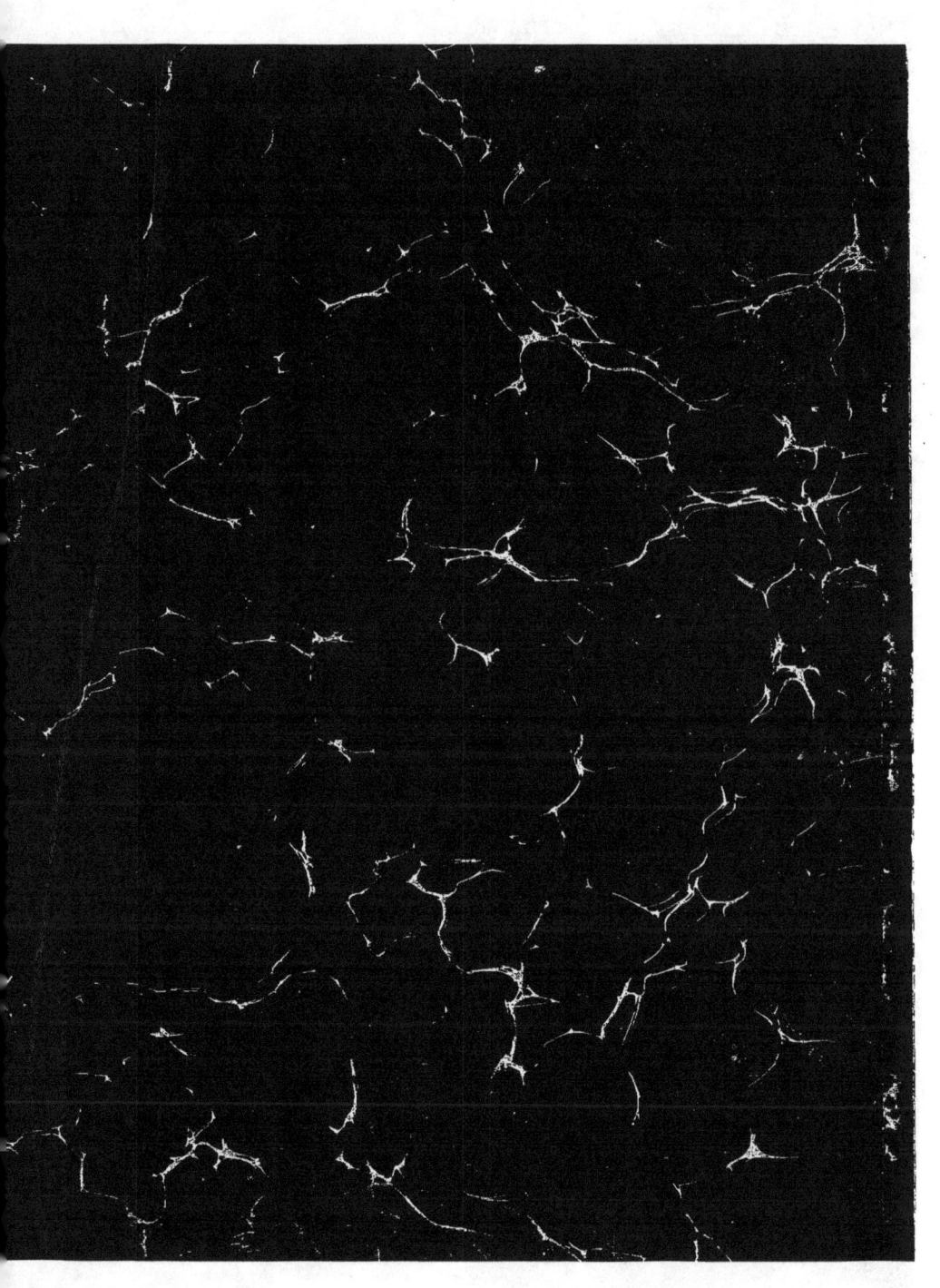

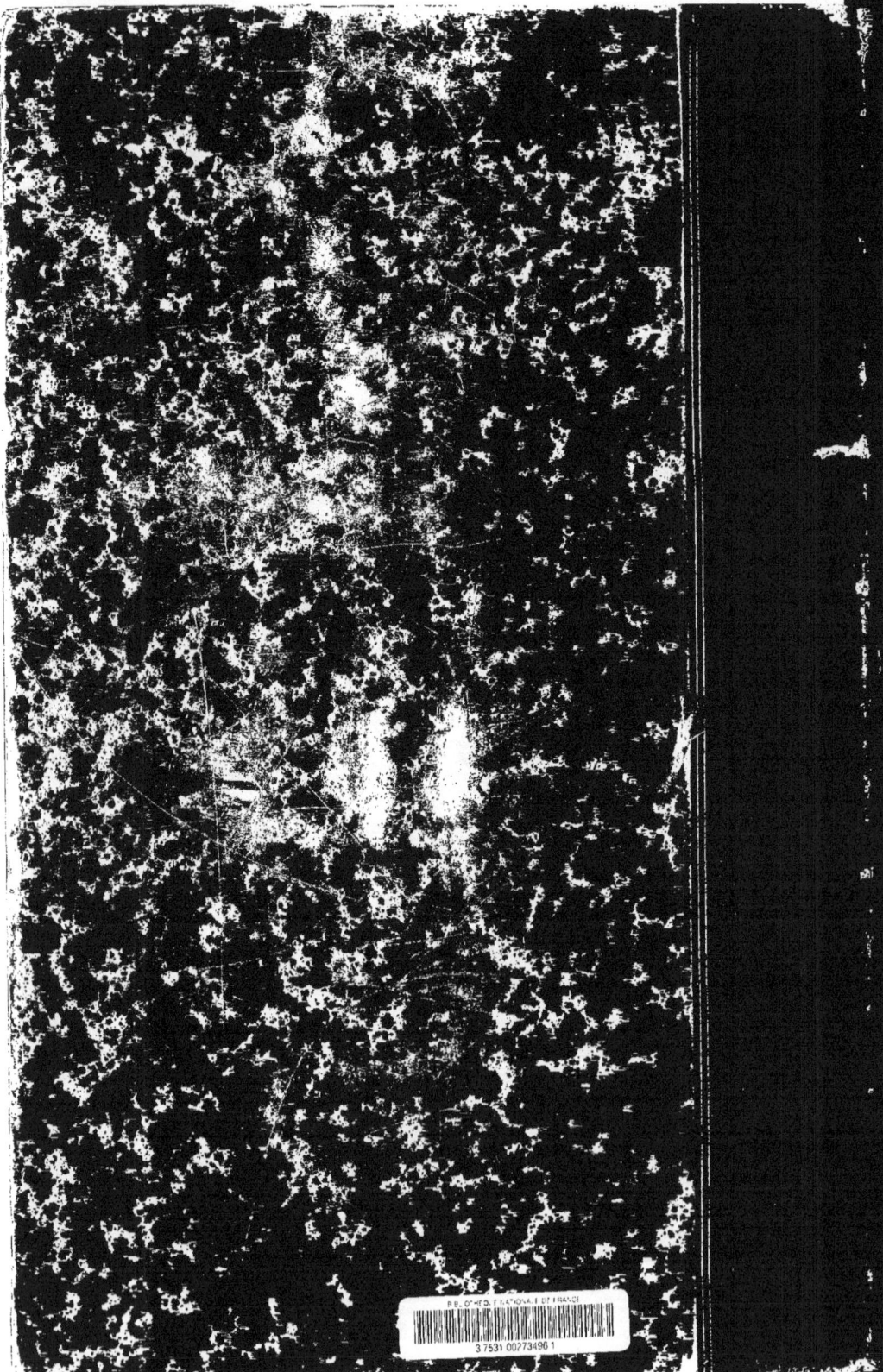

www.ingramcontent.com/pod-product-compliance
Lightning Source LLC
Chambersburg PA
CBHW070947180426
43194CB00041B/1295